KB091390

로블록스
개발 첫 발자국 떼기

KOREAN language edition published by aCORN Publishing Co., Copyright ⓒ 2022

Authorized translation from the English language edition,
entitled ROBLOX GAME DEVELOPMENT IN 24 HOURS: THE OFFICIAL ROBLOX GUIDE, 1st Edition
by ROBLOX CORPORATION, published by Pearson Education, Inc, Copyright ⓒ 2022 Roblox Corporation. "Roblox,"
the Roblox logo, and "Powering Imagination" are among the Roblox registered and unregistered trademarks in the U.S.
and other countries. All rights reserved.

All rights reserved. No part of this book may be reproduced or transmitted in any form or by any means,
electronic or mechanical, including photocopying, recording or by any information storage retrieval system,
without permission from Pearson Education, Inc.

이 책은 Pearson Education, Inc.와 에이콘출판(주)가 정식 계약하여 번역한 책이므로
이 책의 일부나 전체 내용을 무단으로 복사, 복제, 전재하는 것은 저작권법에 저촉됩니다.

로블록스
개발 첫 발자국 떼기

로블록스 공식 가이드

ROBLOX 지음   이진오 옮김

에이콘

에이콘출판의 기틀을 마련하신 故 정완재 선생님 (1935-2004)

추천의 글

아티스트, 코더, 작가들로 구성된 글로벌 커뮤니티가 만든 가상 세계를 상상해보자. 이 세계에서는 전 세계에서 모인 사람들이 새로운 경험을 창조하고 공유하며 서로에게 배우고 있다. 상상력으로 성장하는 이 세계는 기기, 위치, 시간대에 상관없이 무엇이든 만들고 경험할 수 있다. 그런데 이 세계가 이미 십년 넘게 현실에 존재하고 있다면 어떨까?

에릭 캐슬^{Erik Cassel}과 내가 2004년 로블록스^{Roblox}를 공동으로 창업했을 때, 우리의 비전은 몰입감이 높고 물리적 시뮬레이션이 가능한 3D 멀티플레이어 환경에 누구나 접속해 같이 즐기는 것이었다. 로블록스 초기에는 사람들이 만들어낸 것을 보며 놀라곤 했다. 식당을 관리하고, 자연재해를 극복하고, 새처럼 나는 느낌을 만들었다. 17년이 지난 지금도 이 플랫폼의 가능성은 무궁무진하다고 믿는다.

로블록스는 인간이 경험을 공유하는 새로운 형태를 만들어내면서 게임, 소셜 네트워킹, 장난감, 미디어의 경계선을 허물고 있다. 단순히 게임을 즐기기 위해 로블록스에 로그인 하는 것이 아니라 커뮤니티와 스토리를 만들어내며 친구는 물론 타인들과 경험을 공유하고 있다.

개발팀이 천만이 넘는 유저들끼리 경험을 공유할 수 있는 플랫폼을 확장해가고 있는 지금이야 말로 로블록스의 글로벌 커뮤니티에 창의력으로 가득한 개인들이 참여할 수 있는 절호의 시간이다. 3D로 만들어내는 경험은 재미있을 뿐만 아니라 컴퓨터 공학, 디자인, 아트 등 다양한 분야에서 커리어를 쌓을 수 있는 기술과 지식도 제공한다. 우리 플랫폼의 많은 상위 개발자들은 로블록스에서 개발한 창착물에서 벌어들인 돈으로 대학 등록금, 게임 개발 스튜디오 창업, 집 대출금 등을 갚고 있다.

나는 로블록스가 궁극적으로 물리적 현실을 보완하는 풍성한 메타버스^{Metaverse}로 성장하리라 믿는다. 단순히 즐기고 어울리기 위해 로블록스에 접속하는 것이 아니라 학교에 가고 사업을 진행하는 곳이 되는 모습을 상상해본다. 메타버스에 대한 가능성이 매일 같이 커짐과 동시에, 공상과학에서나 상상하던 경험들을 만들어낼 창의적인 개발자들도 필요하다.

이제 플레이어를 넘어서서 개발자로서 로블록스의 세계에 초대한다. 게임은 물론 몰입도 높은 3D 경험을 만드는 방법을 배워, 국경, 언어, 지역의 제약을 벗어나 전세계 사람들을 하나의 커뮤니티로 만들어보자. 코딩과 게임 디자인 그리고 로블록스의 3D 세계에 관심이 있다면 이 책을 진행하면서 자신만의 거침없고 창의적인 아이디어들을 발산해보자. 메타버스는 당신과 같은 창작자가 만들어 나갈 공간이다.

너의 상상력이 펼쳐지기를,

데이비드 "빌더맨" 바스주키

창업자 + 최고경영자

로블록스 코퍼레이션

지은이 소개

제네비브 존슨^{Genevieve Johnson}

세계에서 제일 큰 사용자 생성 소셜 플랫폼인 로블록스의 선임 교육 디자이너다. 교육 콘텐츠의 제작을 관리하고, 전세계의 교육자들에게 STEAM 기반 교육 프로그램에 어떻게 로블록스를 사용할 수 있는지 조언한다. 학생들이 창업자, 엔지니어, 디자이너 등의 꿈을 가지도록 격려하는 일을 한다. 로블록스에서 일하기 전 iD Tech에서 교육 콘텐츠 매니저로 일했으며, 5만명이 넘는 6세에서 18세 사이의 학생들을 대상으로 하는 전국적 기술 교육 프로그램을 담당했다. 또한 iD Tech에서 소녀들로만 이뤄진 STEAM 프로그램을 성공적으로 런칭했고, 그녀의 팀은 코딩, 로봇 기술은 물론 게임 디자인까지 60개가 넘는 기술 관련 교육 콘텐츠를 개발했다.

기고자 소개

에션 사워 Ashan Sarwar

2013년부터 로블록스 스튜디오를 사용해온 로블록스 디자이너다. 로블록스 슈팅 게임인 〈LastShot〉의 개발자다.

레이먼드 쟁 Raymond Zeng

프로그래밍을 사랑하며 다양한 레벨의 프로그래머를 가르치고 있다. 유튜브 채널 MacAndSwiss를 운영하고 있으며, 그 곳에서 Lua를 가르치고, 로블록스 뉴스를 다루고, 자신의 프로그래밍 프로젝트를 보여준다.

테오 닥킹 Theo Docking

4년째 게임 플레이 프로그래머로 일하고 있다. 로블록스를 한계까지 끌어올리는 흥미로운 프로젝트들을 개발하고, 그 과정에서 다양한 사람들을 만나는 것을 즐긴다. 로블록스 물리엔진을 다루거나 NPC나 차량을 위한 코드 작성을 좋아한다. 코드 작업을 하지 않을 때는 게임 디자인 계획을 세우거나 〈Ultimate Driving〉을 플레이하면서 머리를 식힌다.

죠슈아 우드 Joshua Wood

2013에 로블록스를 알게 되고, 다음 해에 본인의 게임을 만들기 시작했다. 백만 플레이 세션 이상을 가지고 있는 〈Game Dev Life〉의 개발자이며, DoubleJGames의 주인이기도 하다.

스와티 수트라브 Swathi Sutrave

독학 기술자다. Lua를 포함해 여러 가지 프로그래밍 언어의 전문가며, 기업, 대학, 스타트업에 적용되는 전문지식도 가지고 있다.

헨리 챙 Henry Chang

3D, 2D, 그래픽, 애니메이션을 아우르는 컴퓨터 그래픽 아티스트다. 언제나 주도적이며 상호작용 미디어에 참여한 바 있다. 더 알고 싶다면 https://www.henrytcgweb.com/ 를 방문해보자.

옮긴이 소개

이진오(jinolee.dev@gmail.com)

미국에서 컴퓨터 공학을 전공하고 한국으로 돌아와 20년 넘게 다수의 게임 개발, 프로듀싱, 디렉팅에 참여한 경력을 가지고 있다. 판타그램, 블루사이드, 웹젠, 리로디드, 페퍼콘 등의 회사를 거치면서 PC, 콘솔, 모바일까지 다양한 게임 개발 팀에 몸 담으며 경험을 쌓아왔다. 틈이 날 때마다 개인 게임 프로젝트를 개발하면서 공부의 끈도 놓지 않기 위해 번역도 동시에 진행하고 있다. 옮긴 책으로는 『언리얼 엔진 4로 나만의 게임 만들기』(에이콘, 2016), 『유니티 5.x 게임 개발의 시작』(에이콘, 2017), 『움직이는 증강 현실 게임 개발』(에이콘, 2018), 『타이핑 슈팅 액션 게임 개발 with 유니티 2/e』(에이콘, 2018), 『유니티 모바일 게임 개발 2/e』(에이콘, 2021) 등이 있다.

옮긴이의 말

가만히 들여다보면 로블록스는 신기한 개념의 제품이다. 로블록스를 홍보하는 광고나 영상, 뉴스를 보고 있으면 커다란 스케일을 가진 게임 같이 느껴지지만, 실제로는 게임을 개발할 수 있는 엔진이며 개발된 게임을 즐길 수 있는 플랫폼이다. 게임 개발은 게임을 좋아하는 사람이라면 한 번 정도는 상상해봤을 만한 꿈이지만, 사실은 상당한 난이도를 가지고 있기 때문에 시도도 하지 못하고 포기하거나 시도하더라도 금방 좌절하기 쉽다. 그럼에도 로블록스는 현재 수천만 개의 게임과 월 1억 6천만 명의 액티브 유저를 가진 플랫폼이 됐다. 로블록스를 서비스하고 있는 회사는 뉴욕 증시에 상장돼 있으며, 코로나 시대를 거치면서 집에서 즐길 수 있는 거리를 찾은 사람들로 인해 로블록스의 인기를 하늘 높은 줄 모르고 치솟고 있다. 그만큼 로블록스는 게임 개발이 쉬운 플랫폼이라는 의미가 된다. 이러한 로블록스야말로 진정한 의미에서 게임 개발 대중화의 최전선에 선 선봉장이 됐다.

로블록스가 이 정도의 인기를 끌 수 있었던 중요한 요인 중 하나는 쉽고 직관적인 개발 엔진과 서비스 구조다. 로블록스 플랫폼은 유저들이 상상을 게임으로 쉽게 구현하는 일에만 집중했고, 여기에 방해가 되는 것들을 과감히 없애 버리거나 축소했다. 반드시 필요하지만 기술적으로 복잡한 부분들은 로블록스가 직접 담당했다. 그래픽은 블록 모양을 기반으로 한 심플한 모습을 사용해 빠른 구현과 최적화를 우선시했고, 많은 기능들을 사용하기 편하게 엔진에서 구현했으며, 동시에 고급 게임플레이 로직에 필요한 프로그래밍 언어는 배우기 쉬운 언어인 루아Lua를 접목시켰다. 가장 중요하면서도 기술적으로 어려운 멀티플레이는 로블록스 회사가 직접 구현해 서비스를 제공하고 있다. 그만큼 로블록스의 모든 목표는 손쉬운 게임 개발에 맞춰져 있다.

또한 로블록스는 최근 글로벌 관심사로 주목받고 있는 메타버스의 중심에 선 플랫폼으로도 인정받는다. 최근 페이스북과 같은 굴지의 글로벌 회사들이 최근 사명을 Meta로 변경할 정도로 메타버스는 우리 미래의 큰 부분을 차지할 것으로 예상하고 있고, 저마다 그러한 세계를 만들어 내고자 대규모 투자와 노력을 쏟아붓고 있다. 이러한 노력은 최근 5년 사이에 본격적으로 일어났다. 하지만 로블록스는 메타버스의 개념조차 정립돼 있지 않던 2006년에 출시될 때부터 '유저가 개발하고 유저가 즐기는 가상세계 플랫폼'이라는 메타버스의 개념을 충실하게 구현하고 쌓아왔던 것이다.

이 책은 이러한 로블록스의 세계에 편하게 발을 들일 수 있게 해준다. 로블록스 엔진의 소개와 구조, 사용법과 유료화에 이르기까지 다양한 부분을 예제와 함께 설명하면서 로블록스의 개념과 기본 조작 방법을 머리에 착착 담을 수 있도록 구성돼 있다. 서점에서 이 책의 서문을 보고 있는 독자라면, 로블록스와 게임 개발의 세계에 들어서는 첫 발자국을 이 책과 함께 하길 바란다.

차례

*부록 A와 부록 B는 에이콘 도서정보 페이지

(http://www.acornpub.co.kr/book/roblox-24hours)에서 PDF 파일로 확인하실 수 있습니다.

HOUR 1
무엇이 로블록스를
특별하게 만드는가?

이번 시간에 배울 내용

▶ 어떻게 로블록스가 소셜 연결을 강하게 만드는가

▶ 어떻게 로블록스가 유저 콘텐츠를 관리하는가

▶ 어떻게 로블록스가 빠른 프로토타이핑과 반복 개발을 가능하게 하는가

▶ 로블록스 엔진은 무엇으로 구성되는가

로블록스에 온 것을 환영한다! 무료 3D 온라인 플랫폼이며 게임 개발 시스템인 로블록스는 자신의 상상력을 한껏 펼칠 수 있게 해준다. 모두가 연결된 활기찬 소셜 환경 속에서 누구든지 게임을 제작하고 플레이할 수 있다. 유저들이 제작한 백만가지 이상의 월드를 선택할 수 있으며, 저마다 독특한 스타일의 게임 플레이, 디자인, 커뮤니티를 가지고 있다. 이번 시간에는 게임을 제작할 때 필요한 로블록스의 기능을 알아볼 것이다. 로블록스가 제공하는 기능을 이해해야 올바른 개발 방향성을 잡을 수 있다.

로블록스는 모든 것이 포함돼 있는 올인원All-in-one 플랫폼이다. 다른 게임 엔진들은 엔진 코드는 물론 관리 등 신경 쓸 것이 많지만, 로블록스는 모든 작업을 알아서 해준다. 서버 호스팅과 멀티플레이어 네트워킹 같은 복잡한 구조들도 모두 제공하기 때문에 더욱 창작에만 집중할 수 있다. 계정 하나만 있으면 플레이와 제작이 모두 가능하다.

로블록스 플랫폼은 기본적으로 수백만의 일일접속자와 함께 관리 기능, 크로스 플랫폼 플레이, 게임 통화인 로벅스^{Robux}를 제공한다. 다시 말해 개발자는 가장 중요한 부분인 전세계 유저들을 위한 몰입도 높은 게임 플레이 경험 창작에만 집중할 수 있다(그림 1.1).

그림 1.1 로블록스의 세계에 온 것을 환영한다.

게임을 출시하기 위해 수년간의 코딩 경력이나 비싼 소프트웨어 라이센스는 필요 없으며, 긴 제출 과정을 거칠 필요도 없다. PC나 맥, 안정적인 인터넷 연결, 로블록스 스튜디오와 약간의 상상력만 있으면 짧은 시간 안에 게임을 무료로 출시할 수 있다.

본인의 게임과 플레이어 수가 늘어나면 플레이어 구매를 통해 벌어들인 로벅스를 현실의 돈으로 바꿀 수 있다.

로블록스는 소셜 연결을 중요하게 생각한다

로블록스는 소셜 연결의 가치를 높게 평가한다. 제작한 게임은 풍성한 환경을 제공하는 만남의 장소일 수도 있고 손에 땀을 쥐게 하는 매치 플레이일 수도 있다.

크로스플랫폼인 로블록스는 PC, 맥, 모바일 등에서 연결해 즐길 수 있어 모두에게 열려 있다. 연결된 소셜 환경을 위해 로블록스는 친구 추가, 채팅, 이모지를 제공한다. 이 곳에서 플레이어들은 세계를 탐험하고 퍼즐을 풀며 좋아하는 음악가의 공연을 볼 수도 있다.

로블록스를 소셜 웹사이트로

로블록스 유저들은 소셜 경험을 관리하기 위해 Groups를 생성할 수 있다. 각 Group은 본인의 게임들을 제공하고, 가상 제품을 팔고, 다른 Group들과 연결할 수 있는 페이지(그림 1.2)를 가지고 있다. 종종 Group은 개발팀이 개발 자원을 한데 모으기 위한 브랜드 허브 역할을 하기도 한다.

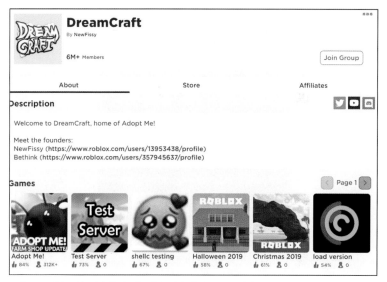

그림 1.2 외부 소셜 미디어 링크를 담은 게임 개발 Group 페이지

크리에이터 허브 역할을 하는 로블록스

로블록스는 개발자들끼리 소통할 수 있는 방법을 제공한다. 로블록스 개발자 포럼^{Roblox} Developer Forum은 로블록스 개발자들이 토론하고 서비스를 주고받는 온라인 게시판이다. 개발자 포럼에 참여하려면 주기적으로 포럼을 둘러보고 내용을 읽으면 된다. 포럼 안에서 일정 기간을 보내고 나면 자동으로 레벨업(방문자로 시작해서 커뮤니티 현자까지)하게 되며 있으며, 글을 쓸 수 있게 된다.

로블록스 개발자 콘퍼런스^{Roblox Developers Conference}라는 초대 방식의 실제 콘퍼런스도 있다. 선별된 개발자들에게 공식 로블록스 팀의 플랫폼 발전에 대한 강의와 프레젠테이션을 제공해 많은 개발자들과 소통할 수 있다.

연례 행사인 블록시 어워드$^{Annual Bloxy Awards}$는 라이브 스트림으로 진행되는 게임 행사로 로블록스가 소셜 게임임을 알리는 또 다른 이벤트다. 커뮤니티 투표를 통해 후보 선정과 승자 선정이 이뤄지며, 승자는 유일무이한 가상 트로피를 얻게 된다. 이 이벤트에 대해 더 알고 싶다면 공식 로블록스 블로그(그림 1.3)의 링크 https://blog.roblox.com/와 개발자 포럼을 확인하기 바란다.

그림 1.3 2019년 6번째 블록시 어워드를 알리는 블로그 포스트

로블록스의 유저 콘텐츠 관리

로블록스는 플레이어가 자유롭게 디자인 상상력을 펼칠 수 있도록 콘텐츠에 크게 관여하지 않는다. 로블록스 안에 있는 대부분의 것들은 유저의 계정과 연결돼 있으며, 게임들, 치장 용품, 플러그인, 게임 에셋 등 직접 올릴 수 있는 것들도 많다. 따라서 유저가 본인 게임들로 할 수 있는 것에 제한이 없다.

> 노트
>
> **로블록스에 업로드된 모든 에셋은 검토 과정을 거쳐야 한다**
>
> 로블록스의 모든 콘텐츠들은 다른 플레이어에게 노출되기 전에 검토 과정을 거쳐야 한다. 또한 유저들이 옳지 않은 콘텐츠를 발견했을 때, 삭제될 수 있도록 신고 기능도 제공한다. 게임과 에셋뿐만 아니라 계정도 여기에 포함된다. 검토 과정에 대해 더 알고 싶다면 사전에 로블록스 이용 약관(https://en.help.roblox.com/hc/en-us/articles/115004647846-Roblox-Terms-of-Use)을 읽는 것을 권장한다.

콘텐츠 정리

로블록스는 웹사이트에 업로드된 특정 에셋과 제품들을 정리해서 보여주는 기능을 기본으로 제공한다. 본인이 만든 것들은 Create 페이지(그림 1.4)에 들어있으며, 얻은 것들은 Inventory에 보관된다.

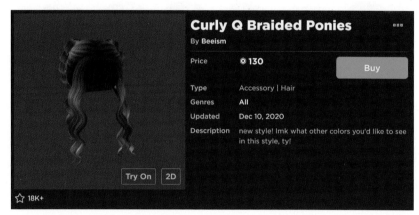

그림 1.4 로블록스 스튜디오, 공식 개발자 위치(문서), 개발자 포럼(커뮤니티)과 함께 제공되는 개발자 리소스를 담은 Create 페이지

Create 페이지에서 모델model, 데칼decal, 오디오, 메쉬mesh, 플러그인 등을 제공하는 Asset Library(그림 1.5)로 접근할 수 있다.

그림 1.5 에셋들을 보여주는 Asset Library

본인의 아이덴티티 만들기

로블록스는 소셜 웹사이트임을 잊지 말자. 개발자들은 사이트(그림 1.6)에 아이콘, 썸네일, 광고 등의 이미지를 생성하고 업로드할 수 있다. 커스텀 비주얼을 구현하기 위해 외

부 툴을 사용할 수도 있다. 이런 기능들을 사용해서 로블록스 내의 그룹, 게임, 캐릭터에 다양한 아이덴티티를 부여할 수 있다.

그림 1.6 부분 유료화를 위해 Arsenal의 게임 스토어 탭에 업로드된 이미지들(ROLVe 커뮤니티의 Arsenal)

캐릭터 커스터마이징 하기

Catalog(그림 1.7)로도 불리는 Avatar Shop(아바타 샵)은 유저가 자신의 아바타를 위해 모자, 머리, 기어, 악세사리 등의 가상 아이템을 살 수 있는 곳이다. Avatar Shop에 존재하는 콘텐츠들은 공식 로블록스 계정이 공급하고 관리하지만 셔츠, 티셔츠 및 바지는 커뮤니티가 제작해왔다. 패션 디자인 그룹들과 정체성을 중요하게 생각하는 클럽들이 중요하게 생각하는 부분이다. Avatar Shop의 콘텐츠들은 각각 고유 ID를 가지고 있기 때문에 스튜디오에서 본인 게임으로 불러올 수 있다.

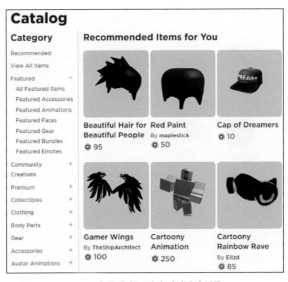

그림 1.7 Avatar Shop에 존재하는 치장 아이템의 분류

그림 1.8은 직접 만든 에셋 및 Asset Library나 Avatar Shop을 통해 소유한 에셋들의 리스트를 보여주는 플레이어 인벤토리다.

그림 1.8 플레이어 인벤토리

2019년부터 선택된 몇몇 유저들은 Accessories 카테고리에 직접 제작한 모자를 업로드할 수 있게 돼 최초로 로블록스 내에 유저 제작 모자들이 생겨나게 됐다(시간이 지나지면 좀 더 많은 유저들에게 해당 기능을 공개할 예정이다). 특정 모자는 구매하려면 Premium이 필요하다.

로블록스는 두 가지의 공식 리그^{rig}인 레거시 R6와 새로운 R15 Rthro를 가지고 있다. 두 가지 모두 Avatar Shop 치장 아이템들을 사용할 수 있다. Models를 통해 커스텀 리그를 업로드 할 수 있지만, 게임과의 호환을 위해서 로블록스 스튜디오를 통해 게임 엔진에서 수정이 필요할 수 있다.

로블록스에서 가능한 빠른 프로토타이핑과 반복 개발

로블록스는 최대한 창작에 집중할 수 있게 해주는 유연한 엔진이다. 로블록스는 컴파일링이 필요 없는 Lua 언어를 사용하기 때문에 코딩과 테스팅 사이를 빠르게 전환할 수 있다. 또한 로블록스는 디버깅을 위해 실행 중인 게임에서 사용할 수 있는 에러 출력과 커맨드 바를 지원한다. 모든 스튜디오 세션은 플레이어, 리그, 애니메이션, 이동 컨트롤, 라이팅, 멀티플레이어, 몇몇 UI 기능을 제공하는 시스템을 가지고 시작한다. 로블록스 스튜디오는 이 툴들은 물론 외부 툴과의 소프트웨어 지원을 제공한다. 본인의 로블록스 게임은 이 기본 사항을 토대로 더 발전시키거나 좀 더 독립적으로 구성할 수 있다.

수정할 준비가 됐다

로블록스 Lua를 사용하면 이미 존재하는 속성을 조작할 수 있다. 속성들은 오브젝트의 모양과 기능을 결정한다. 이런 속성들은 다양한 클래스 오브젝트에서 사용된다. 예를 들어, 속성은 모양, 컬러, 오브젝트의 머티리얼material 등을 담고 있다.

파트Part라 불리는 기본 모양을 예로 들어보자. 그림 1.9를 보면 미디엄 스톤 그레이 색상과 플라스틱 머티리얼 등의 속성을 볼 수 있다.

그림 1.9 로블록스 스튜디오에서 볼 수 있는 속성 예제

회색으로 표시되지 않은 요소들은 코드를 통해서, 혹은 유저가 직접 수정할 수 있다. 3D 오브젝트의 속성들은 물론 파티클 이미터particl emitter나 유저 인터페이스 프레임과 같이 스튜디오 내에서 배치한 것도 수정할 수 있다. 로블록스에서 사용 가능한 속성들을 더 많이 알수록 더 복잡한 게임의 제작도 가능해진다. 더 많은 파트들과 속성에 대해서는 두 번째 시간 '스튜디오 사용하기'에서 다룰 예정이다.

쉽게 개념화하기

Toolbox에는 쉽게 시작할 수 있도록 도와주는 무료 에셋을 찾을 수 있다. 실시간으로 스트리밍되고 로드되기 때문에 따로 설치할 필요가 없다. 텍스처를 입힐 수 있는 블록이나 구체와 같이 조종 가능한 기본 오브젝트들과 조합해서 새로운 개념을 테스트하거나 여러 가지를 시도해 볼 수 있다(그림 1.10).

만일 블록들로 시작하는 것이 취향이 아니라면 자연물을 함께 제공하는 로블록스의 Terrain Editor(그림 1.11)를 사용하는 것도 방법이다.

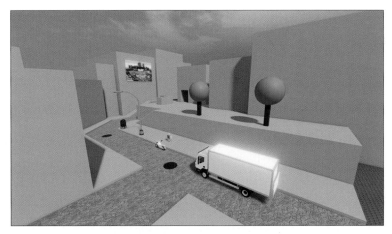

그림 1.10 파트, 무료 에셋, 속성 조절을 사용한 테스트 환경

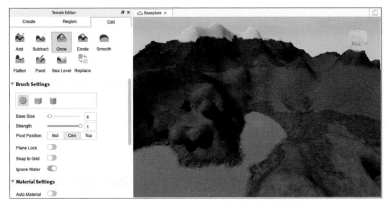

그림 1.11 로블록스 스튜디오에 포함된 Terrain Editor를 사용해 제작한 환경

로블록스는 APM Music과 라이선스 계약을 체결해 지적재산권 걱정 없이 APM에 있는 수천 개의 오디오 트랙을 게임에서 재생할 수 있다. 사운드 트랙이 필요하면 로블록스에서 제공하는 오디오들을 APM에서 검색해보자.

플러그인

로블록스 스튜디오는 개발을 돕기 위해 유저가 제작한 플러그인^{plugin}의 설치를 지원한다. 많은 개발자들이 자체 제작한 툴이나 콘텐츠 인스톨러, 외부 소프트웨어 지원 인터페이스 등을 개발했다. 환경에 나무를 채우거나, 틈을 채우는 번거로운 작업을 대신해주거나, 바이러스를 스캔하거나 오브젝트의 라이트를 수정하는 플러그인들도 있다. 로블록스 공식 플러그인에는 번역 소프트웨어, 캐릭터를 위한 애니메이션, 리깅 툴이 존재한다.

기다릴 필요 없는 출시와 업데이트

플레이어가 게임에 새로운 것을 적용하고 싶을 때 로블록스는 관여하지 않는다. 게임을 업데이트하기 위해 중간 관리자나 판매처에 연락할 필요가 없다. 모든 로블록스 게임은 Places와 Games를 위한 Configuration(설정) 페이지가 있다.

일반적으로 온라인 판매처를 통해 유통된 게임들은 업데이트가 나올 때마다 유저에게 설치할 것을 권장하지만 로블록스는 아니다. 로블록스 스튜디오와 마찬가지로 에셋들이 스트리밍되기 때문에 플레이어가 본인의 게임에 참여하고 게임을 로딩할 때 업데이트도 같이 스트리밍된다. 여기에 로블록스 클라이언트는 해당되지 않으며, 플랫폼의 새로운 소프트웨어 업데이트는 본인 기기에 수시로 적용된다.

로블록스 엔진 속에는 무엇이 들어있는가

로블록스의 엔진인 로블록스 스튜디오는 다른 게임 엔진이라면 플레이어가 직접 개발해야 했을 요소들을 제공하고 있다. 따라서 로블록스에서의 개발은 시간과 자원이 비교적 적게 든다. 디자이너 입장에서 보면 본인의 프로젝트를 비교적 덜 번거롭고 빠르게 유저들과 공유할 수 있다.

네트워킹

서버 호스팅은 로블록스가 책임지고 있으며, 온라인 접속 서비스를 함께 제공한다. 로블록스 외부의 하드웨어나 소프트웨어의 조작이 없이도 게임을 온라인화할 수 있다. 게임이 출시되면 서버 호스팅이 자동으로 구성된다. 호스팅은 비공개나 공개일 수 있고, 1명부터 최대 100명의 플레이어까지 접속할 수 있다. 플레이어 수는 개발자가 웹사이트를 통해 설정할 수 있다. 액션이 많은 게임의 경우 최대 플레이어 수를 20-30명 정도로 두는 것이 안정적인 성능을 기대할 수 있다.

로블록스 Lua는 인터넷의 실제 데이터와 로블록스 게임을 연결할 수 있는 웹서비스를 지원한다. HTTP 서비스는 로블록스 게임과 제3자 서비스를 연결해서 통계 데이터같은 것들을 제공할 수 있다. 이런 형태의 또 다른 서비스인 Asset Service는 로블록스 웹사이트로부터 아이템 설명이나 작업자 이름 같은 에셋 데이터를 실행 중인 게임으로 불러올 수 있다.

또한 로블록스는 Filtering Enabled라는 보안 장치를 제공하는데, 게임에 클라이언트-서버 구조를 적용해 클라이언트가 서버를 복사하는 것을 예방하고 해커들의 공격을 차막는다. 추가적인 보안 기능은 개발자에게 달려 있다.

물리

로블록스는 게임의 환경과 에셋이 동적으로 움직일 수 있는 물리 엔진을 가지고 있다. 로블록스의 모든 3D 오브젝트에는 충돌을 껐다 켤 수 있는 물리 기능을 부여할 수 있다. 로딩될 때 오브젝트의 메쉬가 자동으로 충돌 메쉬를 생성하지만, 성능을 고려해서 가장자리나 충돌 박스로 제한할 수도 있다. 특정 오브젝트의 물리를 제한하려면 Anchored 돼야 한다.

밧줄, 스프링, 접합부 등(그림 1.12)을 지원하기 위한 Constraints와 Attachments도 제공된다. 코딩과 함께 사용하면 복잡한 동작도 구현할 수 있다. 자동차, 유압식 기계, 충격 흡수 시스템들도 Constraints를 사용하면 가능하다. Parts와 다른 3D 오브젝트를 연결해서 물리 작용을 좀 더 효율적으로 조종할 수 있다(그림 1.13).

그림 1.12 폭발이 접합된 parts에게 커스텀 UI와 함께 영향을 미치는 모습

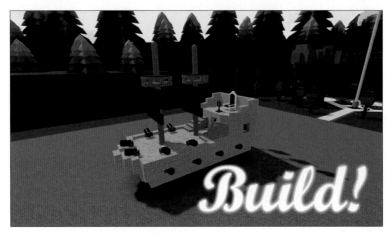

그림 1.13 플레이어가 여러 밀도의 다양한 재질로 배를 만들어 물에 뜨는지 보는 게임. Chillz Studios의 〈Build a Boat for Treasure〉

렌더링

로블록스의 비주얼 기능은 여러 게임을 위한 다양한 환경을 지원한다. 로블록스의 라이팅 쉐이더는 안개, 파티클, 실시간 라이팅, 쉐도우 맵, 앰비언트 오클루션ambient occlusion, 안티 앨리어싱 및 다양한 스크린 효과(그림 1.14)를 지원한다. 또한 노멀 맵이나 메탈/질감 표현과 같은 현실 기반 렌더링 기능도 가지고 있다.

모든 시스템은 1부터 10까지 미리 정해진 그래픽 옵션 세트를 기반으로 동작한다. 로블록스 유저들은 유저들의 성능에 따라 자동으로 레벨을 변경하게 설정할 수 있다. 또한 플레이어가 가까이 갔을 때 로딩을 하는 스트리밍 방식의 게임도 지원한다.

그림 1.14 로블록스 본사 재현

노트

월드는 개발자가 디자인한다

게임의 모습과 느낌은 모두 개발자에게 달려 있다. 유저 인터페이스와 플레이어 아바타까지 변경할 수 있다. 흔히 로블록스는 3D 게임으로 인식되고 있지만 2D도 가능하다.

크로스 플랫폼 지원

로블록스는 다양한 기기에서 플레이할 수 있는 크로스 플랫폼을 지원한다. 다시 말해 태블릿을 가진 유저가 콘솔과 같이 다른 기기에 있어도 게임에서 만날 수 있다. 개발자는 다음의 기기에서 로블록스 게임을 실행할 수 있게 만들 수 있다.

- ▶ 맥OS 컴퓨터
- ▶ 윈도우 PC
- ▶ iOS와 안드로이드 기기
- ▶ 엑스박스 One
- ▶ 가상현실 헤드셋

원래 로블록스는 데스크톱 컴퓨터 전용으로 시작했고 개발 방향과 주요 기능도 그에 맞춰졌다. 때문에 데스크톱 외의 환경을 위해 게임을 개발하려면 유저 인터페이스와 입력과 같이 지원하려는 기기의 특성을 고려해야 한다. 스튜디오에서 기기 시뮬레이션을 지원하므로 출시하기 전에 크로스 플랫폼 환경에서 게임을 테스트할 수 있다(그림 1.15).

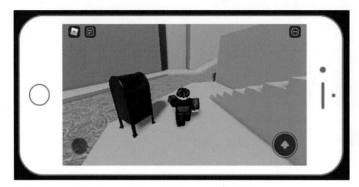

그림 1.15 모바일 폰 인터페이스를 이용하는 기기 시뮬레이션

무료, 무료, 무료

게임 개발자 입장에서 이미 존재하는 시장이 있고, 서버 비용이 없고, 게임 엔진과 소셜 페이지가 제공되고, 넉넉한 클라우드 공간이 모두 무료로 제공되는 건 큰 이점이다. 다른 엔진과 비교하면 시간과 비용의 관점에서 상당한 우위를 가지고 있다. 로블록스는 로블록스 스튜디오와 같은 게임 개발 툴을 사용하기 위해 먼저 돈을 내라고 하지 않는다.

로블록스에서 비용이 필요한 경우는 더 깊이 있는 아바타 커스터마이제이션이나 사이트에 더 많이 접속하기 위해 로벅스를 사용하는 경우와 같이 대부분 소셜과 경제 기능을 확장할 때다. 또한 가상 화폐를 실제 현금으로 바꿔주는 DevEx 프로그램에 참여하려면 프리미엄 구독이 필요하며, 이 돈은 로블록스의 운영에 사용된다.

무한한 가능성

로블록스는 다양한 게임 장르와 프로젝트를 포함할 수 있다. 로블록스 게임이란 무엇인지 명확히 정의할 수 없으며, 로블록스의 경험만 존재한다. 일반적인 장르 구분에 묶일 필요도 없으며 원한다면 본인만의 장르를 디자인해도 된다. 로블록스에서 요즘 유행하는 장르들은 턴제 미니게임, 오픈 월드, 기술적 실험, 아트 포트폴리오 전시 등이 있다(그림 1.16).

그림 1.16 로블록스 Resources의 던전 델브(Dungeon Delve)

자신만의 스타일을 표현하자

로블록스 브랜드와 기본으로 제공되는 에셋들을 제외하고 로블록스는 특정한 스타일을 권장하지 않는다. 게임의 모습과 느낌은 전적으로 개발자의 것이다. 때문에 로블록스에는 매우 스타일리쉬하고 만화와 같은 같은 환경(그림 1.17)부터 복잡하고 현실적인 경험(그림 1.18)까지 폭넓은 비주얼의 게임들이 존재한다. 모두가 자신에게 맞는 것을 찾을 수 있다.

그림 1.17 레드 만타(Red Manta)의 〈World // Zero〉는 화사한 색감과 커스텀 캐릭터를 가진 카툰식 판타지 MMO다.

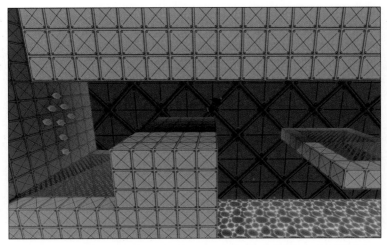

그림 1.18 zKevin의 〈Robot 64〉는 레트로 월드에서 뛰고, 탐하고, 캔디를 모으는 게임이다.

요약

이번 시간에는 로블록스를 특별한 플랫폼으로 만드는 문화와 기능을 배웠다. 사이트의 소셜 기능들을 사용해서 소통하고, 로블록스가 제공하는 것을 파악하는 것이야 말로 개발자 커뮤니티에 참여하는 첫 단계가 될 것이다. 모든 개발자들은 그 시작이 있었으며, 플랫폼에 대한 지식은 좀 더 깊은 것들을 배우기 전에 좋은 시작점이 된다.

Q&A

Q 로블록스 외부에 나의 로블록스 게임을 광고해도 되는가?

A 물론이다. 본인의 유저들을 늘리기 위해 다른 웹사이트를 사용해도 된다. 다만 로블록스의 이용약관 (https://en.help.roblox.com/hc/en-us/articles/115004647846-Roblox-Terms-of-Use)을 어기지 않게 주의하자.

Q 저작권은 어떻게 처리되는가?

A 일반적인 저작권 법들이 로블록스에도 적용된다. 타인이 만든 저작물을 사용하는 경우 관리 대상이 될 수 있고, 이를 통해 돈을 벌었다면 더더욱 그렇다. 로블록스 밖에서 만든 콘텐츠에도 적용된다. 저작권에 대한 허락을 받았다면 해당 사용 권한과 기간에 따라 사용해도 좋다.

Q 내 게임의 기능을 로블록스에게 개발해달라고 요청할 수 있는가?

A 로블록스는 콘텐츠의 개발에 관여하지 않는다. 전체 플랫폼에 기능을 건의하고 싶다면 개발자 포럼을 이용하자.

워크샵

이번 시간을 마쳤으니 배운 것을 복습해보자. 시간을 내 다음 질문에 답해보자.

퀴즈

1. 개발자 포럼은 어떻게 참여하는가?

2. 로블록스 에셋들은 무슨 기술을 사용해서 저장되는가?

3. 참/거짓: 로블록스를 즐기고 개발하기 위해서는 오직 하나의 계정만 필요하다.

4. 게임 엔진 플랫폼 이외에 로블록스는 _____ 플랫폼으로 여겨진다.

5. 참/거짓: 에셋들을 독립적인 페이지에 업로드하려면 결제가 필요하다.

해답

1. 개발자 포럼을 주기적으로 둘러보고 읽는다. 충분한 시간을 들였다면 자동으로 레벨업될 것이며(방문자로 시작해서 커뮤니티 현자까지), 글을 올릴 수 있다.

2. 클라우드 저장 공간

3. 참. 개발자는 플레이어와 같은 종류의 계정을 가진다.

4. 소셜

5. 거짓. 모든 창작물과 에셋들은 업로드될 때 자동으로 독립적인 페이지가 생성된다.

연습

아래 연습을 따라 데스크톱 컴퓨터에서 로블록스 계정을 만들어보자. 플레이와 개발을 위해 하나의 계정만 필요하다.

1. 웹브라우저에서 https://www.Roblox.com로 접속한다.

2. 요청에 따라 드롭다운 버튼들을 사용해서 정확한 생일의 연도, 월, 일를 입력한다.

3. 독특한 유저 네임을 생성한다. 이 이름이 온라인 이름이 된다. 3자 이상 20자 이내의 문자와 숫자로 구성한다. 실제 이름과 같이 본인의 사생활을 침해할 수 있는 것은 피한다.

4. 기억할 수 있는 비밀번호를 입력한다. 8자 이상이어야 한다.

5. 원하는 성별을 입력한다. 성별은 성향에 따라 로블록스에서 무료로 주는 아이템을 정하는 데 사용된다.

6. 사용약관과 개인정보보호정책을 읽고 이해한다.

7. Sign Up을 클릭하면 로블록스를 둘러볼 준비가 됐다. 홈페이지에 온 것을 환영한다!

아래 보너스 연습에 따라 본인의 로블록스 계정에 보안을 추가하고 좀 더 개인화해보자. 이메일 계정, 13세 미만이라면 보호자의 허가, 인터넷 연결이 필요하다.

1. 네비게이션 바의 기어 아이콘을 클릭하고, 드롭 다운 메뉴에서 Settings를 클릭한다.

2. Account Info 탭을 선택한다.

3. 본인의 이메일이나 부모의 이메일을 추가할 수 있는 옵션을 선택한다.

4. 본인의 이메일을 입력하거나, 허가가 필요하면 보호자의 이메일 주소를 추가한다. 본인 정보를 확인하고 이메일을 입력한다.

5. 로블록스가 입력한 이메일 주소로 확인 이메일을 보낸다. 이메일 계정에 들어가서 본인의 로블록스 계정을 확인한다.

6. Settings 페이지로 돌아온다.

7. 본인의 프로파일 페이지에 보일 설명을 추가한다. 사생활을 침해할 수 있는 정보는 넣지 말자. 이제 창의력을 펼쳐보자!

HOUR 2
스튜디오 사용하기

이번 시간에 배울 내용

▶ 로블록스 스튜디오 설치와 실행

▶ 스튜디오 템플릿 사용

▶ 게임 에디터 사용

▶ 파츠 생성

▶ 파츠 이동, 스케일, 회전

▶ 프로젝트 저장 및 출시

▶ 플레이 테스팅

지금까지 로블록스를 특별하게 만드는 문화와 기능을 살펴봤으니 이제 로블록스가 무료로 제공하는 게임 엔진인 로블록스 스튜디오^{Roblox Studio}로 본인의 창의력을 마음껏 펼칠 차례다. 로블록스 스튜디오는 개발자가 로블록스 웹사이트를 통해 본인의 게임을 제작하고 공유하고 플레이할 수 있는 놀이터다. 이 플랫폼의 큰 장점은 화산섬부터 도시까지 원하는 대로 구성한 후 캐릭터를 배치하면 바로 플레이가 가능하다는 점이다. 가상 세계 구성에 필요한 모든 도구로 가득 찬 놀이터를 상상해보면 그게 바로 로블록스 스튜디오다.

이번 시간에는 스튜디오를 설치하는 방법을 배우고, 템플릿과 함께 로블록스 스튜디오를 사용하는 법을 배울 것이다. 또한 3D 세계에서 본인의 작업 공간을 구성하는 법, 프로젝트를 저장하고 출시하는 법, 마지막으로 대중에게 출시하기 전에 게임을 테스트해보는 방법을 배울 예정이다.

로블록스 스튜디오 설치하기

로블록스 스튜디오는 게임 개발자가 여러 가지 지형, 도시, 빌딩, 레이싱 게임 등 수많은 요소를 제작할 수 있는 몰입도 높은 무료 엔진이다. 재미있는 게임을 만들기 위해서 다년 간의 코딩 경력은 필요하지 않으며, 본인의 상상력과 로블록스 스튜디오 사용 경험만 있으면 된다. 로블록스 스튜디오의 사용법은 매우 직관적이다. 또한 로블록스는 크로스 플랫폼을 지원해 윈도우와 맥 모두 스튜디오를 설치할 수 있다.

다음 단계를 따라 스튜디오를 설치하자.

1. https://www.roblox.com/create로 이동한다.

2. Start Creating을 클릭한 후 팝업 창에서 Download Studio를 클릭한다.

3. 스튜디오를 다운로드한 폴더로 가서 파일을 더블 클릭해 설치한다.

노트

시스템 요구사항

로블록스를 효율적으로 실행하기 위해 필요한 하드웨어 및 운영체제 요구사항들이 있다.

▶ 로블록스 스튜디오는 리눅스, 크롬북, 모바일 기기에서는 실행되지 않는다.

▶ 윈도우 컴퓨터는 최소 윈도우 7, 맥북은 최소 맥OS 10.10이 설치돼 있어야 한다.

▶ 1GB 이상의 시스템 메모리

▶ 스튜디오를 다운로드하고 업데이트할 때, 또한 본인 계정으로 프로젝트를 저장하고 출시하기 위해 필요한 인터넷 연결

필수는 아니지만 스튜디오를 좀 더 나은 환경에서 사용하려면 다음 것들이 있으면 좋다.

▶ 스크롤 휠이 있는 버튼 세 개의 마우스

▶ 내장이 아닌 독립적인 비디오 카드

설치 문제 해결

스튜디오를 설치하는 데 필요한 단계를 따랐는데도 불구하고 문제가 생긴다면 해결을 위해 다음과 같은 사항을 시도해볼 수 있다.

▶ 최근에 새 하드웨어나 드라이버를 추가했다면 해당 하드웨어가 문제를 일으키는지 보기 위해 제거 혹은 교체해본다.

▶ 운영체제 문제 해결을 위해 점검 소프트웨어를 실행하고 정보를 확인한다.

▶ 컴퓨터를 재시작한다.

▶ 필요한 경우 로블록스와 관련 파일들을 모두 제거하고 스튜디오를 다시 설치한다.

그래도 문제가 생기는 경우 로블록스 온라인 지원 포럼에서 더 많은 정보를 찾을 수 있다.

로블록스 스튜디오 실행하기

로블록스 설치가 끝났으면 실행해보자.

1. 윈도우라면 데스크톱 아이콘을, 맥이라면 독 아이콘을 더블 클릭해서 로그인 창을 연다(그림 2.1).

2. 로블록스 사용자 이름과 암호를 입력한다.

3. Log In 버튼을 클릭한다.

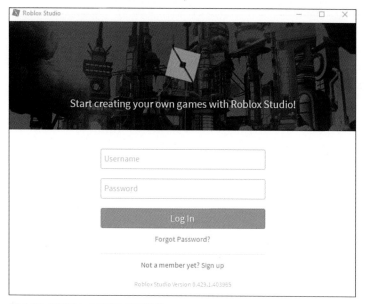

그림 2.1 로블록스 스튜디오 로그인 창

로그인을 하면 New, My Game, Recent, Archive 사이드 메뉴바와 여러 가지 템플릿으로 구성된 페이지가 보일 것이다(그림 2.2).

다음 섹션은 해당 템플릿들과 스튜디오를 빠르게 소개할 예정이며, 그 다음 직접 스튜디오의 기능들을 사용할 것이다.

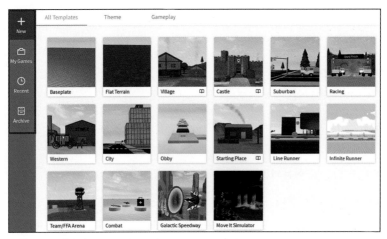

그림 2.2 로블록스 스튜디오 홈 화면

스튜디오 템플릿 사용하기

로블록스 스튜디오를 처음 열면 New 아래 세 개의 탭(All Templates, Theme, Gameplay)이 보일 것이다. 템플릿은 미리 만들어진 프로젝트를 말하며, 이것들을 가지고 본인의 게임 월드를 제작하는 가이드로 삼을 수 있다.

All Templates

All Templates 탭(그림 2.3)은 Theme과 Gameplay 탭을 합친 것이다. 이 템플릿들을 사용해 본인 게임을 시작할 수 있다. 예를 들어 중세 게임을 만든다면 Castle 테마에 중세 요소가 들어있으며, 장애물 게임을 구성하고 싶다면 Obby 게임 플레이 템플릿을 기반으로 구성할 수도 있다. 시작하기 좋은 단순한 두 가지 템플릿은 다음과 같다.

▶ Baseplate: 인기 있는 시작점이다. Baseplate는 쉽게 제거할 수 있고, 제거하면 빈 캔버스에서 작업할 수 있다.

▶ Flat Terrain: Baseplate 대신에 평평한 잔디 지형이 포함돼 있다. Terrain Editor를 사용해 지형을 수정하거나 지울 수 있다.

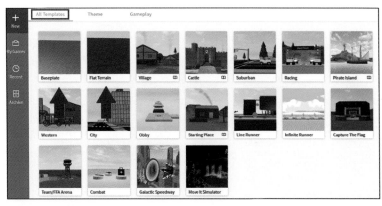

그림 2.3 로블록스 홈 화면은 Baseplate나 Flat Terrain 같은 단순한 템플릿을 포함해 다양한 템플릿을 제공하고 있다.

테마

테마Theme는 게임 플레이 이상의 것들을 담고 있으며, 이것들을 사용해 월드를 구성할 수 있다. 우주 전투 게임이 운석들과 우주적인 요소들을 담고 있듯이 테마가 게임의 무드를 결정한다. 로블록스는 곧바로 사용하거나 수정할 수 있는 미리 만들어진 테마를 제공하고 있다. 해당 게임 월드를 돌아다니다 보면 사용 사례와 기능 설명들이 있으며, 특정 효과를 본인이 직접 만들고 싶다면 도움을 줄 제작 과정 팁도 들어있다.

미리 제작된 테마의 예제 중 하나인 Village(그림 2.4)에서는 마을의 집들을 돌아보면서 길을 따라 강, 다리, 부두, 작은 섬들도 감상할 수 있다.

그림 2.4 스튜디오에서 제공하는 미리 제작된 테마 Village의 예제

게임 플레이

몇몇 템플릿은 상호작용이 가능한 게임 플레이를 담고 있다. Team Deathmatch, Control Points, Capture the Flag(그림 2.5) 등이 좋은 예다. 이런 유형의 템플릿의 좋은 점은 게임 내 레이더 기능이나 스폰 포인트와 같이 개발자가 원하는 부분을 끄집어내 활용할 수 있다는 것이다. 템플릿에 담긴 컴포넌트를 통해 플레이어가 게임에서 무엇을 할 수 있는지, 목표가 무엇인지, 어떻게 게임을 수정할 수 있는지 도움을 받을 수 있다.

그림 2.5 사전 제작된 Capture the Flag 게임 플레이 템플릿

게임 에디터 사용하기

지금까지 스튜디오의 홈페이지를 둘러봤으니 이제 Baseplate 템플릿을 클릭해 시작해보자. 게임 에디터(그림 2.6)가 열릴 것이다.

게임 에디터는 말 그대로 게임을 제작하고, 수정하고, 테스트할 수 있는 곳이다. 게임 에디터 상단의 메뉴 바에 여러 가지 탭이 보인다(그림 2.7).

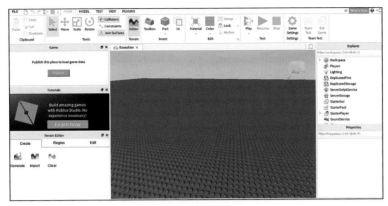

그림 2.6 게임 에디터를 통해 게임 제작, 수정, 테스트 가능

그림 2.7 로블록스 스튜디오 메뉴 바

▶ **Home 탭**: 자주 사용하는 기능들을 모아 놓은 탭. 쉽게 접근할 수 있도록 Home 탭에 존재한다.

▶ **Model 탭**: 이동, 크기, 회전을 제외한 구성에 필요한 툴이 들어있다. 이 곳에서 스폰 위치나 불과 연기 같은 특수 효과를 만들 수도 있다.

▶ **Test 탭**: 게임을 테스트할 수 있다. Run과 Play 두 가지 옵션이 있는데, Run은 블록과 주위 요소에 어떤 일이 일어날지 시뮬레이션해볼 수 있고, Play는 게임을 해볼 수 있다.

▶ **View 탭**: 로블록스 스튜디오에서 제공하는 다양한 창들을 켜고 끌 수 있다. 이미 닫힌 창을 사용하고 싶으면 View 탭에서 찾을 수 있다.

　▷ 주요 창은 Explorer와 Properties로 후반에 더 자세히 설명할 예정이다.

　▷ **Action** 섹션은 몇 가지 디스플레이 기능들을 가지고 있다. 스크린샷을 찍거나 동영상을 녹화할 수 있으며, 전체 화면과 윈도우 화면 사이를 전환할 수도 있다.

▶ **Plugins 탭**: 스튜디오 애드온add-on이 담기는 곳이며, 기본 설정에는 탑재돼 있지 않다. 플러그인은 새로운 커스텀 동작이나 기능을 추가하는 데 사용된다. 로블록스 커뮤니티에서 만든 플러그인을 설치하거나 직접 제작할 수도 있다.

메뉴 바 아래는 리본 바(그림 2.8)가 있다. 메뉴 바 탭을 변경하면 리본 바의 내용도 변경된다.

그림 2.8 로블록스 스튜디오 리본 바

다음 섹션에서는 에디터의 기본 기능들과 자주 사용하는 기능을 설명하면서, 로블록스에 본인의 프로젝트를 출시하기 위한 준비를 어떻게 할 수 있는지 다뤄볼 예정이다.

게임 에디터 작업 공간 구성하기

게임 에디터를 처음 열어 보기 때문에 지금 당장 필요 없는 창들이 왼쪽에 열려 있을 것이다. 작업 공간을 효율적으로 사용하기 위해 이 창들을 닫아 제작 공간을 확보하자.

기본 설정 상 Explorer와 Properties 창이 열려 있고(그림 2.9), 오른쪽에 위아래로 정렬돼 있다.

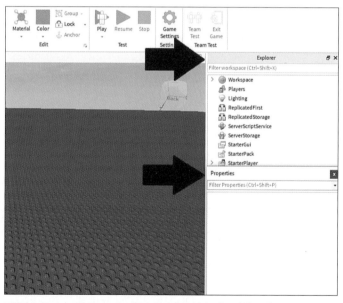

그림 2.9 Explorer와 Properties 창이 위아래로 열려 있는 작업 공간

노트

게임 에디터 작업 공간 기능 중 하나

다음에 로블록스 스튜디오를 열면 구성한 작업 공간 모양이 유지돼 있다. 구성을 바꾼 경우 아래와 같이 원상 복구할 수 있다.

Property 창의 고정을 해제한 경우 Explorer 창 하단에 다시 배치하려면 쉽지 않다. Explorer 창 옆으로 가거나 덮어버리게 된다. 이 상황을 해결하려면 두 창 모두를 고정 해제하고 닫는다. View 탭으로 가서 Explorer 창을 열고 오른쪽에 고정하고 닫는다. Properties 창도 똑같이 하고 닫는다. 그런 후 Explorer 창과 Properties 창을 순서대로 다시 연다. 이제 위아래로 정렬돼 있을 것이다.

Explorer 창 다루기

Explorer 창은 게임에 사용되고 있는 모든 오브젝트들을 계층적 구조로 보여준다. 로블록스 게임의 구성, 보기, 테스팅 관련 기능들을 모두 보여주는 가장 중요한 창이다.

모든 오브젝트는 부모자식 개념을 사용해서 정렬된다. 계층 최상단에는 Game 오브젝트가 숨겨져 있다. 예를 들어 그림 2.10을 보면 Workspace 부모가 Camera, Terrain, Baseplate 3개의 자식을 가진 것을 볼 수 있다.

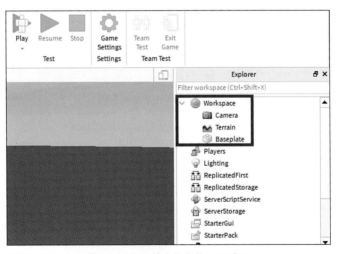

그림 2.10 Explorer 창 Workspace 아래 들어있는 오브젝트

자식 오브젝트를 더 만들고 싶으면 Workspace에 커서를 올려 오른쪽에 있는 플러스 심볼을 클릭하면(그림 2.11) 된다. 생성할 수 있는 모든 오브젝트들을 보여준다. 원하는 부모 오브젝트에 끌어 놓을 수도 있다.

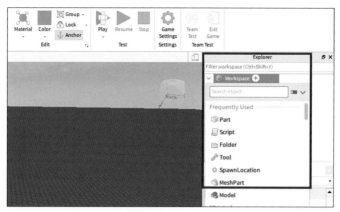

그림 2.11 Workspace에 자식 추가하기

가장 중요한 자식 오브젝트 중 하나는 로블록스를 구성하는 기반 역할을 하는 Part다. 게임 내 실존하는 이 3D 오브젝트는 브릭스bricks라고도 부르며, Workspace 안에 있으면 서로 상호작용이 가능하다.

Part 생성하기

Part를 생성하려면 Home 탭에서 리본 바의 Insert 메뉴 섹션의 Part를 클릭한다(그림 2.12).

그림 2.12 Part 생성하기

Part는 카메라 뷰 정중앙에 생성된다(그림 2.13). 그림 2.14에 보이는 camera controls를 사용해 카메라를 이동하거나, 뷰를 회전하거나, 줌 인과 줌 아웃을 할 수 있다.

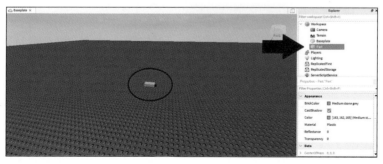

그림 2.13 Baseplate와 Explorer 창에 Part 생성

Control	Action
W A S D	Move the camera
E	Raise camera up
Q	Lower camera down
Shift	Move camera slower
Right Mouse Button (hold and drag mouse)	Turn camera
Mouse Scroll Wheel	Zoom camera in or out
F	Focus on selected object

그림 2.14 카메라 컨트롤

Part에 이름을 지정하려면 다음과 같이 한다.

1. Explorer 창에서 Part를 더블 클릭한다.

2. Part의 이름을 변경한다. 로블록스 Part 이름의 관습은 파스칼케이스^{PascalCase}를 따른다. 예를 들어 EndZone이나 RedBrick과 같이 첫번째 글자에 대문자를 사용한다.

이름에 스페이스를 넣어도 되지만 일단은 스페이스를 사용하지 않을 것이다. 나중에 코드를 통해 접근할 수도 있기 때문이다.

게임 에디터 창에서 해당 part를 볼 수 없어도 Explorer 창에서 선택해서 작업할 수 있다.

Properties 창 다루기

Workspace에 part를 추가하면 Properties 창에 정보가 차는 것을 볼 수 있다(그림 2.15).

그림 2.15 새로 추가된 part의 세부 정보를 보여주는 Properties 창

모든 오브젝트와 마찬가지로 part도 사이즈, 컬러와 같은 속성을 가지고 있고, **Properties** 창은 오브젝트의 모습과 작동방식에 대한 세부정보를 보여준다. 3장에서는 part의 속성을 좀 더 깊게 다루면서 수정하는 방법까지 알아보겠다.

오브젝트 이동, 스케일, 회전

Part를 생성하는 방법을 배웠으니 이제 움직여보자! 로블록스 스튜디오에서는 씬에 있는 오브젝트를 이동translate하고 회전orient할 수 있다. 이동과 회전을 하는 방법은 여러 가지가 있지만 이번 절에서는 로블록스 스튜디오의 기본 툴과 키보드 숏컷만을 사용하겠다.

Part를 움직일 때 좀 더 나은 컨트롤을 위해 사용할 수 있는 설정으로 스냅핑snapping과 충돌collision 두 가지가 있다.

▶ **스냅핑**Snapping은 part가 움직이거나, 크기가 변하거나, 회전할 때 한 번에 변화되는 정도를 나타내는 수치다. 예를 들어 90도의 각도로 정렬돼야 하는 빌딩의 벽 같은 것을 만든다면 아이템들을 정확히 정렬해 생성해야 하므로 유용한 기능이다.

▶ **충돌**Collision은 두 오브젝트(혹은 리지드바디)가 교차되거나 일정한 범위 안에 들어올 때 발생한다.

이 두 가지 설정은 두 개 이상의 part를 다룰 때 자주 사용하므로, 하나의 part만 다루는 지금은 일단 꺼놓자. 추후에 해당 기능들을 다룰 때 다시 활성화할 것이다.

▶ **스냅핑 끄기**: Model 탭에서 Rotate와 Move 옆에 있는 박스들의 체크를 해제한다(그림 2.16).

그림 2.16 스냅핑 끄기

▶ **충돌 끄기**: Model 탭을 보면 버튼이 하이라이트된 회색인 경우 충돌이 활성화된 것이다. Collision 버튼을 클릭해서 *끄자*(그림 2.17).

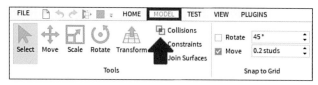

그림 2.17　충돌 끄기

이동

이제 오브젝트를 자유롭게 이동(translate 혹은 move)할 수 있다. Model이나 Home 탭으로 가서 Move 아이콘을 클릭한다(그림 2.18).

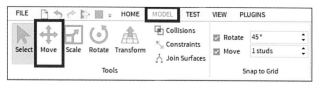

그림 2.18　Move 툴

선택된 오브젝트에 기즈모gizmo가 생길 것이다. 화살표 중에 하나를 클릭한 상태에서 움직이면 해당 축을 따라 오브젝트가 움직인다(그림 2.19).

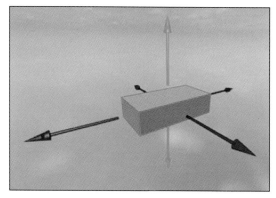

그림 2.19　기즈모 움직이기

스케일 조종

오브젝트의 스케일을 조정하려면 Model이나 Home 탭으로 가서 Scale 아이콘(그림 2.20)을 클릭한다.

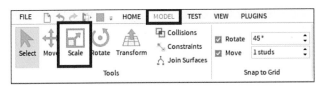

그림 2.20 스케일 툴

이번에는 선택된 오브젝트 옆에 구체 모양의 기즈모가 나타날 것이다. 구체 중 하나를 클릭한 채로 움직이면 해당 축에 따라 오브젝트의 스케일이 변한다(그림 2.21).

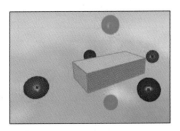

그림 2.21 스케일링 기즈모

두 면의 스케일을 동시에 조절하고 싶으면 구체를 클릭한 채로 움직일 때 Ctrl(윈도우)이나 Command(맥) 키를 누른 상태에서 하면 된다.

비율을 유지하면서 스케일을 조절하고 싶다면 Shift를 누른 상태에서 조절하면 된다.

회전

오브젝트를 회전시키려면 Model이나 Home 탭으로 가서 Rotate 아이콘(그림 2.22)을 클릭한다.

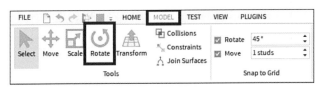

그림 2.22 회전 툴

이번에는 선택된 오브젝트 주위에 구체들과 구체들을 잇는 원 모양의 기즈모(그림 2.23)가 나타난다. 구체 중 하나를 클릭한 채로 움직이면 해당 축에 따라 오브젝트가 회전한다.

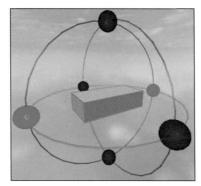

그림 2.23　회전 기즈모

트랜스폼

트랜스폼transform 툴(그림 2.24)은 매우 중요한 만능 이동 툴이다. 여러 가지의 이동, 스케일, 회전을 하나의 연결된 조작으로 처리할 수 있다. 이동, 스케일, 회전이 하나로 합쳐져 있다고 생각해도 좋다. 기본적으로 part를 다양한 방식으로 변화시킬 수 있으며, 특정 축에 고정시키거나 그리드에 스냅시키는 것도 가능하다.

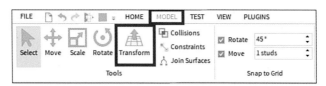

그림 2.24　트랜스폼 툴

Part를 선택한 상태에서 transform 툴을 클릭하면 선택된 part 주위에 조절 가능한 표시들이 나타난다(그림 2.25).

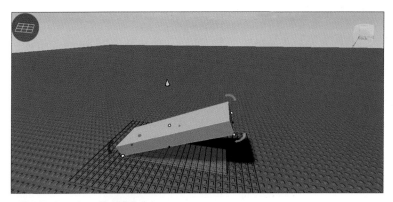

그림 2.25 Transform 툴 사용하기

▶ 노란색 원뿔은 part를 Y축 상의 여러 평면에서 움직일 때 사용한다. 평면이 설정되면 part의 평면 상에서 part를 끌어 움직일 수 있다.

▶ 빨강, 파랑, 초록 원호들은 part를 X, Y, Z 축에서 360도 회전시키는 데 사용된다.

▶ 하얀 박스는 part에서 하얀 박스가 붙어있는 면의 스케일을 조절할 때 사용한다. 스케일 조절은 베이스플레이트^{baseplate}의 각 사각형의 크기를 말하는 스터드^{stud} 단위로 변한다.

스냅핑

이제 한 개의 part를 움직이는 기본 개념을 이해했으니 스냅핑과 충돌을 다시 다뤄보자. 이전에 언급했듯이 스냅핑은 part가 한 번 이동, 스케일, 회전하는 양을 말하는 것이며, 오브젝트가 정확하게 정렬할 수 있게 해준다. 스냅핑은 회전^{Rotation}과 이동^{Move} 두 가지 종류가 있다.

▶ Rotation 스냅핑은 특정 각도 단위로 오브젝트를 회전할 수 있게 한다. 이번 경우는 모든 오브젝트가 매 단계마다 45도씩 회전한다.

▶ Move 스냅핑은 이동과 스케일 모두에 적용된다. 이번 경우는 모든 오브젝트가 매 단계마다 한 스터드씩 이동한다. 스케일도 한 스터드씩 변화한다.

스케일을 오브젝트 중심에서 하는 경우 양쪽으로 한 스터드씩 변화하므로 총 변화량은 두 스터드가 된다.

스냅핑을 다시 활성화하려면 Model 탭에서 Rotate나 Move 옆에 있는 박스를 체크한다. 그런 다음 Rotate와 Move 칸에 변화하기 원하는 수치나 스터드 숫자를 설정할 수 있다(그림 2.26).

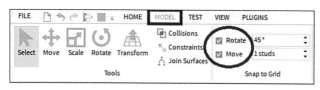

그림 2.26 스냅핑 옵션들

충돌

충돌을 활성화하고 나면 움직임이 어떻게 영향을 받는지 볼 수 있다. 로블록스 스튜디오에서 충돌 기능은 part들이 서로를 통과해서 지나갈 수 있는 있는지 없는지를 조절할 수 있다. 충돌이 켜져 있으면 이미 part가 존재하는 공간으로 다른 part를 이동시킬 수 없다.

충돌을 활성화하려면 Model 탭에서 Collisions 버튼을 클릭하면 된다. 활성화가 되면 회색으로 하이라이트된다(그림 2.27).

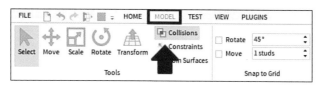

그림 2.27 충돌이 켜진 상태

Part를 움직이다 보면 다른 part와 닿는 부분에 하얀색 아웃라인이 생기는 것을 볼 수 있다. 충돌이 일어나고 있다는 표시이며, 추후에 충돌에 대해서 더 다룰 예정이다.

앵커

이번 장에서 part를 움직이는 방법을 다루는데 part를 고정하고 싶으면 어떻게 해야 할까? 움직임을 제한하고 싶으면 앵커anchor(고정)시키면 된다. Part를 앵커시키면 게임을 실행시키는 중에 다른 플레이어나 오브젝트가 부딪혀도 움직이지 않는다. Part를 앵커시키려면 다음 단계를 따라하자.

1. Properties 창으로 간다.

2. Behavior로 스크롤을 내린다.

3. Anchored를 체크한다(그림 2.28).

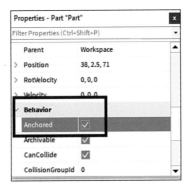

그림 2.28 Part 앵커하기

Model이나 Home 탭 하단에 위치한 Anchor 버튼을 사용해서 간단하게 앵커링을 활성화/
해제시킬 수 있다(그림 2.29)

그림 2.29 앵커 버튼

▼ 직접 해보기

Part 앵커하기

Part를 다음과 같이 앵커해보자.

1. Part를 생성한다.

2. 왼쪽으로 움직인다.

3. Snap to Grid를 사용해서 90도 회전시킨다.

4. Properties 창에서 앵커(anchor)가 됐는지 확인한다.

프로젝트 저장과 출시

게임 에디터에서 작업을 하다 보면 지금까지 한 작업물을 잃지 않도록 주기적으로 프로젝트를 저장해야 한다. 또한 본인의 작업물을 사람들이 즐기길 원한다면 출시를 원할 수도 있다.

프로젝트 저장하기

로블록스는 자동으로 프로젝트를 저장해주지 않기 때문에 직접 해야 한다. 프로젝트를 저장하는 방법은 두 가지가 있다.

▶ **로컬 데스크톱**: 게임 에디터 메뉴 바에서 왼쪽 상단에 있는 File을 클릭한 후 Save to File을 클릭한다. 프로젝트를 템플릿 이름을 사용해서 .rbxl 확장자로 저장한다. 같은 메뉴에서 Save to File As 옵션을 클릭하면 파일 이름을 변경할 수 있다(그림 2.30).

▶ **로블록스 서버**: 같은 드롭 다운 메뉴에서 Save to Roblox As 옵션을 선택하면 로블록스 서버에 프로젝트를 저장할 수 있다. 로블록스 서버 내의 안전한 곳에 저장되지만 대중이 볼 수는 없다.

그림 2.30 File 옵션 아래 Save to File 명령

프로젝트 출시

아무도 즐기지 않는다면 게임 만드는 이유가 없지 않을까? 게임을 공개하고 유료화하려면 Publish to Roblox 옵션을 선택해서 프로젝트를 출시해야 한다. 게임을 출시하면 게임이 공개되고 로블록스의 다른 플레이어가 즐길 수 있다. 다음 단계를 따라 로블록스에 출시해보자.

1. File과 Publish to Roblox를 선택해서 출시 창을 연다.

2. 이름과 설명(선택)을 입력한다.

3. 준비가 됐으면 Create 버튼을 클릭한다.

프로젝트 다시 열기

작업하던 프로젝트를 다시 열고 싶으면 스튜디오 홈스크린(그림 2.31)에서 찾을 수 있다.

▶ File: File을 선택한 후 Open을 선택한다.

▶ My Games: 로블록스에 게임을 출시했으면 My Games에 본인의 게임이 보일 것이다.

▶ Recent: 최근에 열었던 모든 파일들을 보여준다.

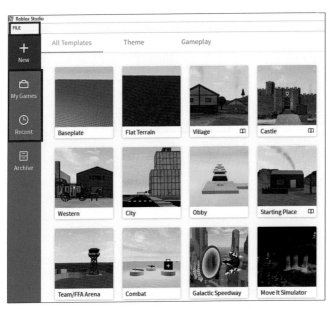

그림 2.31 스튜디오 홈스크린에서 이전 프로젝트들 다시 열기

플레이 테스팅

플레이 테스팅이란 게임이 의도한 대로 동작하고, 더 발전시킬 방법을 찾는 과정을 말한다. 성공적인 게임을 위해 매우 중요한 과정이므로 절대 건너뛰지 말자. 게임에 변경 사항을 적용할 때마다 플레이 테스트를 하는 것이 좋다. 또한 여러 가지 모드에서도 게임을 테스트해보자. Play 모드에서도 변경이 가능하지만 저장되지는 않기 때문에 에디터로 돌아갔을 때 다시 적용해줘야 한다.

> **팁**
>
> **플레이 테스팅 방법**
>
> 다음과 같이 플레이 테스트를 해보자.
>
> ▶ 게임의 작동 여부를 확인한다. 변경한 부분은 더더욱 확인한다.
>
> ▶ 발전될 수 있는 부분을 찾아보자.
>
> ▶ 템플릿을 둘러보거나 플레이 테스팅하고 있다면 part에 붙여진 이름이나 묶여진 그룹 단위를 눈여겨보자.

본인 게임 플레이 테스트하기

다음 단계에 따라 플레이 테스트해보자.

1. 게임을 저장한다. 파일 이름을 변경하는 것을 잊지 말자.

2. 상단 메뉴 바에서 Play 버튼을 누른다. Home 탭 아래 Test 메뉴에서도 Play 버튼을 찾을 수 있다(그림 2.32).

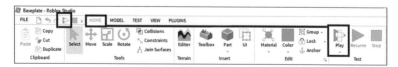

그림 2.32 본인 게임을 플레이 테스트해볼 수 있는 Play 버튼

플레이 테스트 멈추기

플레이 테스트를 멈추려면 상단 메뉴 바 혹은 Test 메뉴에 있는 Stop 버튼을 누른다(그림 2.33). 변경 사항을 적용하기 전에 플레이 테스트를 멈추도록 한다. 위에서도 언급했지만 플레이 모드에서는 변경 사항이 저장되지 않기 때문이다.

그림 2.33 플레이 테스트를 멈추는 Stop 버튼

▼ 직접 해보기

플레이 테스팅 연습하기

다음 두 템플릿을 플레이 테스트해보자.

▶ Village

▶ Obby

플레이 테스트를 하기 전에 part들이 배치된 곳을 변경해봐도 좋다. Part를 이리저리 끌어 놓아 보면서 Properties 창의 속성이 변경되는 것을 봐도 되고, 머티리얼을 수정하거나 제거해도 된다. 저장하거나 출시하기 전에 새로운 이름으로 템플릿을 저장하는 것을 잊지 말고, part나 효과를 추가하고자 한다면 플레이 테스트 모드가 아닌 것을 확인하고 진행하자.

요약

이번 시간에는 로블록스 스튜디오를 사용해서 얼마나 쉽게 게임을 제작하고 수백만의 플레이어들과 공유할 수 있는지 알아봤다. 로블록스 스튜디오를 설치한 후 사용하고, 작업 공간을 정렬하고, 템플릿을 변경하고, 게임을 저장하고, 대중과 공유하기 위해 로블록스에 게임을 출시해봤다. 또한 게임의 성공을 위해 플레이 테스트를 하는 법도 배웠다.

Q&A

Q 스튜디오가 설치되지 않는다면 무엇을 해야 하는가?

A 컴퓨터가 시스템 최소 사양을 만족하는지 확인한다. 최소 사양을 만족하지 않았는데 설치가 완료된다면 스튜디오 실행에 문제가 생길 수 있다.

Q 템플릿을 수정해도 되는가?

A 템플릿은 본인의 게임의 시작점으로 사용할 수 있도록 미리 만들어진 프로젝트다.

Q 플레이 테스트 중에 적용한 변경 사항을 저장할 수 있는가?

A 플레이 모드에서 적용한 변경 사항은 저장되지 않는다. 에디팅으로 돌아왔을 때 다시 적용해야 한다.

워크샵

이번 시간을 마쳤으니 배운 것을 복습해보자. 시간을 내 다음 질문에 답해보자.

퀴즈

1. 작업 공간은 어떻게 정렬하는가?

2. 처음부터 개발할 때 흔히 사용되는 두 가지 템플릿은?

3. 플레이 테스트 중에 본인의 아바타는 어떻게 움직이는가?

4. 참/거짓: 로블록스에 출시하면 모든 이들이 볼 수 있다.

5. 참/거짓: 트랜스폼 툴은 만능 구성 툴이다.

답

1. 필요 없는 창을 닫으면 작업 공간을 확보할 수 있다. Explorer와 Properties 창은 서로 위아래로 정렬하자.

2. 게임 월드를 처음부터 시작할 때 Baseplate과 Flat Terrain 템플릿을 가장 자주 사용한다.

3. WASD나 화살표 키를 사용해서 움직일 수 있다.

4. 참. 출시하면 작업물을 안전한 곳에 저장되며, 로블록스의 다른 플레이어들이 본인의 게임을 즐길 수 있다. (모든 이에게 공개하려면 최초 출시 후에 Game Settings로 간다.)

5. 참. 트랜스폼 툴은 만능 구성 툴이다. 정밀한 이동, 스케일, 회전이 가능하다.

연습

아래 연습을 통해 로블록스 스튜디오를 좀 더 알아보자.

1. Baseplate 템플릿을 연다.

2. Home 탭에서 part 블록을 추가한다.

3. Explorer 창 Workspace 아래 새로 추가한 part를 찾은 후 CenterPart로 이름을 변경한다.

4. Baseplate의 이름을 변경하고 저장한 후 로블록스에 출시한다.

5. 게임을 플레이 테스트한다.

두 번째 연습은 이전 두 시간에서 배웠던 것을 포함하고 있다. 진행이 막히면 이번 장을 다시 읽어보자. 아주 단순한 장애물 코스(로블록스에서 흔히 obby라 불린다)를 만들 것이다.

1. 몇 개의 part로 시작해보자. Anchored가 활성화돼 있는지 확인하고, 하늘에 배치해본다. 원하는 색깔로 변경하거나, 데칼 혹은 텍스처를 추가해도 좋다.

2. 배치한 part의 끝에 다른 part를 추가한다. 이것이 장애물 코스의 시작점이 될 것이다. Anchored돼있는지 확인한다.

3. 반대쪽 끝에 또 다른 파트를 추가한다. 이것이 장애물 코스의 끝점이 될 것이다. 이것도 Anchored돼 있는지 확인한다.

4. 게임을 플레이 테스트해보자. Home 탭 아래 Play 밑에 있는 파란 화살표를 클릭한 후 Play Here를 선택한다. 시작점 위로 날아보면서 게임을 테스트해본다.

5. 보너스: 로블록스 스튜디오의 상단 Model 탭 안, Gameplay 섹션에 있는 Spawn 오브젝트를 추가한다. 이렇게 하면 Play Here를 누르지 않아도 모든 플레이어들이 시작점에서 시작한다(기본 설정상 Anchored돼 있다).

> 팁

염두에 둘 부분
- ▶ 크기와 모양이 다른 part를 적어도 5–6개 정도 배치해서 플레이어들에게 점핑 퍼즐을 제공해보자. 초반 점프들이 후반 점프보다는 쉬워야 한다.
- ▶ 제작하는 동안 지속적으로 플레이 테스트를 하면서 점프가 실제로 가능하며, 모든 part들이 anchored돼 있는지도 확인해보자.

HOUR 3
파트 다루기

이번 시간에 배울 내용

▶ 파트의 외형 변경하기

▶ 데칼과 텍스처 생성하기

지난 시간에는 로블록스 스튜디오를 사용해 다른 플레이어들과 공유할 수 있는 독특한 게임을 만들어봤다. 이번 시간에는 파트part를 심도 있게 다루면서 어떻게 사용할 수 있는지 알아볼 것이다. 파트는 클 수도, 작을 수도 있고, 여러 가지 다른 텍스처와 컬러를 가질 수 있다. 로블록스에 있는 모든 것들처럼 파트는 상상력만 있다면 무궁무진한 것을 만들어 낼 수 있다. 파트를 사용해 소품과 도시는 물론 자동차도 만들 수 있다. 이번 시간에는 파트를 생성하고, 파트의 외형을 바꾸고, 데칼decal과 텍스처texture를 추가하고 변경하는 방법을 배울 것이다.

파트 생성

파트를 생성하는 방법을 복습해보자.

1. All Templates로 가서 Baseplate을 선택한다.

2. Home 탭의 리본 바에서 Part를 클릭해서(그림 3.1) 카메라 뷰 정중앙에 파트를 생성한다.

그림 3.1 파트 생성하기

파트 외형 변경

파트를 생성하고 나면 파트의 외형을 바꾸고 싶을 수 있다. Properties 창에서 파트의 속성들을 변경해서 바꿀 수 있다.

1. Workspace에서 Part를 선택한다.

2. 선택된 파트의 모든 속성들을 보기 위해 Properties 창으로 간 후 Appearance 탭으로 스크롤을 내린다(그림 3.2).

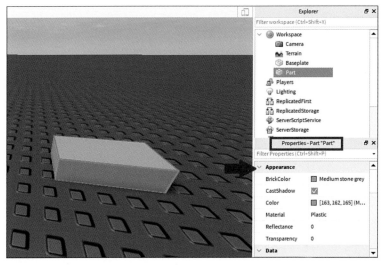

그림 3.2 Appearance 탭에 나온 파트의 속성

보는 바와 같이 컬러Color, 머티리얼Material, 반사Reflectance, 투명Transparency과 같은 외형에 관련된 여러 개의 속성이 있다. 다음 섹션에서는 외형의 속성을 더 자세히 다룰 것이다.

팁

창 보이기/숨기기

원하는 창이 숨겨졌거나 사라졌으면 상단 메뉴 바에 있는 View 탭(그림 3.3)으로 가서 열 수 있다. 현재 튜토리얼에 필요한 창을 클릭해보자.

그림 3.3 View 탭에서 필요에 따라 창을 보이거나 숨긴다.

컬러

Color는 파트 표면의 색을 변경하는 데 사용한다. **Appearance** 탭의 **Color** 옆에 있는 체크
박스를 클릭하면 컬러 픽커(그림 3.4)를 열어 파트의 색을 선택할 수 있다.

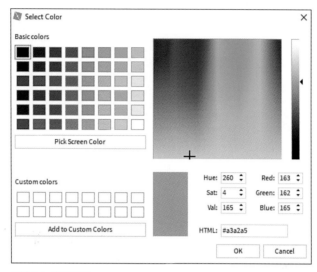

그림 3.4 컬러 픽커

머티리얼

Material은 파트에 디테일을 추가해서 좀 더 현실적인 외형을 구현할 수 있다. 현실 세
계와 마찬가지로 파트의 머티리얼을 변경하면 파트의 밀도와 작동 유형도 같이 변한다.
예를 들어 풀보다 대리석이 밀도가 더 높은 것과 같다. 기본 설정 머티리얼은 플라스틱
Plastic이지만, Material 드롭 다운 메뉴에서 다른 옵션을 선택해서 머티리얼을 변경할 수
있다(그림 3.5). 이 머티리얼들을 사용해서 울창한 숲이나 콘크리트 도시를 구성할 수도
있다.

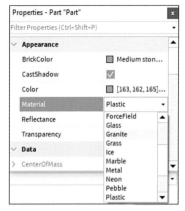

그림 3.5 머티리얼 드롭 다운 메뉴

현재 로블록스에는 22가지 머티리얼이 있으며, 그림 3.6에서 확인할 수 있다.

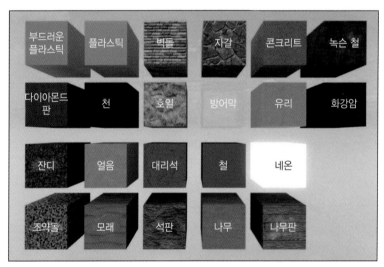

그림 3.6 현재 제공되는 머티리얼

반사와 투명

남은 속성들은 반사Reflectance와 투명Transparency이다. 반사는 파트의 표면에 반짝임을 더해 준다. Reflectance가 1로 설정되면 반짝임이 최고치가 되고, 0이면 완벽한 무광이다(그림 3.7).

그림 3.7 반사 예제

투명Transparency이 1로 설정돼 있으면 파트를 온전히 투과해서 볼 수 있고, 0이면 투과가 전혀 없다. 유리 표면이나 투명한 오브젝트를 만들 때 유용하게 사용된다. 그림 3.8에서 예제를 볼 수 있다.

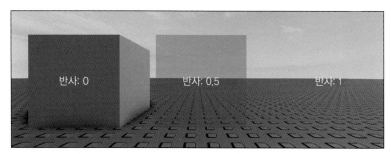

그림 3.8 투명 예제

직접 해보기 ▼

파트 컬러, 텍스처, 모양 변경
튜토리얼을 통해 배운 지식을 활용할 시간이다. 그림 3.9에서 보는 것 같은 노란색 자갈(cobblestone) 파트를 생성해보자.

그림 3.9 노란색 자갈 구체 파트

데칼과 텍스처 생성하기

머티리얼은 다양한 창의적 옵션을 제공하지만 파트에 디테일을 추가하는 유일한 방법은 아니다. 데칼decal과 텍스처textures를 사용할 수 있다.

데칼은 다른 유형의 텍스처이며, 사용하는 곳이 다르다. 파트의 표면 전체를 덮을 수 있게 늘어날 수도 있다(그림 3.10).

그림 3.10 파트 위 데칼 예제

텍스처는 이와 달리 반복되는 텍스처를 붙여서 늘어놓을 수 있는 몇 가지 속성을 제공한다. 그림 3.11의 줌인된 모습을 보면 텍스처가 반복되는 부분의 어긋난 이음새를 볼 수 있다. 그림 3.10과 같이 하나의 이미지를 보여주는 데칼과는 다르다.

그림 3.11 파트 위의 텍스처 예제

데칼

데칼^{decal}은 고속도로 옆에 있는 큰 광고판과 같이 표면 전체에 하나의 텍스처를 펼쳐 놓고 싶을 때 가장 유용하다. 데칼 이미지를 제작한 후 업로드해서 게임 오브젝트를 독특하게 만들 수 있다. 아래 단계에 따라 본인의 데칼을 생성하고 업로드해보자.

1. 업로드 옵션이 활성화되려면 게임이 출시돼 있어야 한다. 게임을 출시하는 방법을 다시 환기하고 싶다면 두 번째 시간을 다시 읽어보자.

2. 포토샵이나 GIMP 같은 이미지 에디터 프로그램을 사용해 데칼 이미지를 생성하고 저장한다.

3. Game Explorer에서 Import를 클릭한다(View 탭에서 Game Explorer 탭을 활성화할 필요가 있을 수 있다).

4. 저장한 데칼 이미지를 선택하고 Open을 클릭한다. 이제 게임에서 본인의 이미지를 사용할 수 있다.

이미지가 업로드되면 파트에 데칼을 추가할 수 있다. 아래 단계에 따라 새로운 이미지를 데칼로 추가하자:

1. Explorer에서 파트 위에 마우스를 올리고 플러스 버튼을 클릭한다.

2. 연관 메뉴(그림 3.12)에서 Decal을 선택한다. 데칼이 위치할 부분을 보여주기 위해 파트 주위에 노란색 가장자리가 표시될 것이다.

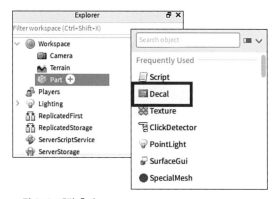

그림 3.12 데칼 추가

3. Properties에서 Texture 옆에 빈 필드를 클릭한다(그림 3.13).

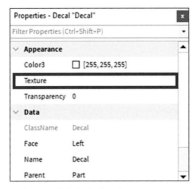

그림 3.13 데칼 속성 텍스처

4. 드롭 다운 메뉴에서 본인의 이미지를 선택한다. 파트 위에 데칼의 형태로 이미지가 나타날 것이다.

이 Texture 속성은 데칼용 이미지 소스를 위해 존재한다. 데칼은 Face, Color3, Trans parency와 같이 다른 속성도 가지고 있다.

▶ Face는 데칼이 표시될 파트의 면을 말한다.

▶ Color3는 이미지의 색을 변경할 수 있다. 하지만 Color3는 이미지에 색을 더할 뿐 덮어 씌우지 않는다.

▶ Transparency는 이전에 파트를 투명하게 만들었던 것처럼 이미지를 투명하게 만든 다(그림 3.14).

그림 3.14 데칼 투명도

그림 3.13을 보면 벽돌을 위한 Color3 값이 하얀색을 뜻하는 RGB[255, 255, 255]인 것을 알 수 있다. 하지만 벽돌 본연의 색깔은 노란색, 검정, 분홍 등 다양한 색을 가지고 있다. 만일 벽돌의 색을 파랑으로 바꾸고 싶은 경우 RGB 값을 파란색인 [0, 255, 255]로 Color3 속성 값에 입력할 수 있지만 결과는 그림 3.15와 같을 것이다.

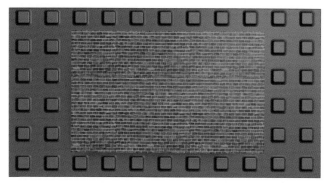

그림 3.15 색이 입혀진 텍스처

벽돌이 파랗게 되는 대신 벽돌의 원래 색깔 위에 파란 빛을 덮어 씌운 색이 됐다.

텍스처

텍스처Texture와 데칼은 근본적으로 다른 점들이 있다. 큰 차이점 중 하나는 이미지의 사이즈와 파트 표면의 위치다. 텍스처는 계속적으로 반복될 수 있기 때문에 벽돌이나 길 같은 표현에 좋으며, 텍스처를 조절할 필요가 있을 때도 유용하다.

본인의 텍스처를 생성하고 업로드하는 방법은 데칼과 똑같으나, 한 가지 차이점은 연관 메뉴에서 Texture를 고르면 된다(그림 3.16).

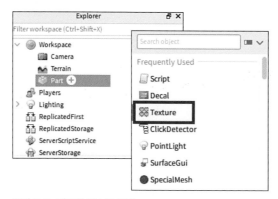

그림 3.16 파트에 텍스처 추가

텍스처는 데칼과 같은 속성(Texture, Color3, Transparency)을 가지고 있고 같은 방식으로 동작하지만, 그림 3.17에서는 보는 것과 같이 OffsetStudsU와 같은 U와 V의 추가 속성들도 존재한다.

Properties - Texture "Texture"		x
Filter Properties (Ctrl+Shift+P)		▾
∨ **Appearance**		▲
Color3	☐ [255, 255, 255]	
OffsetStudsU	0	
OffsetStudsV	0	
StudsPerTileU	2	
StudsPerTileV	2	
Texture	rbxassetid://518532451	
Transparency	0	
∨ **Data**		▼

그림 3.17 텍스처 속성

해당 속성을 다루기 전에 U와 V가 무슨 뜻인지 알아야 한다. U는 2D에서 X(수평)축과 같은 의미이며, V는 2D에서 Y(수직)축과 같은 의미이다. U와 V로 불리는 이유는 이미 3D 축에서 XYZ를 사용하고 있기 때문이다.

간단히 말해 OffsetStudsU와 OffsetStudsV는 U와 V 방향으로 이미지가 오프셋되는 스터드의 숫자를 의미한다. 그림 3.18은 이번 시간 초반에 봤던 반복 텍스처를 보여준다.

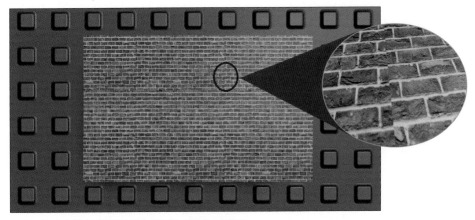

그림 3.18 오프셋이 적용되지 않은 텍스처. 이음새가 보인다.

보는 바와 같이 오프셋이 존재하지 않는다. 하지만 OffsetStudsU 값을 0.5로 설정하면 그림 3.19와 같이 이미지를 옆쪽으로 반 스터드만큼 이동시켜 이음새가 이전보다 눈에 잘 띄지 않는다. V도 같은 방식으로 작동하지만 텍스처 모양이 흡사하기 때문에 눈에 잘 띄지 않을 수도 있다. 여러 가지 텍스처를 사용해 시험해보자.

그림 3.19 오프셋을 적용한 텍스처. 중간의 이음새가 움직였기 때문에 이젠 두 부분 밖에 보이지 않는다.

StudsPerTileU와 StudsPerTileV는 스터드 단위로 U와 V 방향으로 이미지 사이즈가 어느 정도인지 나타낸다. 예를 들어 StudsPerTileU 값을 6으로 설정하면 텍스처 사이즈가 여섯 스터드마다 반복되게 늘어난다. 그림 3.20을 보면 이전 예제에 비교해 벽돌이 얼마나 길어졌는지 알 수 있다.

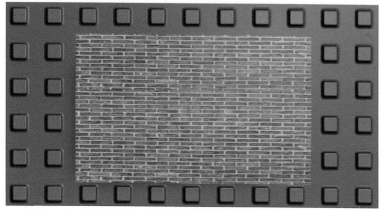

그림 3.20 크기가 변한 텍스처

이제 StudsPerTileV 값을 6으로 변경하면 그림 3.21과 같이 더이상 늘어나 보이지 않을 것이다.

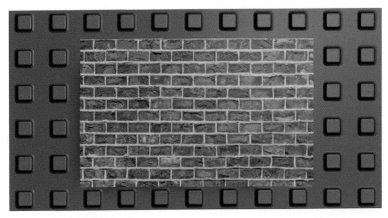

그림 3.21 크기가 변한 텍스처

▼ 직접 해보기

영화 포스터 만들기

지금까지 얻은 모든 지식을 사용해볼 시간이다. 영화 포스터가 붙어 있는 영화관을 만들어 보자(그림 3.22)!

그림 3.22 본인만의 영화관을 만들어보자.

팁

너무 똑같을 필요는 없다.

중요한 것은 데칼을 가져오고 커스터마이즈하는 방법을 알고, 다양한 머티리얼을 사용해서 추가적인 디테일이 살아있는 장소를 만드는 것이다. 우리는 벽에 텍스처를 사용하고 포스터에는 데칼을 사용했다.

요약

이번 시간에는 파트에 대한 지식을 확장시켰다. 데칼과 텍스처를 사용해서 외관을 변경하는 방법을 배우고, 벽돌 벽 등을 만들어 보면서 실제 게임에서 사용할 수 있는 방법도 알아봤다.

Q&A

Q 파트의 투명도를 변경할 수 있는가?

A 그렇다. Properties 창에서 Color, Material, Reflectance, Transparency 등의 다양한 속성을 이용해서 변경할 수 있다.

Q 데칼의 속성을 변경할 수 있는가?

A 그렇다. 데칼과 텍스처는 Color, Transparency와 같은 각각의 속성이 있고, 커스터마이즈할 수 있다.

Q 나만의 텍스처를 생성하고 업로드할 수 있는가?

A 그렇다. 원하는 이미지를 생성해서 데칼이나 텍스처로 게임에 사용할 수 있다.

워크샵

이번 시간을 마쳤으니 배운 것을 복습해보자. 시간을 내 다음 질문에 답해보자.

퀴즈

1. 참/거짓: Transparency를 0으로 설정하면 완전히 투과돼 보인다.

2. 참/거짓: Color3 값은 이미지의 색을 덮어씌울 수 있다.

3. 참/거짓: Color와 BrickColor는 같다.

4. 참/거짓: 파트 중심을 기준으로 1 스터드만큼 스케일을 변경하면 2 스터드만큼 사이즈가 커진다.

5. 참/거짓: 데칼은 표면을 채울만큼 이미지가 늘어나지만, 텍스처는 반복된다.

답

1. 거짓. Transparency는 1로 설정돼 있을 때 완전히 투과되며, 0일 때 온전히 보인다.

2. 거짓. Color3는 이미지에 색깔을 더해서 이미지의 색을 변경하지, 덮어씌우지 않는다.

3. 거짓. 함정이 있는 질문이었다. 둘 다 색을 선택할 수 있게 해주지만, Color는 모든 RGB 값을 선택할 수 있지만 BrickColor는 팔레트가 한정된다.

4. 참. 중앙을 기준으로 스케일을 키우면 키운 단위의 두 배만큼 커진다.

5. 참. 텍스처는 계속 반복될 수 있지만 데칼은 그렇지 않다.

연습

이 연습은 여러분이 지난 두 시간 동안 배운 것들을 활용한다. 혹시 막히면 앞으로 돌아가 내용을 다시 살펴보길 바란다. 그림 3.23에서 보는 것과 같은 고속도로와 옆에 있는 광고판을 만들어보자.

그림 3.23 옆에 광고판이 있는 고속도로

1. 길부터 시작한다. 여러 개의 파트를 사용해서 메인 도로를 만들고, 중앙선 라인은 별도의 파트를 사용한다.

2. 길과 중앙선 파트들의 속성을 알맞은 머티리얼과 색을 사용해서 아스팔트와 페인트처럼 보이게 변경한다.

3. 광고판의 기반은 원통 파트로 만들고, 윗부분은 일반 파트로 만든다. 두 파트의 머티리얼을 변경한다.

4. 광고판 기반 위에 다른 파트를 추가하고 데칼을 추가해 광고판을 만든다.

5. **보너스**: 여러 파트를 사용해 길을 만들지 말고, 한 개의 파트와 텍스처를 사용해 길을 만들어보자.

HOUR 4
물리를 이용한 구성

이번 시간에 배울 내용

▶ 연결점과 연결 방식

▶ CanCollide 속성

▶ 힌지(경첩)와 스프링

▶ 모터 사용

지금까지 로블록스에서 3D 오브젝트를 조작하는 방법을 배웠으므로 이번에는 물리를 사용해 현실적 상호작용 환경을 구축하는 방법을 알아보겠다. 작동하는 문이나 움직이는 선풍기를 만들고 싶다면 물리가 필요하다.

물리 엔진은 로블록스 게임에서 벽돌, 쐐기, 구, 실린더 등의 파트가 어떻게 움직이는지 결정하는 역할을 한다. 이 엔진은 실제 물리를 모방해 작업 캐비닛이나 루브 골드버그 기계(연쇄 반응 기계)와 같은 물리 기반 기구를 쉽게 만들 수 있다. 엔진에서 모터, 힌지 및 스프링을 설정하고 해당 속성을 수정해 게임에서 얼마나 빨리 또는 느리게 작동해야 하는지 결정한다.

다음 절에서는 문을 만들 수 있는 두 가지 방법을 보여준다. 첫 번째는 로블록스 물리를 무시하면서 플레이어가 통과할 수 있는 간단한 문을 만드는 방법이다. 두 번째는 내장된 물리 기능을 이용해 플레이어가 부딪힐 때 열리고 닫히는 문을 만든다.

다음은 이번 시간에 스튜디오를 이용해서 다룰 내용이다.

▶ 문 만들기

▶ CanCollide를 비활성화해 플레이어가 문을 통과하기

▶ 힌지와 스프링을 추가하고, 사실적인 문을 만들기 위해 CanCollide를 다시 활성화하기

연결점과 연결 방식

문을 만들기 전에 기계 구조의 두 가지 핵심 요소인 연결점^{attachment}과 연결 방식^{constraints}을 이해해야 한다. 연결점은 오브젝트가 파트에 연결되는 곳이다. 모든 연결점은 그림 4.1과 같이 파트가 부모가 된다.

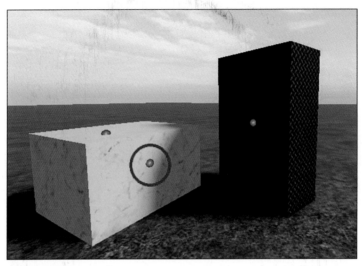

그림 4.1 파트의 연결점

연결 방식은 두 연결점을 연결한다. 연결 방식은 로드^{rod}, 모터, 힌지, 스프링 등과 같은 기계적 구조를 만드는 데 사용되는 요소다. 그림 4.2는 로드 연결 방식의 예를 보여준다.

이 예제에서는 연결점에 있는 로드 연결 방식을 사용해, 고정되지 않은 파트를 고정된 파트에 매달 수 있다.

 1. 떠있는 파트 두 개를 만든다(그림 4.3). 높은 것은 고정하고, 낮은 것은 고정하지 말자.

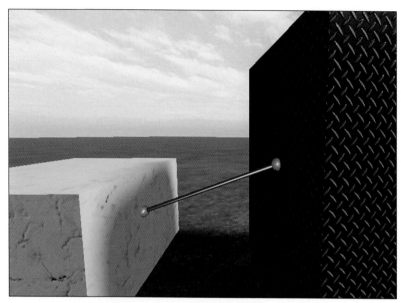

그림 4.2 로드 연결 방식의 예

그림 4.3 로드 연결 방식에 의해 연결된 두 파트

2. Model 탭으로 이동해 Constraint Details를 활성화한다(그림 4.4). 이렇게 하면 작업 중인 연결 방식 및 연결점을 쉽게 볼 수 있다.

그림 4.4 Constraint Details 버튼

3. Model 탭의 Create 버튼 드롭다운 메뉴에서 Rod Constraint를 선택한다.

4. 상단 벽돌 아래 로드 연결 방식이 연결돼야 할 지점을 클릭하고, 아래 파트의 윗부분을 클릭한다. 로드 연결 방식은 두 개의 녹색 연결점 사이에 생성된다(그림 4.5).

그림 4.5 연결된 두 파트

5. 게임을 테스트해보면 고정되지 않은 파트가 고정된 파트에 매달려 있는 것을 볼 수 있다.

문 만들기

이제 연결점과 연결 방식에 대한 기초 연습을 마쳤으니 문을 만드는 두 가지 방법을 시도해 볼 수 있다. 두 방법 모두 이전 장에서 배운 내용을 사용해 파트를 가지고 간단한 문을 만든다.

1. 3개의 파트를 사용해 문틀을 만들고, 문을 위한 별도의 파트를 만든다. Snap-to-Grid를 사용해 모든 것을 정렬한다.

2. 문틀은 고정하되, 문은 고정하지 말자.

3. 문의 어느 쪽이 어느 쪽인지 쉽게 식별할 수 있도록 손잡이를 추가한다(그림 4.6).

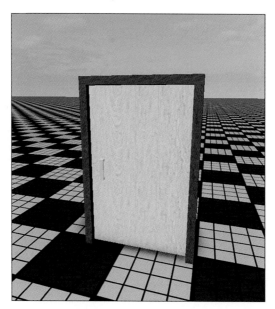

그림 4.6 손잡이가 있는 문

문이 움직일 때 문에 부착된 손잡이를 고정하려면, 물건을 함께 고정하는 데 사용되는 연결 방식 중 하나인 용접weld을 사용해야 한다. 다음 단계에 따라 용접을 추가한다.

1. Create을 클릭하고 드롭다운 메뉴에서 Weld를 선택한다(그림 4.7).

2. 함께 용접할 두 파트를 클릭한다. 하나의 연결 방식으로 두 개의 파트만 용접할 수 있다.

3. 작업이 완료될 때까지 다른 파트를 주요 파트와 계속 용접한다.

그림 4.8은 어떤 파트가 용접됐고, 어떤 파트가 문에 고정^{anchored}돼 물리가 올바르게 작동하는지 보여준다. 이 예에서 볼 수 있듯이 손잡이가 문에 용접됐을 뿐만 아니라 문 자체가 여러 파트로 용접돼 있다.

그림 4.7 용접 옵션을 활성화

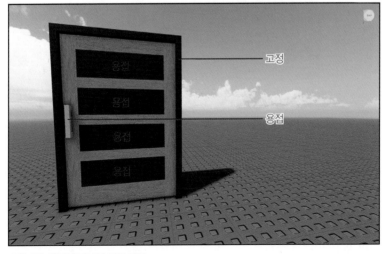

그림 4.8 용접된 파트와 고정 파트

이제 문처럼 보이는 오브젝트는 있지만, 플레이어가 문을 통과할 수 있도록 문 역할을 할수 있게 해야 한다.

플레이어가 문을 통과할 수 있게 CanCollide 비활성화

플레이어가 문을 통해 이동할 수 있는 한 가지 방법은 CanCollide라는 기능을 사용하는것이다. CanCollide 속성은 파트가 다른 파트와 물리적으로 충돌하는지 또는 다른 파트를통과할 수 있는지를 결정한다. 다음은 CanCollide에 대한 두 가지 설정이다.

▶ 파트의 CanCollide를 활성화하면 플레이어와 다른 파트가 충돌한다.

▶ CanCollide가 비활성화되면 플레이어 및 기타 파트가 파트를 통과할 수 있다.

작업 중인 예제에서 문의 CanCollide를 비활성화하면 플레이어가 문을 통과해 이동할 수있다. 다음 단계를 따라해보자.

1. 도어 파트를 선택한다.

2. Properties 창으로 이동하고, Behavior 옵션으로 스크롤한 다음 CanCollide 박스의 선택을 해제한다(그림 4.9).

그림 4.9 CanCollide가 비활성화됐다.

3. 게임을 테스트해 문을 통과할 수 있는지 확인한다.

이제 플레이어가 문을 통과하지 않을 것이다. 힌지를 기준으로 문을 열고, 스프링으로 인해 문이 닫힌다. 로블록스에 내장된 물리 기능을 사용해 문에 힌지와 스프링을 추가해 현실적인 모양과 느낌을 줄 수 있다.

힌지와 스프링 추가

플레이어가 문과 상호 작용해 열려면 CanCollide를 다시 켜야 한다. 그렇지 않으면 플레이어는 문을 여는 대신 그냥 통과할 것이다. 현실적인 문을 만드는 이번 예제에서는 힌지를 사용해 문을 열고 스프링을 사용해 자동으로 닫아야 한다.

HingeConstraint을 사용하면 두 개의 연결점이 한 축을 중심으로 회전할 수 있다. 문, 캐비닛 등 많은 곳에 사용할 수 있다. HingeConstraint은 모터로도 사용할 수 있다. 두 연결점의 X축이 동일한 방향을 가리키도록 연결한다. 이렇게 하면 회전을 변경하는 유일한 방법은 연결점 자체를 회전시키는 것이다.

힌지로 문 열기

다음 단계에 따라 HingeConstraint을 추가해 현실적인 문을 만든다.

1. CanCollide가 활성화돼 있는지 확인한다(이전 섹션을 참조해 CanCollide 속성을 찾아 활성화한다).

2. 문에 힌지를 쉽게 부착하기 위해 문을 문틀로부터 멀리 이동시킨다(그림 4.10).

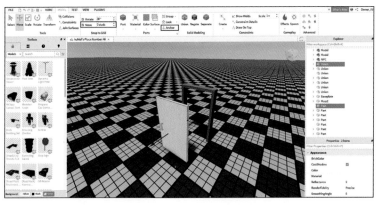

그림 4.10 문이 문틀 앞으로 나아갔다.

3. Constraint Details가 활성화돼 있지 않으면 지금 활성화한다. 이렇게 하면 연결 방식을 추가할 때 유용한 세부 정보가 제공된다.

4. 메뉴 바의 Model 탭에 있는 Create 버튼의 드롭다운 메뉴에서 Hinge를 선택한다(그림 4.11).

그림 4.11 힌지 선택 준비

5. 클릭해서 오른쪽 문틀 안쪽에 연결점을 만들고, 다른 하나는 힌지가 있어야 하는 문 오른쪽에 부착한다(그림 4.12).

그림 4.12 문에 힌지를 부착

팁

연결점 정렬

두 연결 방식의 표시가 직선이면서 수평이 되도록 두 개의 연결점을 일렬로 정렬한다. 조금 어긋나도 괜찮지만 너무 심하면 문이 이상하게 움직일 수도 있다.

각 연결점을 보면 주황색 막대는 힌지의 방향을 나타내며, 주황색 원은 힌지의 범위이다. 주황색 막대가 그림 4.13의 왼쪽에 있는 것과 같이 좌우가 아니라 위아래로 달리도록 두 연결점을 회전시킨다. 그러면 문에 필요한 스윙 동작이 가능하다.

6. 힌지를 추가한 후에 문을 원래 위치로 다시 이동시킨다. 문틀과 문 사이에 작은 틈이 생기도록 문을 축소한다. 그렇지 않으면 문이 고정될 수 있다. 플레이 테스트를 통해 문을 열어 보자(그림 4.14).

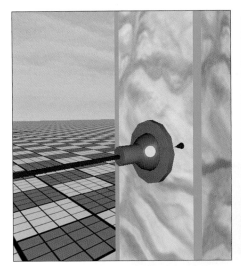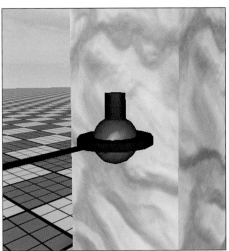

그림 4.13 주황색 축이 왼쪽 이미지처럼 좌우가 아니라, 오른쪽 이미지처럼 위아래가 되도록 연결점을 회전시킨다

그림 4.14 힌지로 연결된 문 열기

> **팁**

문의 올바른 회전

연결점이 올바르게 회전하지 않는다면 문이 좌우로 움직이지 않고 위아래로 움직일 것이다. 문이 올바른 방향으로 회전하지 않는 경우 표시하는 막대가 위아래를 향하도록 두 연결점을 회전시킬 수 있다. 그림 4.15에서 볼 수 있듯이 빨간색 표시 막대가 좌우가 아닌 위아래를 가리키고 있다. 그림 4.16은 좌우로 작동하는 올바른 힌지의 예다.

그림 4.15 빨간색 표시 막대가 올바르게 아래를 가리키고 있다.

그림 4.16 양쪽의 힌지 연결 방식이 일치하는 막대 표시

문이 제대로 열린다면 이제 문이 축을 중심으로 360도 회전하지 않도록 연결 방식을 설정해야 한다. 이를 방지하려면 Explorer에서 HingeConstraint을 선택한 Properties로 이동한다. LimitsEnabled를 활성화한 다음 LowerAngle을 −80으로, UpperAngle을 80으로 설정한다(그림 4.17).

⌄ **Limits**	
LowerAngle	-80
Restitution	0
UpperAngle	80
⌄ **Hinge**	
ActuatorType	None
LimitsEnabled	☑

그림 4.17 UpperAngle 및 LowerAngle에 한계가 설정된 HingeConstraint의 속성

한계 속성에 따라 녹색 표시가 문이 정지해야 하는 위치를 나타낸다(그림 4.18).

그림 4.18 문이 얼마나 넓게 열릴 수 있는지 보여주는 녹색 표시

스프링 만들기

힌지로 열리는 부분은 문의 현실감을 더해줬지만, 자동 스프링 닫기 효과를 사용해 문을 완성해보자. SpringConstraint는 스프링 및 댐퍼damper 작동 방식에 따라 연결점에 힘을 가한다. 이 연결 방식은 실제 스프링처럼 평소에는 가만히 있다가 연결점이 멀어지면 스프링이 끌어당긴다. 만약 보통 거리보다 더 가까이 있다면 스프링은 밀어낸다.

다음 단계에 따라 문에 스프링 닫기 기능을 추가한다.

1. 그림 4.19와 같이 문틀의 좌측 바깥쪽 부분을 힌지 반대쪽으로 일시적으로 이동시켜 스프링을 추가하기 쉽게 한다.

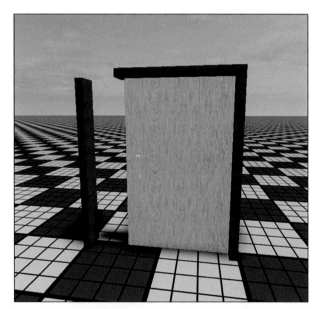

그림 4.19 힌지 맞은편 문틀을 멀리 이동시켜 연결 방식을 쉽게 만들 수 있게 했다.

2. Create을 클릭하고 사용 가능한 연결 방식 중에서 Spring을 선택한다.

3. Constraints 메뉴에서 Spring을 선택한다. 문의 왼쪽에서 클릭해 외부 문틀로 연결될 스프링 연결점을 추가한다(그림 4.20).

4. 방금 문에 생성한 기존 연결점을 클릭한 다음 반대쪽의 외부 문틀을 선택해 두 번째 스프링 연결점을 만든다. 완료되면 새 문을 테스트한다. 그림 4.21을 보면 스프링이 빨간색 선이고 힌지가 녹색 점이며 문틀이 검은색 직사각형임을 보여준다.

그림 4.20 문의 먼 반대쪽을 문틀 외부에 부착하는 스프링 연결 방식

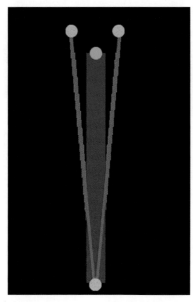

그림 4.21 문을 문틀과 연결하는 스프링(빨간색)과 힌지(녹색) 다이어그램

사실적인 스프링

스프링에 사실감을 주려면 다음 단계를 따라해보자.

1. Explorer에서 두 스프링을 모두 선택한다.

2. 스프링을 보이지 않게 한다. 속성에서 Visible 옵션의 체크를 해제한다(그림 4.22). 플레이 테스트 중에는 스프링이 보이지 않을 것이다.

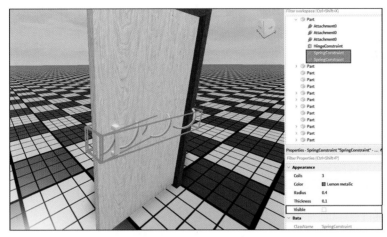

그림 4.22 Explorer에서 두 스프링을 모두 선택

3. Properties 창에서 아래로 스크롤해 Damping을 850으로, Stiffness를 2850으로 변경해 문을 사실감 있게 닫을 수 있도록 만든다(그림 4.23).

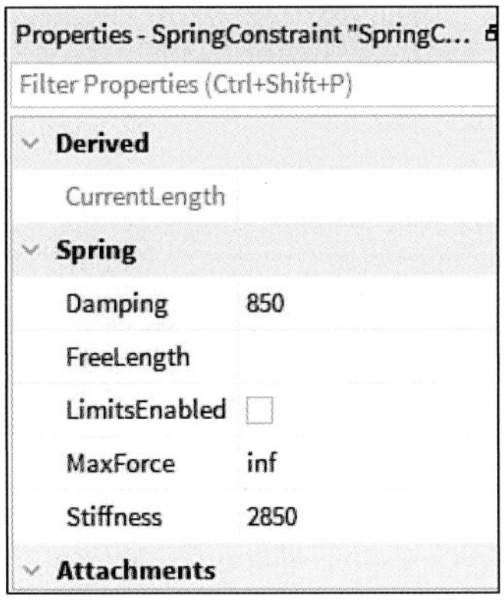

그림 4.23 Damping을 850으로, Stiffness를 2850으로 설정한 모습

지금까지 힌지를 기준으로 열리고 스프링을 통해 자동으로 닫히는 실제같은 문을 만들었다. 플레이 테스트를 해보면서 필요에 따라 스프링 및 연결점을 조정해보자.

모터 사용하기

배운 것을 사용해서 게임에서 사용할 수 있는 또 다른 기계 구조인 모터가 달린 선풍기 날개를 만들어보자. 모터를 위한 별도의 연결 방식constraint은 없지만, 위에서 사용한 것과 동일한 HingeConstraint와 Properties 설정을 변경해 만들 수 있다. 다음 단계를 따라해보자.

1. 파트로 선풍기 날개를 만든다. 기둥은 고정시키고 날개는 고정하지 않는다.

2. 연결점을 쉽게 배치할 수 있도록 날개를 기둥에서 일직선으로 떨어뜨린다(그림 4.24).

그림 4.24 파트로 만든 기둥과 날개

3. Model로 가서 Create를 클릭한 다음 HingeConstraint를 선택한다.

4. 그림 4.25와 같이 1개의 연결점을 기둥에 놓고 다른 연결점을 팬의 후면 가운데에 놓는다. 연결점이 정렬돼 있는지 확인한다. 모터로 작동할 수 있도록 두 연결점이 직선상에 있어야 한다.

그림 4.25 직선 상의 힌지 연결 방식

5. Explorer에서 HingeConstraint를 선택한 다음, Properties에서 ActuatorType을 Motor로 변경한다(그림 4.26).

그림 4.26 ActuatorType을 Motor로 변경

6. 또한 Properties에서 AngularVelocity 옵션을 0.6으로 설정한다. 초당 라디안 회전 속도(초당 회전 수)다.

7. 팬 속도를 높이려면 AngularVelocity를 높인다. 팬이 다른 방향으로 회전하도록 하려면 AngularVelocity에 마이너스를 추가한다.

8. MotorMaxTorque를 100,000으로 설정한다(그림 4.27).

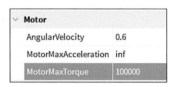

그림 4.27 Properties에서 MotorMaxTorque를 100,000으로 설정

9. 팬 파트를 제자리로 옮기고(그림 4.28) 작동하는지 테스트한다.

그림 4.28 완성된 선풍기

> **팁**
>
> **모터에 문제가 있을 때 해결**
>
> 모터가 작동하지 않을 경우, 연결점과 힌지를 제거하고 다시 부착해보자. 문의 경우와 마찬가지로 연결점이 올바르게 정렬되지 않은 것이 문제일 수 있으므로 항상 배치에 유의해야 한다.

요약

이번 시간에는 스프링, 힌지, 모터를 마스터해 올바르게 작동하는 문과 선풍기를 만들고, 플레이어가 파트와 충돌하거나 통과할 수 있도록 CanCollide를 조정하는 방법을 배웠다.

Q&A

Q HingeConstraint를 다른 위치에 배치하면 작동하는가?

A 그렇다. 하지만 예상대로 작동하지 않을 수도 있다. 연결점이 잘못 정렬되면 문이 이상하게 움직일 수 있다.

Q 고정된 파트에 연결 방식이 적용되는가?

A 아니다. 파트를 고정 해제해야만 물리 엔진이 파트를 감지해 연결 방식과 파트가 상호 작용할 수 있다.

워크샵

이번 시간을 마쳤으니 배운 것을 복습해보자. 시간을 내 다음 질문에 답해보자.

퀴즈

1. 참/거짓: 연결 방식을 적용해도 고정된 파트는 움직이지 않는다.

2. 참/거짓: 힌지 연결 방식은 설정을 변경해도 모터로 사용할 수 없다.

3. 참/거짓: 오브젝트의 CanCollide가 비활성화되면 파트와 플레이어가 통과할 수 있다.

4. 날개가 떨어지지 않도록 기둥을 _____해야 한다.

답

1. 참. 연결 방식을 적용해도 고정된 파트는 움직이지 않는다.

2. 거짓. 힌지 연결 방식은 설정을 변경할 경우 모터로 사용할 수 있다.

3. 참. 오브젝트의 CanCollide가 비활성화되면 파트와 플레이어가 통과할 수 있다.

4. 날개가 떨어지지 않도록 기둥을 고정해야 한다.

연습

사람들이 상호작용하는 여러 가지 것들을 생각해보자. 동네 공원에 가면 아이들이 시소를 타고 노는 모습을 볼 수 있다(그림 4.29). 연결 방식 및 연결점에 대해 알고 있는 것을 사용해 플레이어가 상호 작용할 수 있는 시소를 만들어보자.

1. 그림 4.29와 같이 파트를 사용해 시소를 제작한다. 시소의 기둥이 고정돼 있고, 시소 좌석은 고정돼 있지 않은지 확인한다.

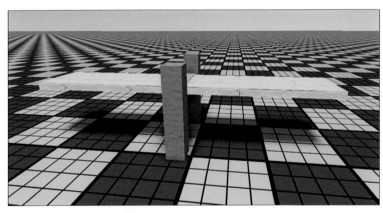

그림 4.29 파트로 만든 시소의 예

2. 힌지 연결 방식을 사용해 시소가 움직일 수 있도록 한다.

팁

용접을 사용해 다양한 색상의 파트를 같이 고정

용접 연결 방식을 사용해 움직이지 않는 파트를 함께 고정한다. Create 메뉴에서 Weld를 선택한다. 그런 다음 함께 용접할 두 파트를 클릭한다. 파트가 이미 선택된 경우 첫 번째 연결점이 자동으로 생성된다. 그림 4.30에서, 좌석 널빤지의 하늘색 목재 부분은 고정되지 않고 용접돼 있다.

그림 4.30 우측에 있는 노란색 파트 2개와 하늘색 파트는 용접 연결 방식으로 고정

팁

힌지 연결 방식은 하나만 필요

힌지가 양쪽에 하나씩 있으면 문제가 발생할 수 있으므로 시소 한쪽에만 힌지를 사용한다. 일반적으로 최대한 적은 수의 연결 방식을 가지고 만드는 것을 추천한다.

3. **보너스**: 지금까지 파트 제작 및 물리에 대해 배운 내용을 사용해 그림 4.31과 같이 플레이어가 즐길 수 있는 놀이터 전체를 만들어보자.

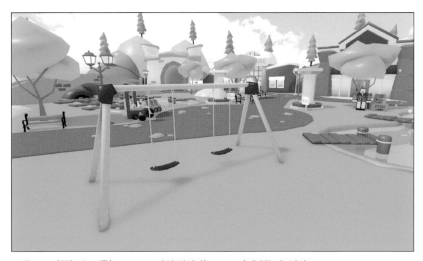

그림 4.31 알렉스뉴트론(Alexnewtron)의 밉시티(MeepCity)에 있는 놀이터

HOUR 5
지형 만들기

이번 시간에 배울 내용

▶ Terrain 툴을 사용해 풍경을 만드는 방법

▶ Edit 탭 사용하기

▶ Region 탭 사용하기

Terrain 툴은 강, 산 및 협곡과 같은 특징을 가진 사실적인 풍경을 만드는 데 유용하다. 예를 들어, 유명한 국립공원을 만들고 싶으면 Terrain Editor를 사용하면 된다. 이번 시간에는 로블록스의 Terrain Editor를 사용해 다양한 재료를 가지고 아름다운 자연 경관을 조각하며 만드는 방법과 하이트 맵$^{height\ map}$을 사용해 제작 속도를 높이는 방법에 대해 알아본다. 그림 5.1은 Terrain 툴로 작성된 풍경을 보여준다.

그림 5.1 로블록스 Resources에서 제공하는 Outdoor Ancient Ruins의 자연 풍경

Terrain 툴을 사용해 풍경 제작하기

이번 시간에는 각 툴을 소개하고 이러한 툴을 사용해 제작하는 환경에 세부 사항을 생성, 편집 및 추가하는 방법을 보여주는 섬을 만들 것이다. 이번 시간이 끝날 때쯤이면 게임에 사용할 그림 5.2와 유사한 섬이 완성될 것이다. 이제 시작해보자.

그림 5.2 Terrain Editor에서 제작한 섬

Terrain Editor는 로블록스 스튜디오의 Home 탭에서 찾을 수 있다. Terrain을 클릭하면 왼쪽에 새 창이 열리고 지형 제작에 사용할 수 있는 여러 툴이 표시된다.

Generate 툴을 사용해 선택하면 사용 가능한 특징(바이오옴이라 부름)들을 조합해서 임의의 풍경을 만들 수 있다. 물이 많은 절벽, 협곡, 북극 풍경 등을 만들 수 있다. 이 툴을 사용해 포함된 바이오옴의 생성 장소, 생성할 지형의 면적 등을 제어할 수 있다. 섬을 작업하기 전에 다음 단계에 따라 간단한 풍경을 생성해보자.

1. New 탭에서 basetemplate을 연다.

2. Baseplate을 삭제한다. Explorer 창에서 화살표를 클릭해 Workspace를 확장하고, Baseplate를 선택한 다음 Delete 키를 누른다.

3. Home 탭에서 Terrain을 클릭해 Terrain Editor(그림 5.3)를 연 다음 Generate을 클릭한다.

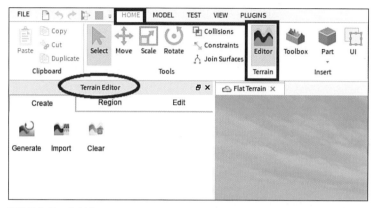

그림 5.3 Terrain Editor

Terrain Editor의 Map Settings 섹션은 생성할 지형의 크기와 위치에 대한 다양한 옵션을 제공하며 Materials Settings 섹션(그림 5.4)에는 사용 가능한 바이오옴들을 담고 있다.

그림 5.4 Generate 툴 설정들

4. 보고 싶은 몇 가지 바이오옴 옆에 있는 체크 박스를 클릭하고 Generate 버튼을 클릭한다. 우리가 선택한 바이오옴의 결과는 그림 5.5와 같다.

그림 5.5 Generate 툴로 생성한 풍경 예제

생성한 풍경이 마음에 들지 않으면 Clear 버튼(그림 5.6)을 클릭해 지형을 제거한 다음 새 지형을 생성할 수 있다.

그림 5.6 Clear 툴

자신의 섬 만들기

이제 지형을 만드는 방법을 알았으니, 자신만의 무인도를 만들 수 있다. 그림 5.7과 같이 물만 있는 지형을 생성해보자.

그림 5.7 바다만 있는 풍경

힌트: 원하지 않는 바이오옴이 선택되지 않았는지 확인하자. 이 예제에서는 물 옵션만 선택해야 한다. 이번 시간 후반에서 수위를 만들고 조정하는 방법을 알아볼 것이다.

Edit 탭 사용하기

바다가 만들어졌으니 이제 섬을 추가하고 모양을 만들어야 할 때다. 이때 Edit 탭(그림 5.8)과 여러 가지 툴이 필요하다. 이러한 툴을 사용해 지형을 매끄럽게, 평평하게, 침식된 모습, 틈새를 채우게 만들 수 있다. 예를 들어 동굴을 만들려는 경우 Erode 툴을 사용해 지형을 제거할 수 있다. 도로를 건설하려면 Flatten 툴을 사용해 지형을 평탄하게 만든 후 그 위에 도로를 건설할 수 있다.

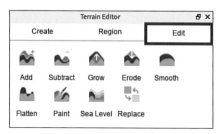

그림 5.8 Add, Subtract, Grow, Erode, Smooth, Flatten, Paint, Sea Level, Replace 툴을 포함한 Edit 탭

Add 툴을 사용해 땅 만들기

Add 툴을 사용해 빈 공간에 지형을 칠할 수 있다. Add 툴을 클릭하면 3D 에디터에 그리드가 나타나고, 파란색 구(브러시)가 커서 위치를 나타낸다. 클릭해 끌면 이동하는 모든 곳에 지형을 만들 수 있다. 브러시는 그리드에 제한돼 있으며, 그리드는 카메라가 어느 방향을 향하는지에 따라 결정된다.

Add 툴을 사용해 섬의 기반을 만든다. 우리가 만든 것은 그림 5.9에 나와 있다.

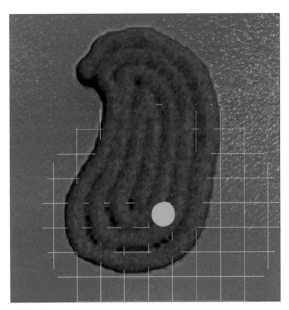

그림 5.9 Add 툴

원하는 대로 섬을 만들 수 있지만 다음과 같은 팁을 참고하자.

▶ 슬라이더를 사용해 Base Size를 조정하고 칠해지는 땅의 크기를 제어한다.

▶ View Selector에서 Top 뷰를 클릭해 물을 내려다 보면서 섬을 그린다. 화면 오른쪽 상단에 View Selector가 보일 것이다. 보이지 않으면 스튜디오 상단의 View 탭으로 이동해 View Selector라고 표시된 버튼을 클릭한다.

그림 5.10 View Selector

Subtract 툴로 지형 변경

Subtract 툴은 기존 지형을 제거하는 데 사용된다. Subtract 툴은 Add 툴과 매우 유사하지만 사용자가 클릭해 끌 때 브러시 현재 위치에서 브러시 모양의 지형을 제거한다(그림 5.11). 브러시는 그리드에 제한돼 있으며, 그리드는 카메라가 어느 방향을 향하느냐에 따라 결정된다. Subtract 툴의 브러시 설정은 Add 툴과 동일하다.

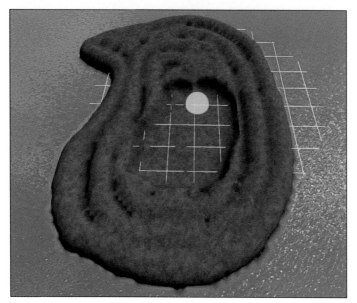

그림 5.11 Subtract 툴

Subtract 툴을 사용해 작은 호수가 될 웅덩이를 섬 중앙에 만든다. 이번 시간 후반에서 이 웅덩이에 물을 추가할 것이다.

Grow 툴을 사용해 지형 상승시키기

Grow 툴을 사용해 이미 존재하는 지형을 상승시킬 수 있다. 섬 일부분에 Grow 툴을 끌면서 산과 언덕을 만들어 보자(그림 5.12).

그림 5.12 Grow 툴을 사용해 언덕과 같은 지형 추가

Grow 툴의 브러시 설정은 Grow 툴이 Strength(강도)와 Plane Lock(평면 제한)이 있다는 점을 제외하고는 Add와 Subtract 툴과 동일하다(그림 5.13).

▶ Strength는 브러시가 지형을 확장할 때 사용하는 힘의 양을 사용자 정의할 수 있다. Strength가 높을수록 지형이 빨리 자란다. Strength를 높이면 그림 5.12처럼 높은 산을 훨씬 더 빠르게 만들 수 있다.

▶ Plane Lock은 Add와 Subtract 툴과 같은 그리드를 보여준다. Plane Lock이 활성화돼 있으면 지형은 표시되는 흰색 그리드를 따라서 커진다.

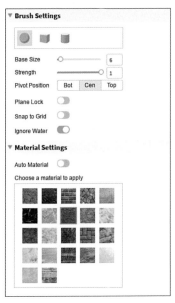

그림 5.13 Grow 툴 설정

Erode 툴로 지형 제거하기

Erode 툴은 침식 효과를 사용해서 지형을 제거하는 데 사용된다. 이 툴은 기본적으로 Grow 툴과 반대 역할을 하는데 클릭하고 끌면 기존 지형이 유기적으로 제거된다. Subtract 툴과 달리 브러시 전체의 지형이 동일하게 제거되지는 않는다. Erode 툴의 브러시 설정은 Grow 툴과 동일하다. 그림 5.14와 같이 Erode 툴을 사용해 언덕을 관통하는 터널을 만들자.

그림 5.14　Erode 툴을 사용해 자연스럽게 지형 제거

Smooth 툴을 사용한 지형 조정

Smooth 툴은 지저분하고 뾰족한 지형을 매끄럽게 하는 데 사용된다. 클릭하고 끌면 지나간 자리의 지형이 천천히 평탄해진다. Smooth 툴에 대한 브러시 설정은 Grow 및 Erode와 동일하다. 섬이 점점 모양을 갖춰가고 있지만 그림 5.15와 같이 Add 툴을 사용할 때 만들어진 튀어나온 부분들을 다듬어야 한다.

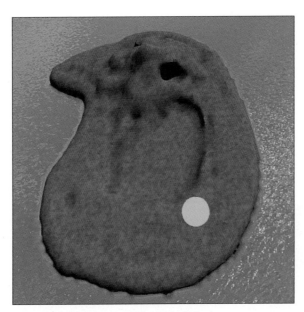

그림 5.15 Smooth 툴은 불규칙한 지형을 다듬는다.

Flatten 툴을 사용한 지형 평탄화

Flatten 툴(그림 5.16)을 사용해 고르지 않은 지형을 평평하게 만들 수 있다. 이 툴은 지형 위에 도시나 도로를 추가할 때 유용하다. 클릭해 끌면 툴이 지나간 부분의 지형을 천천히 평평하게 만든다. 섬의 일부 지역은 아직 손길을 더 필요로 하므로 Flatten 툴을 사용해 평탄한 지역을 만들자.

그림 5.16 평평한 표면을 만드는 Flatten 툴

Flatten 툴에는 몇 가지 설정들이 있다(그림 5.17).

▶ Flatten Mode를 사용하면 선택된 위치 위에 있는 모든 요소를 납작하게 만들 것인지
(그림의 왼쪽 옵션), 선택된 위치 아래에 있는 요소를 모두 채울 것인지(가운데 옵션),
둘 다 할 것인지(오른쪽 옵션)를 정할 수 있다.

▶ Fixed Plane을 사용하면 Plane Position의 값을 기준으로 높이를 설정할 수 있다. 그
림 5.17에서 높이가 30으로 설정돼 있다. 비활성화된 경우, 높이는 커서의 시작 위
치를 기준으로 한다.

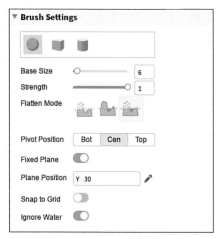

그림 5.17 Flatten 툴 설정

Paint 툴을 사용해 재료 변경

Paint 툴을 사용해 지형의 머티리얼을 변경할 수 있다. 툴을 클릭하고 끌면 기존 머티리
얼이 툴에서 선택한 머티리얼로 바뀐다. 브러시 설정은 Grow 및 Erode와 동일하다. 그림
5.18과 같이 Paint 툴을 사용해 해안선을 모래로, 호수 바닥을 땅으로, 터널 입구를 현무
암으로, 언덕 꼭대기를 눈으로 만들어 섬에 다양성을 만든다.

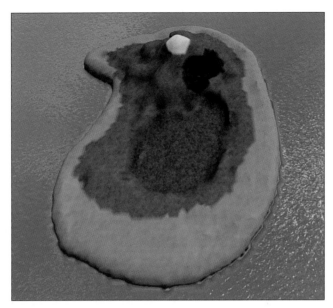

그림 5.18 Paint 툴로 지형의 머티리얼 변경

Material Settings 탭(그림 5.19)에서 칠할 머티리얼을 선택한다. 섬의 가장자리를 따라 모래 머티리얼을 칠하면 해변 지역을 만들 수 있다.

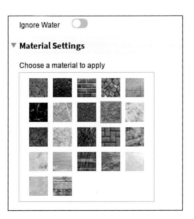

그림 5.19 칠할 수 있는 머티리얼 메뉴

원하지 않았는데 실수로 물의 머티리얼을 바꾸는 경우, Brush Settings에서 Ignore Water 가 활성화돼 있는지 확인한다(그림 5.20). 이 설정이 비활성화되면 물도 다른 머티리얼처 럼 덧칠할 수 있다.

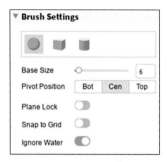

그림 5.20 브러시가 물의 머티리얼을 변경할 수 없도록 Ignore Water 활성화

Sea Level 툴로 물 만들기

Sea Level 툴을 사용해 물의 층을 만들 수 있다. 해수면을 변경하려면 파란색 핸들을 클릭해 끌어 영역의 크기를 조정하거나, Map Settings 탭(그림 5.21)에 위치^{position}와 크기^{size} 값을 수동으로 입력할 수 있다.

▶ Position은 물이 생성되는 중심을 결정한다.

▶ Size는 얼마나 많은 물이 스터드^{stud} 단위로 생성돼야 하는지 설정할 수 있다.

그림 5.21 해수면의 크기와 위치를 입력할 수 있는 Map Settings 탭

관련 설정을 변경해보면서 Create을 클릭해 물을 만들거나 Evaporate을 클릭해서 삭제할 수 있다. 해수면을 높여서 전에 호수를 위해 만든 공간에 어느 정도의 물을 추가한다(그림 5.22).

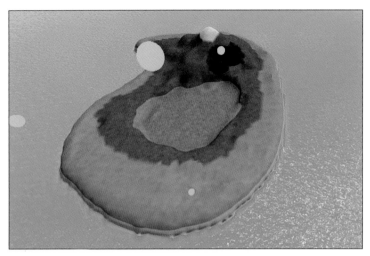

그림 5.22 Sea Level 툴에서 파란색 점을 끌어 조정한 해수면

Region 탭 작업

섬의 기본 지형이 만들어졌으니 특정 부분을 편집해보자. 산의 위치가 북쪽보다는 남쪽
이 어울린다고 느낄 수도 있다. 이럴 때 Region 탭과 관련 툴(그림 5.23)들 사용한다. 이 탭
의 툴들을 사용하면 넓은 영역을 작업할 수 있으므로 생성 속도를 높일 수 있다.

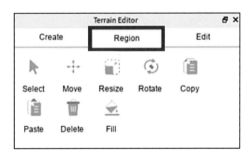

그림 5.23 Select, Move, Resize, Rotate, Copy, Paste, Delete, Fill 툴이 있는Region 탭

지형 선택

Select 툴(그림 5.24)을 사용해 지형을 선택할 수 있다. 선택하기 원하는 것들 주위를 클릭
해서 끌어 파란색 상자를 그린다(그림 5.25). 선택한 것을 변경하려면 파란색 핸들을 클릭
하고 누른 상태에서 새 위치로 끈다.

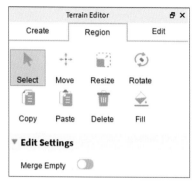

그림 5.24 Select 툴

그림 5.25 Select 툴을 사용해 지형 선택

Move 툴을 사용해 지형 이동

Move 툴을 사용해 선택한 지형을 이동할 수 있다. Move 툴(그림 5.26)이 활성화되면 Select 툴의 파란색 상자가 흰색으로 바뀐다(그림 5.27). 아무 측면의 화살표를 클릭하고 끌면 선택된 영역이 해당 방향으로 이동한다. Move 툴 아래 있는 Merge Empty를 활성화 할 수도 있다(그림 5.28과 5.29). Move 툴을 사용해 섬에 있는 산의 위치를 자유롭게 변경 해보자(그림 5.30).

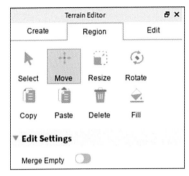

그림 5.26 Move 툴과 Merge Empty 옵션이 있는 Edit Settings 탭

그림 5.27 파란색 테두리 안에 선택된 산과 동굴

그림 5.28 Merge Empty를 비활성화해 산이 이동할 때 동굴의 빈 공간 유지

그림 5.29 Merge Empty를 활성화해 빈 동굴이 채워지는 것 허용

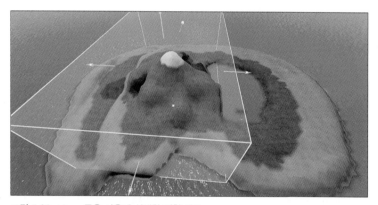

그림 5.30 Move 툴을 사용해 선택한 지형 이동

Resize 툴을 사용해 지형 크기 조정

Resize 툴을 사용해 선택한 지형의 크기를 조정할 수 있다(그림 5.31). 선택 상자의 한 쪽에 있는 핸들을 클릭하고 끌면 선택한 지형의 크기가 해당 방향으로 조정된다. Resize 툴에서도 Merge Empty를 활성화할 수 있다. 산이 언덕처럼 보인다면 Resize 툴을 사용해 크기를 늘려 보자.

그림 5.31 Resize 툴을 사용해 지형 크기 조정

Copy, Paste, Delete 툴 사용

영역을 선택한 후 Copy(복사) 툴을 사용해 복사하고, Paste(붙여 넣기) 툴을 사용해 새 위치에 붙여 넣을 있다. Delete(삭제) 툴을 사용해 선택한 영역을 삭제할 수도 있다. 그림 5.32에서 볼 수 있듯이 Delete 툴이 선택한 지역의 산과 호수 일부를 제거했다.

그림 5.32 Delete 툴 사용 전과 후

Fill 툴로 영역 채우기

조각가가 돌 덩어리를 깎아가며 작업하는 것처럼, Fill 툴을 사용해 칠하고 깎아내고 조정할 수 있는 지형 덩어리를 만들 수 있다(그림 5.33). 또한 도시 블록과 같이 커다란 평평한 지형 블록을 만들어야 하는 경우에도 유용하다.

Fill 툴의 Material Settings(그림 5.34)을 조정하면 선택한 영역을 원하는 재질로 채울 수 있다. Fill 툴에도 Merge Empty이 있다.

그림 5.33 Fill 툴로 생성된 큰 블록을 Erode, Subtract, Paint 툴을 사용해 원하는 산으로 만듦

그림 5.34 Fill 툴의 재질 옵션

하이트 맵과 컬러 맵 사용

작업을 하다 보면 종종 원하는 지형과 바이오옴을 생성하기 어려울 수 있는데, 이 때 하이트 맵height map과 컬러 맵color map을 사용하면 좋다. 이 기능은 실존하는 자연적인 랜드마크를 다시 만들거나 특정 모양을 빠르게 추가하는 데 특히 유용하다. 하이트 맵은 특정 시드seed로부터 지형을 생성하는 것이 아니라 특정 이미지를 사용해 각 영역의 높이를 결정한다. 컬러 맵은 이미지에서 색상을 가져와서 해당 영역에 대한 바이오옴을 지정하는 기능을 한다.

하이트 맵 사용

깊은 계곡 주변의 높은 산과 같은 특징이 있는 지형을 수동으로 제작하려면 시간이 많이 걸릴 수 있다. 하이트 맵을 가져오면 이 과정의 속도를 높일 수 있다. 하이트 맵은 그림 5.35와 같이 위에서 보는 3D 지형도를 2D로 표현한 것이다.

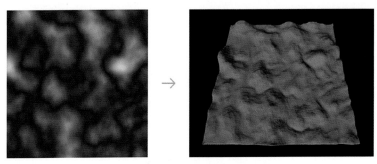

그림 5.35 로블록스 Resources에 있는 하이트 맵 예제

하이트 맵을 사용하면 지형이 매번 생성되기를 기다리지 않아도 지형의 모든 부분을 제어할 수 있다. 하이트 맵을 사용할 때 하이트 맵의 밝은 영역은 산과 같이 더 높은 지형을, 어두운 영역은 계곡과 같이 낮은 지역을 의미한다.

다음 단계에 따라 하이트 맵을 가져와보자.

1. 로블록스 스튜디오의 View 탭에서 Game Explorer 또는 Asset Manager를 연다.
2. 하단의 Import(가져오기) 버튼(그림 5.36 왼쪽) 또는 상단의 작은 아이콘(그림 오른쪽)을 클릭하고 하이트 맵 이미지를 로블록스 스튜디오로 가져온다.

그림 5.36 하이트 맵 가져오기

3. Terrain Editor로 이동해 Create 탭에서 Height Map 옆에 있는 텍스트 박스를 클릭한다.

4. 하이트 맵의 크기 및 위치와 관련된 속성을 원하는 대로 변경하고, 가져오기를 클릭해 가져온 하이트 맵을 기반으로 로블록스가 지형을 생성하도록 한다.

> 노트
>
> **로블록스 쪽의 조정**
>
> 이미지를 가져온 후 바로 Import(가져오기) 버튼을 사용하지 못할 수 있다. 왜냐하면 이미지가 로블록스 감수를 먼저 거쳐야 하기 때문이다. 조금 기다리면 제대로 가져올 수 있다(새로 고침을 위해 3단계와 4단계를 반복해야 할 수도 있다). 이 현상은 다음 절에서 다룰 컬러 맵에도 똑같이 적용된다.

컬러 맵 사용

컬러 맵도 2D 이미지이지만 하이트 맵을 가져오면서 동시에 잔디나 얼음과 같은 지형 머티리얼도 지정할 수 있다(그림 5.37). 컬러 맵은 지형이 생성되는 동안 높이 뿐만 아니라 머티리얼도 지정할 수 있기 때문에 유용하다. 이렇게 하면 대규모 지형을 작업할 때 수동으로 머티리얼을 칠할 필요가 없다.

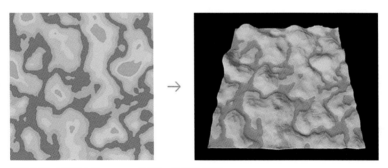

그림 5.37 로블록스 Resources에 있는 컬러 맵 예제

그림 5.38은 어떤 색이 어떤 머티리얼을 나타내는지를 보여준다.

Color	RGB Value	Material
	[255, 255, 255]	Air
	[115, 123, 107]	Asphalt
	[30, 30, 37]	Basalt
	[138, 86, 62]	Brick
	[132, 123, 90]	Cobblestone
	[127, 102, 63]	Concrete
	[232, 156, 74]	CrackedLava
	[101, 176, 234]	Glacier
	[106, 127, 63]	Grass
	[102, 92, 59]	Ground
	[129, 194, 224]	Ice
	[115, 132, 74]	LeafyGrass
	[206, 173, 148]	Limestone
	[58, 46, 36]	Mud
	[148, 148, 140]	Pavement
	[102, 108, 111]	Rock
	[198, 189, 181]	Salt
	[143, 126, 95]	Sand
	[137, 90, 71]	Sandstone
	[63, 127, 107]	Slate
	[195, 199, 218]	Snow
	[139, 109, 79]	WoodPlanks
	[12, 84, 92]	Water

그림 5.38 컬러 맵에 사용되는 머티리얼의 키

본인 컬러 맵의 색상이 공식 색상 샘플과 정확히 일치하지 않더라도 걱정하지 말자.

로블록스는 머티리어 배치할 때 가능한 한 가깝게 색을 맞추려고 노력할 것이다.

요약

이번 시간에는 로블록스 스튜디오에서 Terrain Editor와 관련 툴을 사용해 풍경을 생성, 수정 및 조각하는 방법에 대해 배웠다. 또한 시드나 설정들을 사용하는 대신 지형을 만드는데 사용할 수 있는 하이트 맵과 컬러 맵에 대해서도 배웠다. 이 툴들로 연결된 동굴들, 열대 섬, 도시 경관, 고대 숲, 화성 등 상상할 수 있는 모든 풍경을 만들 수 있다. 마음껏 상상력을 펼쳐보자.

Q&A

Q 하이트 맵을 사용해야 하는 이유는 무엇인가?

A 하이트 맵을 사용하면 지형이 생성되기를 기다릴 필요 없이 그 전에 지형의 모든 부분을 제어할 수 있다. 사막으로 둘러싸인 높은 산이나 깊은 계곡 사이의 큰 늪 등 지형에 매우 구체적인 특징이 필요하다면 하이트 맵을 사용해야 한다.

Q 컬러 맵이 유용한 이유는 무엇인가?

A 컬러 맵을 사용하면 하이트 맵이 생성되는 동시에 머티리얼과 색상을 지정할 수 있다. 따라서 대규모 지형의 경우 머티리얼을 수동으로 칠할 필요가 없다.

워크샵

이번 시간을 마쳤으니 배운 것을 복습해보자. 시간을 내 다음 질문에 답해보자.

퀴즈

1. 파트와 유니언 외에도 _____를 사용해 게임 환경을 구축할 수 있다.

2. 참/거짓: 동일한 시드는 설정에 관계없이 매번 똑같은 맵을 생성한다.

3. 특징(예: 깊은 계곡 주변의 높은 산)이 있는 지도를 생성하려면 _____을 가져오면 된다.

4. 참/거짓: Add/Grow와 Subtract/Erode 툴들은 동일하게 작동한다.

5. _____ 툴을 사용해 지형 위에 물이 생기는 높이를 조절할 수 있다.

6. 머티리얼은 _____ 툴로 칠해서 바꿀 수 있다.

7. 가져온 지형의 재질을 변경할 수 있는 한 가지 방법은 _____을 사용하는 것이다.

8. 참/거짓: Add와 Subtract 툴은 카메라 각도에 따라 달라지는 그리드에 제한을 받는다.

답

1. 지형/Terrain Editor

2. 거짓. 설정에 따라 지형 모양이 변경될 수 있다.

3. 하이트 맵

4. 거짓. Add와 Subtract 툴은 브러시가 동일하게 작동하며 기존 지형이 필요하지 않다. Grow와 Erode 툴은 기존 지형이 필요하며 기존 지형에 유기적으로 적용된다.

5. Sea Level

6. Paint

7. 컬러맵

8. 참. Add와 Subtract 툴은 표면을 보는 방식(카메라 각도)에 따라 달라지는 그리드에 제한을 받는다.

연습

이 연습은 여러분이 이번 시간 동안 배운 것들을 활용한다. 혹시 막히면 앞으로 돌아가 내용을 다시 살펴보길 바란다. 하이트 맵을 게임으로 가져와 지형을 만든 후 좀 더 추가 해보자.

1. 온라인에서 하이트 맵을 찾아(상업적으로 자유롭게 사용할 수 있는지 확인하자) 가져온다.

2. Edit 탭의 Paint 툴을 사용해 지형에 머티리얼을 지정한다(컬러 맵도 좋다).

3. 큰 면적을 수정하려면 Region 탭에 있는 툴을 사용한다.

4. Edit 탭에 있는 툴들을 사용해 미세 조정을 한다.

5. 해수면을 조절해본다. 옛날에 물이 존재했던 랜드마크(그림 5.39에 있는 그랜드 캐니 언)라면 더욱 흥미롭다.

그림 5.39 그랜드 캐년과 같이 기존에 있는 랜드마크 수정 예제

게임 레이아웃의 경우 로블록스 스튜디오 밖에서 계획하는 것이 더 쉬운 경우가 많다. 특히 판타지 같은 큰 세계를 작업하는 경우 마을 지역, 탐험할 산, 퀘스트에 도달하기 위해 플레이어가 이동해야 하는 경로가 되는 계곡을 계획하고 싶을 때는 더더욱 그럴 수 있다. Photoshop 또는 GIMP와 같은 이미지 편집 소프트웨어를 사용해 게임 세계에 맞는 레이아웃을 그린 다음 하이트 맵과 컬러 맵을 사용해 가져온다.

1. GIMP와 같은 이미지 편집 소프트웨어로 자신만의 하이트 맵과 컬러 맵을 만든다. 화려할 필요는 없다. 간단한 지도가 오히려 좋은 출발점이 될 수 있고 시간도 절약할 수 있다.

2. 가져온 지형에 맞게 해수면을 변경한다. 이 과정은 호수나 강의 바닥과 같이 많은 물을 큰 지역에 추가해야 할 때 유용하다.

3. Region 탭에 있는 툴을 사용해 지형의 넓은 영역을 수정한다.

4. Edit 탭에 있는 툴을 사용해 작은 영역을 미세하게 수정한다.

5. 마지막으로 Paint 툴을 사용해 일부 머티리얼을 변경하면서 디테일을 추가한다.

6. 보너스: Decoration 속성(그림 5.40)을 활성화해 지형에 잔디를 추가한다. 머티리얼의 색상을 어울리게 변경할 수도 있다.

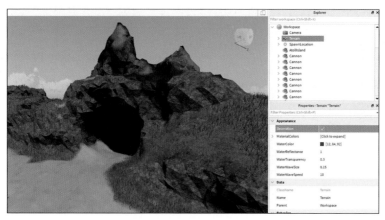

그림 5.40 잔디가 활성화된 지형

HOUR 6
환경 라이팅

이번 시간에 배울 내용

▶ 환경 라이팅의 속성

▶ 라이팅 효과 사용법

▶ SpotLight, PointLight, SurfaceLight 사용법

이제 놀라운 풍경을 만들어 본 경험이 생겼으니, 세상에 빛을 선사할 시간이다. 세상을 현실적으로 만드는 중요한 요소 두 가지는 빛과 그림자다. 이번 시간에는 주변 빛에서부터 물체로 인해 생기는 그림자까지 라이팅^{lighting} 설정을 사용해 빛을 환경에 추가해 역동적이고 사실적으로 만드는 방법을 알아본다. 라이팅 설정을 사용해 게임을 더 밝게, 더 어둡게 또는 다른 색으로 만들 수도 있고 Bloom, ColorCorrection, Bloom, SunRays 및 DepthofField와 같은 효과를 추가할 수도 있다. 빛이 뿌려지는 숲을 만들고 싶은가? 아니면 네온사인으로 빛나는 도시를 만들고 싶은가? 다양한 설정을 통해 이러한 월드를 만들수 있고, 많은 효과를 사용해서 게임을 더 사실적이고 원하는 테마와 더 잘 어울리게 만들수 있다. 여러분은 또한 라이팅을 통해 낮, 오후, 밤을 통제할 것이다. 그림 6.1은 햇빛, 그림자, 네온 불빛이 있는 장면을 보여준다.

환경을 비추는 라이팅이 갖춰지면 추가적인 라이팅 오브젝트를 사용해 실내 공간이나, 가로등 및 손전등과 같은 소품 등을 밝힐 수 있다. 그럼 게임에 빛을 더하는 방법을 좀 더 자세히 알아보자.

그림 6.1 사실적인 월드 라이팅, 그림자, 네온 불빛이 특징인 시티 블록

월드 라이팅의 속성

월드 라이팅은 본인의 게임을 역동적이고 사실적이게 만들어준다. 이 섹션에서는 라이팅의 속성 및 라이팅을 사용해 게임에 생명을 불어넣는 방법을 설명한다. 먼저 그림 6.2와 6.3과 같은 도시를 건설하면 좋다. 이 튜토리얼의 경우 건물 몇 개와 잔디밭을 사용하겠지만, 원한다면 더 만들어도 좋다.

그림 6.2 본인만의 도시를 건설해보자.

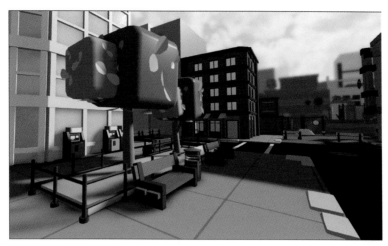

그림 6.3 카툰 스타일의 도시 예제

도시 건설이 끝났으면 Explorer에서 Lighting을 선택한다(그림 6.4). Lighting 속성은 Appearance, Data, Behavior, Exposure 네 가지 범주로 나뉜다(그림 6.5).

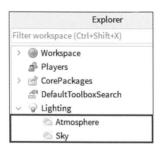

그림 6.4 Explorer의 Lighting 아이콘

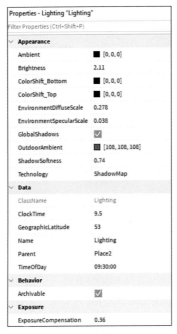

그림 6.5 Lighting의 속성

Appearance 속성

Appearance 섹션(그림 6.6)에는 월드를 정의할 수 있는 여러 가지 속성이 포함돼 있다.

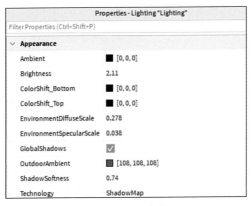

그림 6.6 Lighting의 Appearance 속성

기본 설정은 도시에 사용하기엔 약간 어두우므로 설정을 조정해 더 흥미로운 공간을 만들 수 있다.

- Ambient(주위, 주변)는 하늘로부터 가려진 곳에 빛을 비추는 것이다. Ambient 라이트는 종종 천장이나 촛불과 같은 방의 기본 라이팅을 구성한다. 형광등으로 불을 밝힌 방의 경우 벽은 좀 더 녹색 색조를 띤다. Ambient 필드의 상자를 클릭하면 색상 선택기가 열리고 게임의 필요에 따라 분위기를 조정할 수 있다.

- Brightness는 공간의 조도다. Brightness를 조정하려면 필드에 값을 입력하거나 필드 옆에 있는 막대를 끌어 장면을 더 밝거나 어둡게 만들 수 있다.

- GlobalShadows는 기본적으로 활성화돼 있으며, 기본 설정된 그림자^{shadow}는 환경을 사실적으로 표현하도록 조정돼 있다. 환경을 더 삭막하게 표시하려면 이 기능을 해제하면 된다.

- EnvironmentDiffuseScale은 환경에 의해 발생한 ambient 라이트다. 이 속성을 변경하면 Skybox에 영향을 미친다.

- EnvironmentSpecularScale은 금속과 같은 재질을 가진 게임 파트에 광택을 줘 사실적으로 표현하기 위해 사용된다(그림 6.7).

그림 6.7 건물의 EnvironmentSpecularScale

이러한 속성을 테스트하려면 게임의 Brightness를 조정한다. 결과가 그림 6.8과 유사하게 보여야 한다.

그림 6.8 더 밝은 도시

Data와 Exposure 속성

Data 섹션(그림 6.9)에서 수정 가능한 가장 유용한 두 가지 라이팅 속성은 다음과 같다.

▶ ClockTime을 사용하면 하루의 시간을 변경할 수 있으며 이는 환경의 빛과 그림자에 영향을 미친다. Brightness 속성과 마찬가지로 ClockTime 필드도 끌어서 시간을 변경할 수 있는 막대가 있다. 막대를 끌어보면 시간에 따라 환경이 변화하는 것을 느리게 볼 수 있다. 해가 움직이면서 그림자가 같이 움직이는 것도 볼 수 있다.

▶ TimeOfDay는 24시간 시계를 표시하고 있고, ClockTime 필드를 조작할 때 자동으로 변경된다.

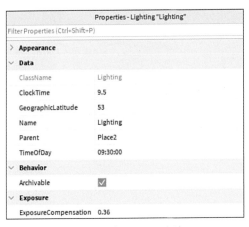

그림 6.9 Lighting의 Data와 Exposure 속성

라이팅 효과 사용

라이팅 효과^{lighting effect}는 게임을 더 사실적으로 보이거나 테마와 맞게 보이기 위해 사용
된다. 예를 들어, **Sun-Rays**(태양 광선) 효과는 태양으로부터 오는 광선을 추가하는데, 효
과의 속성을 조정해서 감소나 증가시킬 수 있다. 이 효과는 태양에 사실감을 더할 수도
있다. 다음 단계에 따라 SunRays 효과를 Lighting에 추가해보자.

1. Explorer에서 Lighting을 선택하고 플러스 버튼을 클릭한다.

2. 열려 있는 리스트에서 원하는 효과를 검색한다. 우리의 경우 **SunRays**를 클릭해 삽
   입한다(그림 6.10).

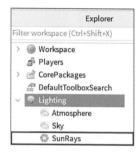

그림 6.10 SunRays 효과를 라이팅에 추가

3. 원하는 효과를 얻을 수 있도록 **Spread**와 **Intensity** 속성을 조정한다.

> **노트**
>
> **렌더링 설정**
>
> SunRays와 같은 효과가 적용되지 않는 경우 스튜디오의 렌더링(rendering) 설정의 품질을 높여야 할 수 있다. 높
> 이려면 File로 가서, Studio Settings, Rendering으로 이동해 Quality Level과 Edit Quality Level을 모두 올리자.

그림 6.11은 SunRays 효과가 적용된 장면을 보여준다.

그림 6.11 SunRays 효과가 없는 이미지(왼쪽)와 SunRays 효과가 있는 이미지(오른쪽)

본인의 게임을 돋보이게 하기 위해 추가할 수 있는 몇 가지 다른 효과가 있다. 이러한 효과를 실험해보려면 도시에 네온이나 플라스틱으로 만들어진 오브젝트를 만들어보고, 잔디 지형에 구조물을 만들어보자. 다음은 이러한 효과들을 설명한다.

▶ Bloom 효과는 라이팅의 광채를 증가시킨다. 기존 빛을 더 밝게 하는 것은 아니지만 플라스틱과 네온 부분에 광채를 더 많이 더한다. 또한 태양과 Skybox에도 광채를 더한다. 그림 6.12가 Bloom 효과를 보여준다.

그림 6.12 Bloom 효과가 없는 네온 기둥(왼쪽)과 Bloom 효과가 있는 네온 기둥(오른쪽)

▶ ColorCorrection 효과는 환경색을 변경할 때 사용한다. 이 효과의 속성을 사용해 라이팅의 밝기, 대비 및 채도를 변경할 수 있다. 약간의 대비를 추가하고 색조를 바꿈으로써 게임을 더 초현실적으로 보이게 할 수 있다. 그림 6.13은 풀밭 위의 구조물에 ColorCorrection 효과를 사용해 오브젝트와 자연 지형 간의 대비를 높이는 방법을 보여준다.

그림 6.13 ColorCorrection 효과가 없는 이미지(왼쪽)와 ColorCorrection 효과가 있는 이미지(오른쪽)

▶ BlurEffect는 카메라가 보는 모든 것을 흐리게 한다. 이 효과는 매우 더운 환경이거나 플레이어 캐릭터의 상태가 좋지 않다는 것을 보여주는 데 사용될 수 있다. 흐릿한 정도를 조절하려면 Size 속성을 사용한다. 그림 6.14는 적용 중인 BlurEffect를 보여준다.

그림 6.14 BlurEffect가 없는 이미지(왼쪽)와 BlurEffect의 Size 속성을 10으로 설정한 이미지(오른쪽)

▶ DepthOfField 효과는 그림 6.15와 같이 특정 영역에 초점을 맞추는 동시에 다른 모든 부분을 흐리게 하는 데 사용된다. FocusDistance 및 InFocusRadius 속성을 조정해 원하는 영역은 포커스에 두고 나머지는 흐리게 한다.

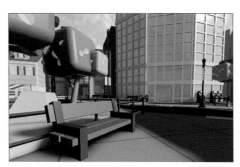

그림 6.15 DepthOfField 효과가 없는 이미지(왼쪽)와 DepthOfField 효과가 있는 이미지(오른쪽)

SpotLight, PointLight, SurfaceLight 사용하기

로블록스 스튜디오에는 훨씬 더 역동적인 게임 환경을 만드는 데 도움이 되는 세 가지 종류의 라이팅 오브젝트 SpotLight, PointLight, SurfaceLight가 있다. 현실과 같은 밝은 영역을 만들기 위해 이 라이팅 오브젝트들을 사용할 수 있다. 플레이어가 주변을 제대로 볼 수 있도록 게임을 밝게 만드는 것이 중요하며, 이 세 가지를 사용해서 라이트의 발사 방식, 범위, 각도 등을 지정한다.

라이트 오브젝트는 파트(보통은 투명하게 만든 단순한 블록)가 부모로 존재한다. 모든 라이팅 오브젝트는 라이트의 종류와 속성에 따라 빛을 방출한다. 라이팅 오브젝트의 속성은 다음과 같다.

▶ Angle은 어디서 빛이 보이는지를 말한다.

▶ Brightness는 빛이 얼마나 밝은지를 조절한다.

▶ Color는 빛의 색을 조절한다.

▶ Face는 빛이 나오는 오브젝트의 면을 설정한다.

▶ Range는 빛이 도달하는 거리를 조절한다.

▶ Shadows는 활성화된 경우 빛이 파트에 가려진 경우 그림자를 투영한다.

모든 라이팅 오브젝트는 비슷한 속성을 가지고 있으므로 앞으로 다룰 옵션들은 모든 라이팅 오브젝트를 설정하는 데 유용하다.

우리 예제에서는 탁 트인 곳에서 라이트 오브젝트를 테스트하지만, 본인은 건물, 방 또는 지금과 같이 탁 트인 곳 등 다양한 곳에서 테스트해도 좋다.

SpotLight

SpotLight(스포트라이트)는 원뿔 모양의 라이팅으로 방향이 있는 라이팅에 안성맞춤이다. 건물 안이나, 자동차 전조등, 손전등에서 사용할 수 있다. 스포트라이트를 회전시키면 빛도 파트와 함께 회전한다. 그림 6.16은 가로등이 부모로 설정된 SpotLight들의 야간 장면을 보여준다.

그림 6.16 SpotLight가 머리 위에 있는 이미지

PointLight

PointLight(포인트라이트)는 원뿔 모양이 아니라 한 지점에서 시작해서 사방으로 발산하는 빛이다. PointLight 오브젝트는 촛불이나 전구와 같은 광원을 만드는 데 사용된다. 그림 6.17에 나온 던전의 랜턴 라이팅이 그 예다.

그림 6.17 위에 달려 있는 PointLight 이미지

SurfaceLight

SurfaceLight(표면라이트)는 오브젝트의 단일 면을 밝힌다. 예를 들어 컴퓨터 화면이나 시계 앞면 같은 것들이 있다. 그림 6.18은 로블록스 스튜디오 로고의 아래쪽에서 나오는 빛을 보여준다. SpotLight와 달리 빛이 단일 지점이 아니라 표면 전체에서 방출된다는 것을 기억해두자.

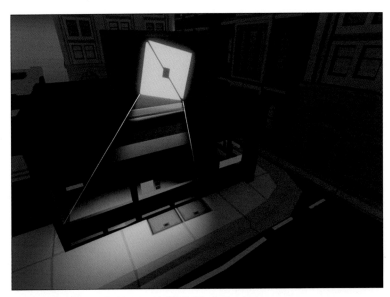

그림 6.18 로블록스 스튜디오 로고 아래쪽에 있는 SurfaceLight

요약

이번 시간 동안 월드 라이팅에 대해 배우고, 게임을 멋지게 만들기 위한 라이팅 설정을 알아봤다. 게임에 여러 효과를 추가하는 데 유용한 라이팅 오브젝트에 대해서도 배웠다. 플레이어들이 흥미를 가지고 즐길 수 있도록 게임을 최대한 현실적이고 역동적으로 만드는 것이 왜 중요한지도 살펴봤다. 또한 플레이어가 지도를 쉽게 탐험하게 만들 뿐만 아니라, 게임 오브젝트에 사실감을 더하기 위해 자동차에 헤드라이트 등을 추가하는 것이 왜 중요한지도 알아봤다. 라이트와 디테일을 통해 본인의 게임을 모두가 좀 더 재미있게 즐길 수 있도록 라이트의 설정을 최선을 다해 조정하자.

Q&A

Q SunRays 효과로 Blur를 추가할 수 있는가?

A 아니다. SunRays 효과로 Blur를 추가할 수 없다.

Q ColorCorrection 효과로 대비를 조절할 수 있는가?

A 그렇다. ColorCorrection 효과에서 대비(contrast) 속성을 증가하거나 감소시킬 수 있다.

Q Ambient 속성은 어디에서 찾을 수 있는가?

A Ambient 속성은 Lighting 속성의 맨 위에 있다.

Q EnvironmentSpecularScale 속성은 어떤 역할을 하는가?

A EnvironmentSpecularScale 속성은 금속 및 플라스틱과 같은 재질에 스펙큘러(specular) 반사 효과를 추가해 게임을 더 사실적으로 만든다.

Q Lighting 효과 오브젝트를 삽입하려면 어떻게 해야 하는가?

A Lighting의 플러스 버튼을 클릭한 다음, 효과를 검색해 Effect 오브젝트를 삽입할 수 있다. 클릭하면 Lighting이 효과의 부모가 된다.

워크샵

이번 시간을 마쳤으니 배운 것을 복습해보자. 시간을 내 다음 질문에 답해보자.

퀴즈

1. ShadowSoftness 속성은 그림자를 ____하게 만든다.

2. 참/거짓: SpotLight는 방향성 라이트다.

3. Bloom 효과는 __에 밝기/광채를 더한다.

4. 참/거짓: Blur는 GUI(그래픽 유저 인터페이스)의 배경을 흐리게 만드는 데도 사용된다.

답

1. ShadowSoftness 속성은 그림자를 '흐릿하게' 만든다.

2. 그렇다. SpotLight는 방향성 라이트다.

3. Bloom 효과는 Sky(하늘)에 밝기와 광채를 더한다.

4. 그렇다. Blur는 심지어 GUI의 배경을 흐릿하게 만드는 데도 사용된다.

연습

이 연습은 여러분이 이번 시간 동안 배운 것들을 활용한다. 혹시 막히면 앞으로 돌아가 내용을 다시 살펴보길 바란다.

첫 번째 연습에서는 완벽한 스포트라이트를 만들어보자.

1. 광원 역할을 할 신호등을 찾거나 만든다.

2. SpotLight 오브젝트를 빛이 나오는 부분에 삽입한다.

3. 장면에 어울리는 모습을 찾을 때까지 Brightness, Angle, Range 속성을 조절해본다.

4. 빛이 그림자를 드리울 수 있도록 Shadows를 활성화한다.

두 번째 연습에서는 화창한 날을 위한 라이팅을 만들어 보자.

1. Lighting에 SunRays 효과를 삽입한다.

2. Intensity 속성을 0.174로 변경하고, Spread 속성을 0.13으로 변경한다.

3. ColorCorrection 효과를 삽입하고 Brightness를 0으로, Contrast를 0.1로, 채도를 0으로 설정한다.

4. Bloom 효과를 삽입하고 Intensity를 0.5로, Size를 53으로, Threshold를 1.232로 설정한다.

5. Lighting을 클릭하고 다음 속성을 추가한다.

> Ambient를 [223, 223, 223]
>
> Brightness를 6
>
> ColorShift_Bottom을 [255, 255, 255]
>
> ColorShift_Top을 [255, 255, 255]
>
> EnvironmentDiffuseScale을 0.068
>
> EnvironmentSpecularSize를 0.748
>
> GlobalShadows를 Enabled
>
> OutdoorAmbient를 [255, 255, 255]
>
> ShadowSoftness를 1
>
> Technology을 ShadowMap
>
> ClockTime을 -9.727
>
> GeographicLatitude를 -12.732

TimeOfDay을 −9:43:36

ExposureCompensation을 −0.25

마지막 연습으로 씬에 태양 광선을 추가해보자.

1. Explorer에서 Lighting을 클릭하고 SunRays 오브젝트를 삽입한다.

2. Intensity를 0.375로, Spread를 0.02로 설정한다.

태양은 그림 6.19와 비슷하게 보여야 한다.

그림 6.19 SunRays 효과의 예제

HOUR 7
대기 환경

이번 시간에 배울 내용

▶ 대기 속성 사용

▶ Skybox 사용자 지정

라이팅을 통해 게임 환경을 역동적으로 만드는 방법을 배웠으니, 이제 또 다른 효과인 대기atmosphere를 사용해 더욱 사실적인 장면을 연출하는 방법을 배우면서 한 단계 더 나아가 보겠다. Atmosphere 오브젝트는 밀도 및 공기 입자 속성을 사용해 실제 환경에서 햇빛이 흩어지는 방식을 시뮬레이션한다(그림 7.1). 이에 더해 아지랑이와 눈부심을 사용해서 일출, 아침 안개, 깊은 공간 등 다양한 장면을 만들 수 있다. 이번 시간에는 대기 속성을 사용하는 방법을 알아보고, 게임 환경에 추가적인 분위기 연출을 제공할 사용자 지정 Skybox를 만들 것이다.

그림 7.1 Galactic Speedway의 대기 설정 템플릿

Atmosphere 속성 사용

Atmosphere 설정을 사용하려면 라이팅을 부모로 둔 Sky와 Atmosphere가 필요하다. 기존 월드에 Sky와 Atmosphere를 추가하려면 다음을 따라해보자.

1. Explorer에서 Lighting을 선택한다. 그림 7.2와 같이 Lighting 아래 Sky와 Atmosphere 가 없다면, 플러스 버튼을 사용해 두 오브젝트들을 삽입한다.

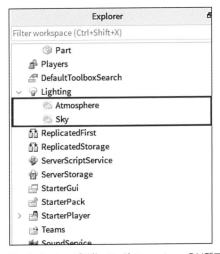

그림 7.2 Explorer에 있는 Sky와 Atmosphere 오브젝트

2. Atmosphere 오브젝트를 클릭한다. Atmosphere 속성이 Properties 창에 나타난다(그림 7.3). 다음 절에서는 속성에 대해 자세히 설명할 것이다.

팁

속성을 기본값으로 설정

Atmosphere의 속성들이 이미 게임에 존재하거나 수정됐는지 확인한다. 그렇다면 기본 값으로 돌려놓기 위해 속성들을 지운 뒤 다시 입력해야 할 수도 있다. 그래야 다음과 같은 분위기를 성공적으로 만들 수 있다.

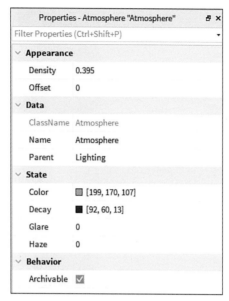

그림 7.3 Atomosphere 오브젝트의 속성

Density와 Skybox

Density(밀도)는 대기 중의 입자 수를 규정한다. 고요한 숲과 같은 매우 울창한 환경에서는 게임 내의 물체나 지형이 공기 입자에 가려지는 반면 공기가 희박한 밝은 사막 환경에서는 물체나 지형이 선명하게 보인다.

노트

Density와 Skybox

Density는 Skybox에 직접적인 영향을 미치지 않는다. 게임 내 오브젝트 및 지형에만 영향을 미치며 Skybox는 변경되지 않고 그대로 표시된다.

씬에서 Density 속성을 조정해보면서 전후의 차이를 비교한다. 그림 7.4에서는 Density 속성이 0이므로 이미지가 선명하다. 그림 7.5에서는 Density 속성이 0.395로 설정돼 공기가 더 짙어 보인다.

그림 7.4 Density = 0

그림 7.5 Density = 0.395

원하는 모양과 느낌을 가진 환경이 나올 때까지 Density를 가지고 놀아보자.

오프셋

대기와 관련된 또 다른 Appearance 속성은 카메라와 하늘 사이에서 빛이 전달되는 방식을 제어하는 오프셋offset이다. 그림 7.6에서 오프셋이 0인 경우 수평선이 거의 보이지 않고 멀리 있는 물체가 하늘과 함께 뭉개지는 것을 알 수 있다. 이 효과는 세계가 끝이 없어 보이는 착각을 만들고, 지평선이 멀리 떨어져 있을수록 더 두드러진다.

그림 7.6 오프셋 = 0

그림 7.7에서는 오프셋 값을 1로 증가시켜 하늘과 수평선의 대비를 강하게 했다.

그림 7.7 오프셋 = 1

오프셋은 밀도^{Density}와 균형을 맞춰야 하며 본인의 환경에서 신중하게 테스트해야 한다. 오프셋이 낮으면 물체나 지형을 투과해서 스카이 박스를 볼 수 있는 '고스팅'이 발생할 수 있다. 이런 경우 오프셋을 증가시켜 멀리 있는 물체/지형을 하늘에 더 선명하게 보이게 할 수 있다. 그러나 오프셋이 너무 높으면 먼 지형과 메쉬에 세부 디테일이 갑자기 튀는 '팝핑'이 나타날 수 있다.

아지랑이

아지랑이^{Haze}는 하늘에 있는 입자들의 선명함을 감소시킨다. 현실에서 이러한 현상은 일반적으로 먼지나 연기 같은 입자로 인해 발생한다. 그림 7.8의 장면은 낮은 아지랑이 값의 모습이다. 기억해둘 것은 Density는 입자의 수고, Haze는 입자의 선명함이다.

그림 7.8 Haze = 1

Haze의 레벨을 조절하면 지평선 위와 먼 곳에도 가시적인 효과를 낼 수 있다. Color 속성과 조합하면 환경의 무드를 조성할 수 있다. 예를 들어, 디스토피아적이고 오염된 도시를 구성하려는 경우 그림 7.9와 같이 Haze와 Color를 사용해 연기 가득한 모습을 만들 수 있다.

그림 7.9 Haze = 2.8

색

색^{Color}은 미묘한 환경의 분위기를 만들기 위해 대기 색깔을 바꾼다. 앞서 설명했듯이 Color는 Haze와 같이 사용할 때 두드러진 가시적 효과를 보여준다. 그림 7.10에서 보이는 밝은 파란색은 즐거운 여름날을 나타내며, 그림 7.11에서는 어두운 색조가 침울한 효과를 나타낸다.

그림 7.10 Color = [255, 255, 255]

그림 7.11 Color = [250, 200, 255]

눈부심

눈부심^{Glare}은 태양 주위의 광채를 말한다. 태양의 위치는 Lighting 속성에서 설정한 시간에 의해 제어된다는 것을 기억해두자. 그림 7.12에서는 Glare를 0으로 설정하고, 그림 7.13은 Glare 값을 증가시키면 하늘과 환경에 더 많은 햇빛이 비춘다는 것을 알 수 있다.

그림 7.12　Glare = 0

그림 7.13　Glare = 1

팁

Glare는 Haze가 필요하다

Glare는 0보다 높은 Haze 값이 있어야 변화를 확인할 수 있다. Haze가 없으면 Glare는 작동하지 않는다.

약화

약화Decay는 태양으로부터 거리가 먼 대기의 색조를 조정한다. 이 효과는 ClockTime 또는 TimeOfDay(이번 시간 후반에 자세히 설명)를 기반으로 하늘을 가로지르며 같이 움직인다. 그림 7.14에서 Decay는 흰색으로 설정돼 있으며(RGB 값 255, 255, 255), 그림 7.15에서처럼 값을 수정하면 대기의 색조가 변경된다.

그림 7.14 Decay = [255, 255, 255]

그림 7.15 Decay = [255, 90, 80]

노트

Decay는 Haze와 Glare가 있어야 한다

Decay는 Haze 및 Glare가 결합돼야 변화를 볼 수 있다. Haze와 Glare 레벨이 0보다 높아야 눈으로 확인할 수 있으며, 그렇지 않으면 작동하지 않는다.

Skybox 수정하기

Skybox는 게임 환경에 분위기를 더할 수 있고, 게임 세계가 깊은 우주나 물 속에 있다는 착각도 줄 수 있다(그림 7.16). Skybox는 보통 게임의 테마와 맞춰 사용된다. Toolbox에서 Skybox를 검색해 Skybox를 무료로 사용하거나, 다음 절에 따라 본인만의 Skybox를 만들 수도 있다.

그림 7.16 Move It Simulator 템플릿의 스카이박스와 천체

Skybox 만들기

Skybox는 6개의 이미지가 정육면체를 감싸고 있다. 잘 만든 스카이박스는 이미지들이 서로 완벽하게 정렬되도록 크기와 모습을 조절하기 때문에 이어진 파노라마처럼 보인다. 제대로 만들면 큐브 안에 있다는 느낌 없이 주변을 둘러볼 수 있다. 그림 7.17은 6개의 이미지가 어떻게 이어지며 파노라마 이미지가 만들어지는지를 보여준다.

아무것도 없는 상태에서 Skybox 이미지를 그려내는 것은 이번 시간에서 다루기에 너무 큰 주제다. 유념할 것은 각 이미지가 정육면체로 접힐 때 부드럽게 이어질 수 있도록 인접 이미지의 모든 모서리를 연결되게 만들어야 한다.

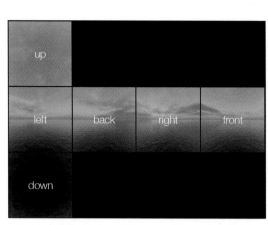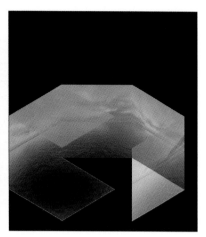

그림 7.17 여섯 개의 이미지(왼쪽)가 모여 파노라마(오른쪽)를 만든다.

Skybox 이미지를 만든 후 다음을 따라해보자.

1. Explorer에서 Lighting으로 간다.

2. 플러스 버튼을 클릭한 다음 Sky 오브젝트를 클릭한다(그림 7.18).

그림 7.18 Lighting을 Sky 오브젝트의 부모로 만든다

3. Lighting이 Sky의 부모가 된 후 Sky 오브젝트를 클릭하면 Properties 창에 속성이 나타난다. 그림 7.19는 Properties에 나오는 여섯 가지 속성 이름을 나타내며, 그림 7.19는 이미지의 배열을 보여준다.

그림 7.19 6개의 속성

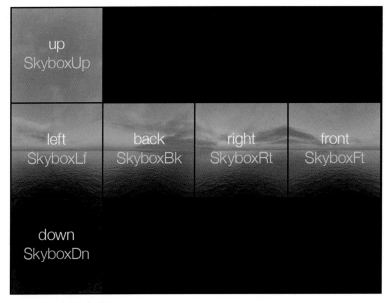

그림 7.20 이미지의 배열

4. 6가지 Skybox 이미지 속성 옆의 필드를 각각 클릭한다. 미리 업로드한 이미지를 선택하거나 **Add Image**를 클릭한다. 이미지를 업로드할 수 있는 옵션이 나오지 않으면 게임을 출시publish한 후 다시 시도한다.

5. 팝업 상자에서 Choose File 버튼(그림 7.21)을 클릭하고 Skybox의 이미지를 선택한 다. Skybox 템플릿을 염두에 두면서, 올바른 이미지를 업로드하고 있는지 확인한다.

6. 업로드 후 Create를 클릭한다.

그림 7.21 Choose File을 클릭해서 사용할 이미지 업로드

모든 작업을 올바르게 마쳤다면 온전한 Skybox가 게임 환경에 나타날 것이다.

천체 조절하기

기본적으로 로블록스의 하늘은 태양, 달, 별과 같은 천체를 포함하고 있다. 이러한 요소들은 Lighting 속성에 있는 TimeOfDay 및 ClockTime 값을 기준으로 동적으로 올라오고 내려간다.

천체는 다음과 같이 조절할 수 있다.

▶ 태양Sun: SunTextureId 속성에 새 태양 이미지를 업로드해 이미지를 변경할 수 있다 (그림 7.22). SunAngularSize 속성을 사용하면 상대적 크기를 조정할 수 있다.

그림 7.22 새 태양 이미지를 Explorer에 업로드

▶ 달Moon: MoonTextureId 속성에 새 달 이미지를 업로드해 이미지를 변경하고, MoonAngularSize 속성을 사용해 상대적 크기를 조정할 수 있다.

▶ 별Star: 이미지를 변경할 수는 없지만 StarCount 속성을 조정해 별 수를 늘리거나 줄일 수 있다.

Celestial Bodies는 해, 달, 별이 보일지 말지를 설정한다. 모든 천체를 비활성화하려면 CelestialBodiesShown 속성을 끄면 된다(그림 7.23). 또는 SunAngularSize나 Moon AngularSize를 0으로 설정하면 태양과 달을 비활성화할 수도 있다.

CelestialBodiesShown ☑

그림 7.23 Appearance 섹션에서 천체를 켜거나 끈다.

라이팅 색상 조정

현실을 살펴보면 주변 빛의 색깔은 하루 종일 변한다. 예를 들어, 이른 아침이나 늦은 오후의 햇빛은 보통 더 따뜻하며, 좀 더 핑크-오렌지 색조를 띤다.

Explorer, Lighting으로 가면 Ambient 속성에 접근할 수 있다. Ambient 속성은 리스트 최상단에 있다.

Outdoor Ambient 컬러를 변경하려면 Color 속성을 선택하고 원하는 색을 선택한다. 다만 여기서 변경해도 게임의 전체 테마 색상은 변경되지 않는다. 변경하려면 ColorShift_ Top 속성도 변경해야 한다. Ambient 속성 아래 ColorShift_Top 속성이 있다. 그림 7.24부터 7.27들이 몇 가지 예제를 보여준다.

그림 7.24 선라이즈 테마 (Ambient = [255, 100, 150], ColorShift_Top = [255, 100, 150])

그림 7.25 선셋 테마(Ambient = [255, 100, 0], ColorShift_Top = [255, 100, 0])

그림 7.26 구름 낀 하늘 테마(Ambient = [110, 110, 130], ColorShift_Top = [110, 110, 130])

그림 7.27 또 다른 흐린 하늘 테마(Ambient = [110, 110, 225, ColorShift_Top = [0, 150, 225])

요약

이번 시간에는 대기의 속성인 Density, Offset, Haze, Color, Glare, Decay에 대해 배웠고, 이러한 디테일을 추가하면 환경을 더욱 현실적이고 몰입되게 만들 수 있다. Lighting, Ambient, ColorShift_Top에 대해서도 배웠고, 이러한 속성을 사용해서 일몰, 수중 세계, 푸른밤 및 기타 여러 가지 라이트 톤을 구성하는 방법을 배웠다. 라이팅은 게임을 돋보이게 하는 주요 요소 중 하나다. 훌륭한 라이팅은 작품의 역동적인 디테일을 드러내고 게임을 더욱 두드러져 보이게 한다.

Q&A

Q Ambient 속성이 전체 게임 라이팅 톤을 변경할 수 있는가?

A 아니다. 전체 게임 라이트 톤을 변경하려면 ColorShift_Top 색상도 변경해야 한다.

Q 높은 Glare 값이 태양에 영향을 미치는가?

A 그렇다. 태양을 더 크게 보이게 하고 햇빛을 증가시킨다.

워크샵

이번 시간을 마쳤으니 배운 것을 복습해보자. 시간을 내 다음 질문에 답해보자.

퀴즈

1. 참/거짓: Glare는 Haze 값이 0 이상 돼야 효과를 볼 수 있다. Haze가 없으면 Glare 가 작동하지 않을 수 있다.

2. 참/거짓: Decay는 지평선 위와 먼 거리에 보이는 대기의 흐릿함을 가시적으로 보여 준다.

3. Skybox는 정육면체를 감싼 __개의 개별 이미지로 구성된다.

4. 참/거짓: Skybox는 교체할 수 있다.

답

1. 참. Glare 효과를 보려면 Haze 레벨이 0 이상이 돼야 한다. Haze가 없으면 Glare가 작동하지 않을 수 있다.

2. 거짓. Decay가 아니라 Haze가 지평선 위와 먼 거리에 보이는 대기의 흐릿함을 규정한다.

3. 스카이박스는 정육면체를 감싸는 6개의 개별 이미지로 구성돼 있다.

4. 참. Skybox는 교체할 수 있다.

연습

이전에 제작한 도시 씬이나 로블록스 템플릿 중 하나를 사용해 디스토피아적인 하늘(그림 7.28)을 제작해보자. 제작하면서 스스로에게 질문을 해보자 지구상에 있는 도시인가? 아니면 외계 행성인가? 답에 따라 천체와 대기의 색을 변경해서 맞춰보자.

그림 7.28 Beat the Scammers가 수정된 버전

1. 여섯 번째 시간에 제작한 도시 씬을 사용해 SunTextureId에 새 태양의 이미지를 업로드한다.

2. ClockTime 속성을 수정해 일몰 시간을 설정한다.

3. Haze, Color, Decay, Glare 속성을 사용해 도시 경관을 디스토피아처럼 보이게 한다.

HOUR 8
환경에 사용하는 효과

이번 시간에 배울 내용

▶ 파티클 사용법

▶ 빔 사용법

파티클^{Particle}은 별꼬리, 숲 사이로 떨어지는 빛의 덩어리, 심지어 바람에 부는 나뭇잎과 같은 효과 등을 내기 위해 사용된다. 이러한 효과는 플레이어에게 더욱 생동감과 몰입감을 느끼게 해준다. 예를 들어, 벽난로를 만들고, 불 파티클을 추가하고, 연기와 불꽃도 추가할 수 있으며, 플레이어로 하여금 편안한 불 옆에 오게 만들 수 있다. 텍스처^{texture}를 추가해 자신만의 파티클을 추가할 수도 있다.

파티클을 사용해 여러 효과를 만들 수 있을 뿐만 아니라, 빔^{Beam} 오브젝트를 사용해 두 개의 연결점을 연결할 수도 있다. 빔은 지속되는 파티클이 한 빔에서 다른 빔으로 이동하며, 라이팅 오브젝트에 빔을 사용해 현실처럼 보이게 할 수 있다.

이번 시간에는 파티클과 빔을 사용해 로블록스 게임을 원하는 대로 수정하는 방법을 배울 것이다. 유저가 게임에 좀 더 몰입할 수 있도록 효과들을 활용하는 방법을 알아보자.

파티클 사용

파티클은 어느 곳에나 사용할 수 있고 플레이어에게 매력적으로 보일 수 있는 사용처가 무궁무진한 효과이다. 연기, 불, 반짝임, 비, 폭포 및 원하는 효과를 만드는 데 사용할 수 있다. 그림 8.1은 파티클을 사용하고 있는 환경을 보여준다.

그림 8.1 템플릿 Pirate Island에서 화산 효과를 내는 데 사용되는 파티클

파티클 사용을 연습하려면 다음을 따라해보자.

1. 파트를 만든다.

2. 플러스 버튼을 클릭하고 ParticleEmitter 오브젝트를 삽입한다(그림 8.2).

그림 8.2 ParticleEmitter 오브젝트 삽입

Rate은 파티클이 파트의 면 위에 생성되는 속도를 제어한다. 부모 파트가 움직이면 기본 설정상 파티클에 꼬리가 발생된다. 파트를 크게 만들면 파티클이 더 넓은 면적에 생성되지만, 파티클의 속도는 그대로 유지된다. 파트를 작게 만들수록 파티클 수가 더 촘촘히 채워진다(그림 8.3 참조).

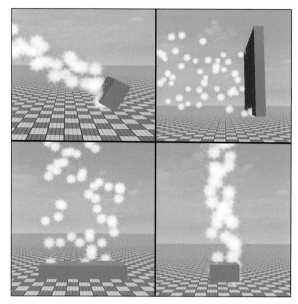

그림 8.3 다른 크기의 파트에서도 동일한 수의 파티클이 방출되는 모습

파트를 움직일 생각이 없다면 EmissionDirection 속성을 사용해 파티클의 방향을 변경할
수 있다. ParticleEmitter 오브젝트를 클릭한 다음, 속성에서 방향을 변경하면 된다.

파티클 수정

ParticleEmitter 오브젝트에 텍스처를 추가해 파티클을 쉽게 수정할 수 있다. 다음을 따라
해보자.

1. ParticleEmitter를 파트에 추가한다.

2. 오브젝트를 클릭하면 ParticleEmitter의 속성이 Properties 창에 나타난다.

3. 게임이 출시됐는지 확인한 다음, Texture 속성을 클릭하고 텍스처를 추가한다(그림
   8.4). 텍스처의 배경은 투명해야 함을 염두에 두자. 그림 8.5와 같이 파티클의 텍스
   처가 변한다.

Properties - ParticleEmitter "ParticleEmitter"	🗗
Filter Properties (Ctrl+Shift+P)	

∨ Appearance

Color	[255, 255, 255]
LightEmission	0
LightInfluence	1
Size	1
Texture	...t_PNG_Clipart_Image-781
Transparency	0
ZOffset	0

그림 8.4 텍스처를 추가해 파티클을 수정한다.

그림 8.5 텍스처가 추가된 파티클

파티클 색상 변경

파티클에 원하는 색을 입힐 수 있다. 색상을 변경하려면 다음을 따라 해보자.

1. ParticleEmitter를 클릭하면 속성이 나타난다.

2. Color 속성을 클릭한다(그림 8.6).

그림 8.6 파티클 색 바꾸기

3. 색상 선택기에서 원하는 색상을 선택하면 기존 색상 위에 색이 입혀진다.

4. OK(확인)를 클릭해 색을 변경한다.

ParticleEmitter의 속성

다른 오브젝트와 마찬가지로 ParticleEmitter에는 사용자 지정이 가능한 다양한 속성들이 있다. 여기서는 가장 유용한 몇 가지를 다룬다.

▶ Color: 파티클에 색상을 추가할 수 있다.

▶ LightEmission: 파티클에 밝기를 더한다.

▶ Size: 텍스처의 크기를 제어한다. 늘리면 파티클이 커진다.

▶ Drag: 파티클이 줄어드는 속도를 결정한다.

▶ Lifetime: 파티클이 사라질 때까지 지속되는 시간을 결정한다.

▶ Rotation: 텍스처를 회전한다.

▶ RotSpeed: 파티클에서 나오는 텍스처를 회전시킨다. 이 속성의 값을 높이면 텍스처가 시계 방향으로 회전한다. 값을 줄이면 텍스처가 시계 반대 방향으로 회전한다.

▶ SpreadAngle: 원하는 방향으로 파티클을 퍼뜨린다.

빔 사용

빔^{Beam} 오브젝트는 현실적인 효과를 내기 위해 사용하는 리본 같은 텍스처로서 애니메이션 시키거나 고정시킬 수 있다. 레이저, 폭포(그림 8.7) 또는 경로를 만들기 위해서도 빔을 사용할 수 있다.

그림 8.7 Galactic Speedway 템플릿에서 폭포 효과를 만드는 데 사용된 빔

빔을 사용하려면 두 파트 사이에 연결점을 배치하고, 텍스처를 추가한 다음 속도^{speed}, 투명도^{transparency} 및 넓이^{width}를 설정해야 한다. 사용해 보자.

1. 그림 8.8과 같이 2개의 파트를 만들고 사이에 어느정도 거리를 둔다.

그림 8.8 두 파트로 시작해서 빔 오브젝트 만들기

2. 파트 중 하나를 선택하고, 플러스 버튼을 클릭한 다음, Beam 오브젝트를 추가한다.

3. 두 파트 모두 플러스 버튼을 클릭하고 연결점을 추가한다(그림 8.9).

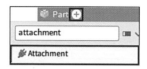

그림 8.9 Insert 메뉴를 사용해 각 파트에 연결점(Attachment) 추가

4. Beam 오브젝트를 선택하고, Properties에서 Attachment0을 선택한다(그림 8.10). 커서가 변경되는 것을 알 수 있다.

그림 8.10 Beam을 선택한 상태에서 Properties 아래로 스크롤한 수 Attachment0 클릭

5. 방금 만든 연결점 중 하나를 클릭한다. 여기가 빔의 시작점이 된다.

6. 끝점을 설정하려면 Properties에서 Attachment1을 선택한 다음 두 번째 연결점을 선택한다.

7. 시작점과 끝점을 모두 설정했으면 위로 스크롤해 Texture 속성을 클릭하고 오브젝트에 텍스처를 추가한다.

완료되면 선택한 텍스처가 두 파트 사이에 연결돼 있는 것을 볼 수 있다. 그림 8.11에서 는 줄무늬 이미지가 텍스처로 사용됐다.

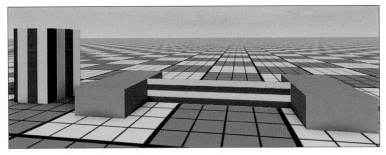

그림 8.11 빔이 사이에 있는 두 파트

빔에 연결된 파트가 움직이면 빔도 따라서 늘어나며 이동한다.

곡선 속성

CurveSize 속성은 빔의 휘어진 정도를 제어한다. 속성 값이 높을수록 해당하는 곡선이 두 드러진다. 그림 8.12의 경우 CurveSize0이 10으로 설정됐다.

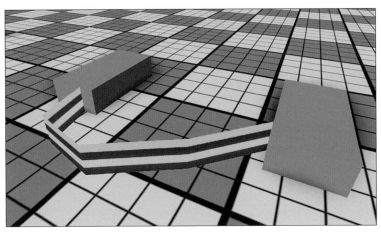

그림 8.12 CurveSize0: 10

그림 8.13의 경우 두 파트에서 모두 곡선이 수정됐다.

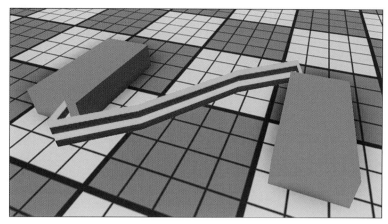

그림 8.13 CurveSize0: 10과 CurveSize1: 10

세그먼트 속성

Segments 속성은 곡선이 얼마나 부드러워야 하는지를 결정한다. 높은 세그먼트 값은 그림 8.14와 같이 부드러운 곡선을 만든다.

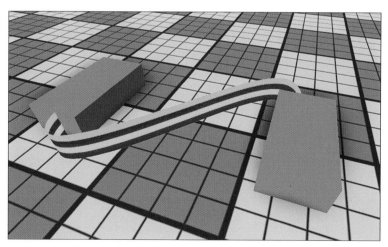

그림 8.14 Segments: 60

세그먼트 값이 줄어들면 그림 8.15와 같이 곡선이 거칠어진다.

그림 8.15 Segments: 5

너비 속성

Width 속성은 빔의 폭을 제어한다. 두 개의 끝 부분과 두 개의 속성이 있으며 각각 해당되는 끝 부분의 크기를 제어한다. 한 쪽 끝을 더 작게 만들고 싶지 않으면 속성 값을 동일하게 유지한다. 그림 8.16과 8.17은 폭이 다른 몇 가지 예제를 보여준다.

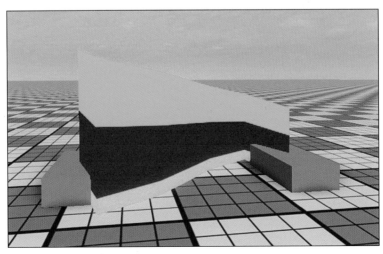

그림 8.16 Width0: 10과 Width1: 5

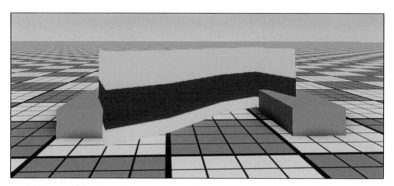

그림 8.17 Width0: 5와 Width1: 5

빔을 사용해 빛에 광선 효과 추가

그림 8.18과 같이 빔을 사용해서 광선 효과를 만들고 싶다고 가정해보자. 스포트라이트 기능은 이미 존재하지만, 빔을 사용하면 더 스타일 있게 만들 수 있다. 그림 8.18과 같은 효과를 얻기 위해서는 한쪽 끝이 넓고, 애니메이션이 없는 빔을 만들어야 한다. 이렇게 하려면 먼저 광선 효과 텍스처를 Beam 오브젝트에 추가하고, 투명하게 만들어야 한다. 그런 후 다음 설정을 적용한다.

- ▶ LightEmission: 0
- ▶ LightInfluence: 0
- ▶ TextureLength: 19
- ▶ TextureMode: Wrap
- ▶ TextureSpeed: 0
- ▶ Transparency: 0.5
- ▶ ZOffset: 0
- ▶ CurveSize0: 0
- ▶ CurveSize1: 0
- ▶ Face Camera: Disabled
- ▶ Segments: 100
- ▶ Width0: 3

▶ Width1: 22

위 설정을 사용하면 훌륭한 광선 효과를 얻을 수 있다.

그림 8.18 빔을 사용한 광선 효과

요약

이번 시간에는 벽난로에서 불을 피우거나 굴뚝에서 연기를 피우고, 보물로 가득 찬 상자에 반짝임을 만드는 등 여러 곳에서 사용할 수 있는 파티클에 대해 배웠다. 게임에 ParticleEmitter를 추가하면 플레이어에게 실감나는 환경을 선사해 게임이 좋아진다. 파티클을 원하는 대로 제작하고, 색을 바꿀 수 있는 것도 배웠다. 또한 두 연결점 사이에 텍스처를 렌더링하는 매우 특별한 효과인 빔을 사용하는 방법을 알게 됐다. 파티클이나 빔과 같은 효과를 사용하면 플레이어가 게임에 더욱 몰입할 수 있는 환경을 만들 수 있다.

Q&A

Q 빔에 곡선을 줄 수 있는가?

A 그렇다. curve 속성들을 사용해 빔에 곡선을 줄 수 있다.

Q 한 영역에 퍼뜨릴 수 있는 파티클의 양에 제한이 있는가?

A 파티클이 생성되는 영역은 파트의 크기에 의해 제어된다. 방출되는 파티클의 수를 증가시키려면 Rate 속성을 증가시켜야 한다. Rate을 최대로 했는데도 불구하고 더 많이 방출하기 원하는 여러 개의 방출기(emitter)를 같은 영역에 배치할 수 있다. 하지만 이 방법은 성능에 영향을 미칠 수 있다.

Q 파티클의 색을 바꿀 수 있는가?

A 그렇다. 상단에 있는 Color 속성을 사용해서 파티클의 색상을 변경할 수 있다. 이 방법은 밝은 색감의 파티클에 가장 효과적이다.

워크샵

이번 시간을 마쳤으니 배운 것을 복습해보자. 시간을 내 다음 질문에 답해보자.

퀴즈

1. 참/거짓: 빔의 색상을 변경할 수 있다.

2. 참/거짓: 기본 설정 상 파티클은 파트의 방출 방향에서 위로 떠오른다.

3. 참/거짓: 파티클은 빔과 같은 방식으로 삽입된다.

4. 빔 _____ 속도는 속성에서 제어할 수 있다.

5. 파티클의 생성 강도는 _____ 속성으로 증감할 수 있다.

답

1. 참. 빔의 색상을 변경할 수 있다.

2. 참. 파티클은 기본적으로 파트의 방출 방향에서 위로 떠오른다.

3. 참. 파티클은 빔과 같은 방식으로 삽입된다.

4. 빔 텍스처 속도는 속성을 통해 제어할 수 있다.

5. 파티클의 생성 강도는 **Rate** 속성으로 증감할 수 있다.

연습

이 연습은 여러분이 이번 시간 동안 배운 것들을 활용한다. 혹시 막히면 앞으로 돌아가 내용을 다시 살펴보길 바란다.

1. 로블록스 스튜디오를 연다.

2. 그림 8.19와 같은 모닥불을 만든다.

그림 8.19 모닥불

3. 불과 연기 파티클 방출기^{emitter}를 함께 사용해 그림 8.20과 같이 실감나는 불을 만든다.

그림 8.20 활활 타오르는 모닥불

이 두 번째 연습에서는 폭포를 만든다. 빔 효과를 만들려면 다음을 따라 해보자.

1. 폭포의 위아래 역할을 할 두개의 파트를 놓는다.

2. 빔에 폭포 텍스처를 추가한다. 구글에서 쉽게 찾을 수 있다. 텍스처의 배경은 투명해야 한다.

3. 곡선^{curve}, 폭^{width}, 세그먼트^{segment}와 같은 빔의 속성을 활용해 빔을 만들자. 결과는 그림 8.21과 비슷해야 한다.

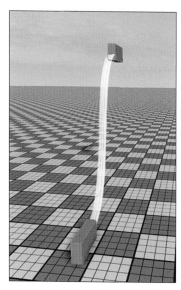

그림 8.21 폭포

팁

폭포 효과 향상시키기

폭포의 효과를 더 높이고 싶으면 폭포 아래쪽에 안개가 낀 것처럼 보이는 연기를 더하면 된다(그림 8.22).

그림 8.22 폭포에 안개 더하기

HOUR 9
에셋 가져오기

이번 시간에 배울 내용

▶ 무료 모델 삽입과 업로드

▶ MeshParts 가져오기

▶ 텍스처 가져오기

▶ 로블록스에 사운드를 업로드하고, 로블록스 스튜디오로 가져오기

모델, 스크립트, 텍스처 및 오디오 파일을 포함한 모든 게임 에셋^{asset}은 로블록스에 온라인상으로 저장된다. 다른 많은 엔진들과 달리 플레이어나 개발자를 위한 로컬 게임 에셋 저장소가 없다. 이런 구조는 팀 협업을 개선함과 동시에 구형 기기를 사용하는 플레이어들의 저장소 문제도 완화할 수 있다.

모든 에셋에는 로블록스 계정과 연결된 개별 ID가 있다. 업로드가 완료되면 에셋이 자동으로 로블록스의 감수 팀에 제출된다. 일반적으로 몇 분 정도 소요된 후 에셋이 승인되면 로블록스 스튜디오에 나타난다.

무료 모델 삽입과 업로드

무료 모델은 로블록스에서 단일 항목으로 취급이 가능한 오브젝트들의 그룹이다. 예를 들어, 무기 모델에는 눈으로 보이는 파트들, 파티클 방출기, 연결점 및 이를 작동시키는 스크립트가 포함될 수 있다. 이것들은 로블록스 사용자들이 만든 것이고 Asset Library 에 업로드된다.

모델은 친구와 공유하거나 모든 사용자가 무료로 사용할 수 있도록 Allow Copying 옵션을 클릭해 사용할 수 있다. 모델이 만들어져 Toolbox에 업로드되면 인벤토리에서 버전

을 업데이트하거나 삭제할 수 없다. 그러나 제목, 소유권 및 설명은 업데이트할 수 있다. 인벤토리에 있는 공개 모델은 제거할 수 있다.

모델을 생성하려면 다음을 따라해보자.

1. 파트들을 가지고 창작물을 제작하고, 완료되면 모든 파트를 선택한다.

2. Home 탭에서 Group 버튼을 클릭해 파트들을 그룹화한다(그림 9.1).

그림 9.1 Group 버튼

3. 이제 Explorer에 모델이 표시되고 모델 이름도 변경할 수 있다.

4. 모델을 배치할 때 기준으로 사용할 모델의 파트를 지정하기 위해서 모델의 Properties 창에서 PrimaryPart를 선택한다. 커서가 활성화되면 PrimaryPart로 만들 모델을 선택하고(그림 9.2) 클릭해 지정한다.

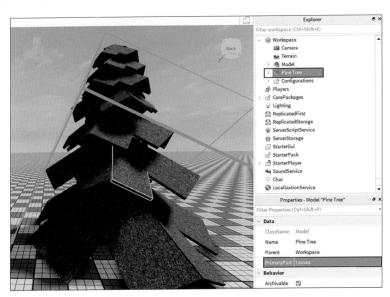

그림 9.2 PrimaryPart 선택

로블록스에 모델 업로드

다음 단계에 따라 로블록스에 모델을 업로드한다.

1. PrimaryPart 선택이 돼있는 모델이 있으면 Explorer에서 모델에 마우스 오른쪽 버튼을 클릭하고 연관 메뉴에서 Save to Roblox를 선택한다(그림 9.3).

그림 9.3 Save to Roblox

2. 연관된 창이 열리면(그림 9.4) 필요한 세부 정보를 입력한다.

   ▶ Creator drop-down menu: 모델이 본인의 인벤토리에 저장됨을 의미한다. 그룹에 대한 권한이 있는 경우 모델을 Group Models에 저장할 수도 있다.

   ▶ Allow Copying switch: 기본 설정상 이 스위치는 비활성화돼 있으며, 따라서 다른 사용자가 모델을 사용할 수 없고 본인만 사용할 수 있다. 활성화하면 버튼이 녹색으로 바뀌고 모델이 무료가 된다. 즉, 로블록스의 모든 사용자가 사용할 수 있다.

3. 사용 권한 설정이 끝난 후 Submit 버튼을 클릭하면 모델이 로드되기 시작한다. 모델
이 로블록스에 성공적으로 저장됐다는 확인 화면이 나올 것이다(그림 9.5).

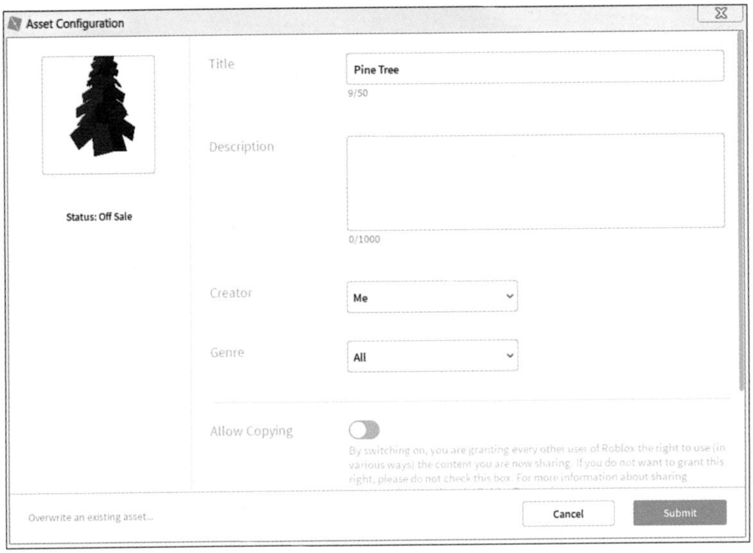

그림 9.4 설명 기입 완료

그림 9.5 성공적인 제출

모델에 접근하기

모델에 접근하려면 Toolbox를 열고 드롭다운 메뉴에서 My Models 옵션을 선택한다. 로블록스에 저장한 에셋(그림 9.6)이 보일 것이다.

그림 9.6　Toolbox 안에 있는 My Models

무료 모델 삽입

무료 모델은 다른 사용자들이 자유롭게 자신의 게임에 사용할 수 있도록 커뮤니티가 만든 모델이다.

> **노트**
>
> **무료 모델 안의 스크립트**
>
> 무료 모델을 사용할 때, 모델과 관련된 모든 스크립트를 제거하고 싶을 수 있다. 스크립트의 코드가 본인의 게임과 호환되지 않거나, 단순히 코드가 불편할 수도 있다. 예를 들어, 한 무료 모델은 몇 분마다 새를 낳고, 또 다른 모델은 주변의 물체에 불을 지르기도 한다.

게임에 무료 모델을 삽입하려면 다음 단계를 따라 해보자.

　1. Toolbox를 연다(그림 9.7).

그림 9.7 Toolbox에 있는 모델

2. Toolbox의 왼쪽 상단에 있는 드롭다운 메뉴를 사용해 에셋 중에 **Models**를 선택한다 (그림 9.8). 이 곳에서 자동차, 나무 또는 게임에 필요한 모든 자료를 찾을 수 있다.

그림 9.8 Models

3. 삽입할 모델(그림 9.9)을 클릭하면 스튜디오에 오브젝트가 나타난다. 모델에 대한 자세한 내용을 보려면 돋보기 아이콘을 클릭하면 에셋이 열린다(그림 9.10).

그림 9.9 에셋

그림 9.10 에셋 세부 정보

팁

오디오 에셋

Audio 옵션에서도 동일한 작업을 수행할 수 있다. 오디오 에셋을 듣고 싶으면 돋보기 아이콘을 클릭한다. 오디오 에셋 가져오기에 대한 자세한 내용은 이번 시간 후반에 다룰 것이다.

MeshParts와 Asset Manager를 사용해 가져오기

MeshParts는 FBX 또는 OBJ 포맷으로 된 메쉬mesh의 업로드를 지원하는 메쉬다. 게임으로 메쉬를 가져오는 가장 간단한 방법은 Asset Manager 창을 사용하는 것이다. MeshPart를 통해 메쉬를 가져오려면 다음을 따라 해보자.

1. Explorer에서 Workspace 위에 마우스를 놓고 플러스 버튼을 클릭한다(그림 9.11).

그림 9.11 Workspace 옆에 있는 플러스 버튼 클릭

2. Parts 섹션으로 스크롤해 MeshPart를 선택한다(그림 9.12). 카메라 뷰 중앙에 Mesh Part가 나타난다(그림 9.13).

그림 9.12 MeshPart

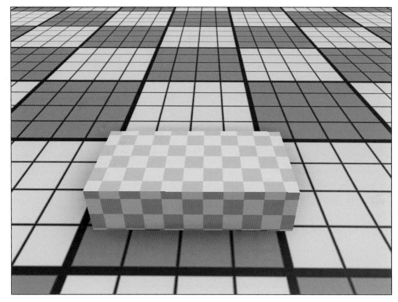

그림 9.13 카메라 뷰 중앙에 있는 MeshPart

3. MeshPart를 선택한다. 메쉬를 가져오려면 Properties로 이동해 MeshId(그림 9.14) 옆
   에 있는 폴더 아이콘을 클릭하고 업로드할 메쉬를 선택한다.

그림 9.14 MeshId

노트

메쉬 크기

메쉬는 삼각형 10,000개 미만이어야 한다.

메쉬를 첨부하면 메쉬가 스튜디오에 로딩되기 시작한다.

노트

에셋 검사

로블록스에 업로드된 모든 에셋은 검사 과정을 거친다. 때문에 가끔은 스튜디오에서 에셋을 사용할 때 약간의 지연
이 발생한다. 오브젝트가 업로드되지 않으면 파일 이름에 숫자가 없는지 확인하고, 파일 이름에서 검사에 거절당할
만한 단어가 있는지 찾아본다.

Asset Manager를 통해 대량의 메쉬 가져오기

Asset Manager 창을 사용해 메쉬, 이미지, 플레이스 및 패키지를 관리하고 접근할 수 있다. 또한 게임 에셋 묶음을 한 번에 대량으로 가져올 수 있다. 다음 단계에 따라 메쉬를 대량으로 가져와보자.

1. View 탭에서 Asset Manager를 클릭한다(그림 9.15).

그림 9.15 Asset Manager

2. 메쉬를 가져오려면 Import 버튼(그림 9.16)을 클릭한다.

그림 9.16 맨 오른쪽에 있는 Import 버튼

3. 메쉬를 업로드하면 관련된 메뉴가 열린다. Apply All 버튼을 클릭한다(그림 9.17).

그림 9.17 Apply All 버튼

4. Bulk Import 창(그림 9.18)이 열리고, 가져오는 진행률을 볼 수 있다. 모든 메쉬에 녹색 체크 표시가 있으면 창을 닫을 수 있다.

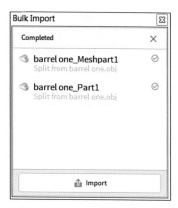

그림 9.18 Bulk Import 창

5. Asset Manager에서 Meshes 폴더를 클릭한다. 메쉬에 마우스 오른쪽 버튼을 클릭한 다음 연관 메뉴에서 Insert with Location을 선택한다(그림 9.19). 그러면 메쉬가 게임에 성공적으로 추가된다.

그림 9.19 Insert with Location 명령

텍스처 가져오기

스튜디오로 이미지를 가져오는 두 가지 방법이 있다. 첫 번째 방법은 Asset Manager를 사용하는 것이고, 두 번째 방법은 Explorer에서 Texture Object를 사용하는 것이다. PNG, JPG, TGA, BMP 형식으로 이미지를 로블록스로 가져올 수 있다. Asset Manager를 통해 많은 숫자의 텍스처를 가져올 수 있다. 텍스처를 가져오려면 다음을 따라 해보자.

1. Explorer에서 플러스 버튼(그림 9.20)을 클릭하고 Texture(그림 9.21)를 선택한다.

그림 9.20 플러스 버튼

그림 9.21 텍스처를 선택

2. 텍스처를 원하는 곳에 배치한다(그림 9.22).

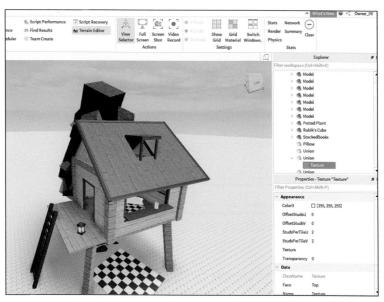

그림 9.22 텍스처 배치

3. Properties 창으로 이동해서 Texture(그림 9.23)를 클릭해 이미지 선택 상자를 연 다음 Add Image를 클릭한다.

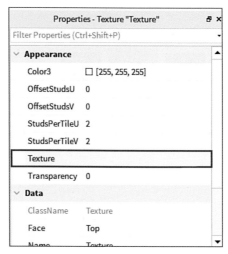

그림 9.23 Texture 옵션

4. 연관 창을 사용해 파일을 첨부한 다음 Create을 클릭한다(그림 9.24). 텍스처가 성공
적으로 적용될 것이다.

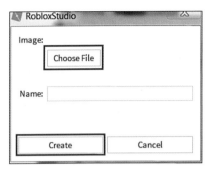

그림 9.24 파일 선택

Asset Manager를 통해 데칼 가져오기

Asset Manager를 열고 Import 버튼을 클릭한 다음 이미지를 업로드해 Asset Manager로 데
칼decals을 가져올 수 있다. 이미지를 로드했으면 Images 폴더로 이동해 이미지를 더블 클
릭하고 원하는 위치에 배치한다. 그림 9.25는 Asset Manager에 있는 데칼을 보여준다.

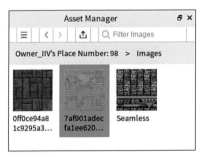

그림 9.25 데칼이 있는 Asset Manager

사운드 가져오기

MP3 또는 OGG 형식의 오디오 파일을 가져올 수 있다. 오디오 파일을 업로드하려면 로벅스^Robux를 지불해야 하지만, 사운드는 게임에 많은 즐거움을 가져올 수 있다. 금액은 오디오의 길이에 따라 달라지며, 비용은 에셋을 검사하는 비용으로 사용된다. 본인의 오디오 파일을 업로드하려면 다음을 따라해보자.

1. 로블록스 웹 사이트의 Create 페이지로 이동한다. 왼쪽에서 Audio를 클릭한다(그림 9.26).

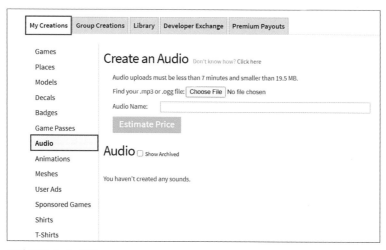

그림 9.26 Audio 옵션

2. 파일을 첨부한다. 오디오 파일은 19.5MB보다 작아야 한다.

3. 녹색 Estimate Price 버튼을 클릭해 오디오 파일을 업로드하는 데 드는 비용을 확인한 다음 다시 녹색 버튼을 클릭해 업로드를 확정한다. 오디오 파일이 승인되는 데 시간이 걸릴 수 있다.

4. 승인이 완료되면 스튜디오의 Toolbox 안에 My Audio에서 파일에 접근할 수 있다(그림 9.27).

그림 9.27 My Audio

요약

이번 시간에는 무료 모델을 삽입하고, 로블록스에 모델을 업로드하는 방법을 배웠다. 모델을 로블록스에 저장하고, 친구와 공유하거나 본인이 사용하기 위해 업로드할 수 있다. 또한 메쉬를 가져오는 두 가지 방법인 MeshParts와 Asset Manager를 배웠다. 메쉬가 그룹화되지 않은 경우, 메쉬가 스튜디오 안에 존재할 때 그룹화되지 않도록 Asset Manager를 통해 가져오는 방법을 사용해야 한다. Asset Manager를 사용해서 텍스처와 데칼에 사용할 이미지를 가져오는 방법도 배웠다. 이번 시간에는 오디오 및 사운드 파일을 가져오는 방법도 다뤘다. 로블록스는 모든 파일을 검사하며, 로블록스의 규칙을 따라야 하므로 오디오 파일이 업로드되는 데 시간이 걸린다. 하지만 오디오는 게임에 큰 도움이 된다.

Q&A

Q 로블록스에 오디오 파일을 업로드하려면 로벅스 비용이 드는가?

A 그렇다. 파일을 업로드하는 데 약간의 로벅스 비용이 든다.

Q 로블록스에 업로드된 모델을 삭제할 수 있는가?

A 오브젝트가 로블록스에 저장되면 삭제할 수 없다. 그러나 본인 인벤토리에서 공용 모델은 제거할 수 있다.

Q 모델을 로블록스에 저장한 후 편집할 수 있는가?

A 그렇다. 하지만 기존 모델의 경우 Asset Configurations 정보만 변경할 수 있다. 패키지의 경우만 저장 후 로블록스 스튜디오에서 최신 버전으로 업데이트할 수 있다.

워크샵

이번 시간을 마쳤으니 배운 것을 복습해보자. 시간을 내 다음 질문에 답해보자.

퀴즈

1. 참/거짓: MeshPart를 통해 10,000개 이상의 삼각형 메쉬를 가져올 수 있다.

2. 참/거짓: 본인 인벤토리에서 무료 모델을 제거할 수 없다.

3. 로블록스에 오디오 파일을 업로드하려면 소량의 ___를 지불해야 한다.

4. 오디오 파일을 _____과정에 시간이 걸린다.

5. 참/거짓: 메쉬는 Asset Manager를 통해 로블록스 스튜디오에 업로드할 수 없다.

6. 참/거짓: 사운드는 Asset Manager를 통해 로블록스에 업로드할 수 없다.

답

1. 거짓. MeshPart 방법을 통해 10,000개 이상의 삼각형 메쉬를 가져올 수 없다.

2. 거짓. 본인 인벤토리에서 무료 모델을 제거할 수 있다.

3. 로블록스에 오디오 파일을 업로드하려면 소량의 로벅스를 지불해야 한다.

4. 오디오 파일을 승인하는 과정에 시간이 걸린다.

5. 거짓. 메쉬는 Asset Manager를 통해 로블록스 스튜디오에 업로드할 수 있다.

6. 참. 사운드는 Asset Manager를 통해 로블록스에 업로드할 수 없다.

연습

이 연습은 여러분이 이번 시간 동안 배운 것들을 활용한다. 혹시 막히면 앞으로 돌아가 내용을 다시 살펴보길 바란다. Asset Manager에서 메쉬 업로드를 시도해보자.

1. 로블록스 스튜디오를 연다.

2. 숲 풍경을 만든다. 다양한 모델을 만들기 보다는 나무 한 그루와 바위 한 개만 가져온다.

3. 한 종류의 나무와 바위만 사용한다. 모델의 크기를 다르게 조정하고, 다른 방향을 보도록 모델을 회전시킨다.

작업이 완료되면 그림 9.28과 비슷하게 보여야 한다.

그림 9.28 완성된 숲 풍경

두 번째 연습은 친구와 팀을 이뤄 숲 풍경을 위한 모델을 하나씩 만들어보자. 모델을 서로 공유해 각각의 장면에서 사용할 수 있다.

HOUR 10
게임 구조와 협업

이번 시간에 배울 내용

▶ 게임에서 플레이스 추가

▶ 다른 사용자와 협업

▶ Roblox 패키지 생성과 접근

이번 시간에서는 플레이스place 추가, 플레이스와 스크립트 편집, 공동작업자 관리, 패키지 만들기 및 사용 등 로블록스 게임을 구성하는 방법을 설명한다. 로블록스 게임이 어떻게 구성돼 있는지 배우면 플레이어가 이동할 수 있는 다양한 레벨과 월드를 통해 더 거대한 경험을 만들 수 있다. 게임을 적절하게 구성하면 기능도 향상시킬 수 있다. 예를 들어 넓은 세계를 여러 곳으로 나누면 플레이어의 로딩 시간을 단축시킬 수 있다.

본인의 게임 세계가 더 풍부해지면, 본인을 도와줄 사람들을 초대하고 싶을 것이다. Team Create과 Group 기능을 사용하면 모델, 스크립트, 애니메이션 등의 에셋을 공유하면서 실시간으로 협업할 수 있는 공동작업자를 초대할 수 있다.

게임에서 플레이스 추가

로블록스 게임은 각각의 플레이스로 구성되며, 모든 게임에는 적어도 하나의 플레이스가 존재한다. 장소를 이해하는 방법 중 하나는 게임의 레벨로 생각하는 것이다. 플레이스는 환경, 모델, UI, 게임 로직 및 레벨을 구성하는 모든 것을 포함한다. 그림 10.1은 게임에서 정한 플레이스 앞에 서 있는 플레이어를 보여준다.

그림 10.1 Team Deathrun의 Deathrun Gameshow에서는 다양한 테마의 게임 플레이를 가진 플레이스가 있다.

게임을 구성하는 플레이스는 여러 개일 수 있지만, 플레이어가 게임을 시작할 때 로드되는 시작 장소는 단 하나다.

게임에서 새 플레이스를 추가하려면 다음을 따라 해보자.

1. 스튜디오에서 새 플레이스를 추가할 게임을 연다.

2. view 탭으로 이동해서 Asset Manager를 클릭한다(그림 10.2).

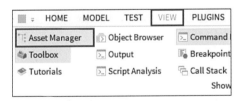

그림 10.2 Asset Manager

3. Place 폴더를 더블 클릭하고 Asset Manager의 아무 곳에 마우스 오른쪽 클릭한 다음 Add New Place를 선택한다(그림 10.3).

그림 10.3　Asset Manager의 아무 곳에 마우스 오른쪽 클릭해 새 플레이스를 추가

성공적으로 새로운 플레이스를 만들었다. 더블 클릭을 하면 편집을 시작할 수 있다. **Asset Manager**에서 게임의 메인 플레이스는 항상(그림 10.4) 스폰(생성되는 위치) 기호가 있다.

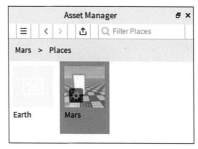

그림 10.4　메인 플레이스의 스폰 심볼

로블록스 스튜디오에서 협업하기

로블록스 게임을 만들 때 다양한 경험, 스킬 및 관점을 제공하는 다른 사람들과 협업하는 것이 도움이 될 수 있다. 팀 모두가 문제 해결에 협력할 수 있으며, 여러 공동작업자의 아이디어와 관점은 게임의 창의성을 향상시킬 수 있다.

그 와중에도 게임이 개인 혹은 그룹에 속할 수 있다는 것을 알아 둬야 한다. 프론트 페이지에 보이는 대부분의 게임은 게임들은 그룹을 통해 출시되는데, 이는 역할 관리, 자산 공유, 로벅스 수익 관리 등을 쉽게 해주기 때문이다. 다만 게임을 개인이 소유하더라도 외부 협력자를 게임에 초대해 실시간으로 코딩하고 만들 수 있다.

그룹 게임에서의 협업

로블록스 그룹 게임 기능을 사용하면 여러 개발자가 동일한 게임에서 작업하고, 동일한 에셋을 사용하고, 수익을 공유하고, 모든 기여자에게 크레딧을 제공할 수 있다.

그룹을 만드는 데 100로벅스가 든다. 시작하려면 다음 단계를 따라 해보자.

1. https://www.roblox.com/groups/create를 방문해 요구 사항들을 기재한다(이름 과 엠블렘이 필요하다).
2. 녹색 버튼을 클릭해 새 그룹을 만든다.

역할 설정

그룹의 소유자는 다음과 같이 그룹의 다른 구성원에 대한 역할을 설정할 수 있다.

1. 오른쪽 위에 있는 **설정 버튼**(줄임표)을 클릭하고 Configure Group을 선택한다.

그림 10.5 Configure Group을 찾을 수 있는 Configure 메뉴

2. 왼쪽 열에서 Roles 탭을 선택한다(그림 10.6).

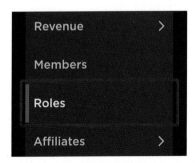

그림 10.6 웹 페이지의 왼쪽에 있는 Roles 옵션

3. 여기까지 왔으면 Owner(소유자), Admin(관리자), Member(멤버) 및 Guest(게스트)
의 기본 역할을 염두에 두자. 이름과 설명을 변경할 수 있으며 25 로벅스를 사용하
면 추가 역할을 생성할 수 있다. Owner 이외에 하나 이상의 다른 역할에도 편집
권한을 부여하자.

역할 지정

그룹 소유자이거나 그룹 소유자가 역할 지정 권한을 가진 역할을 할당한 경우, 다른 구성
원의 역할을 다음과 같이 편집할 수 있다.

1. 왼쪽 열에서 Members 탭을 선택한다(그림 10.7).

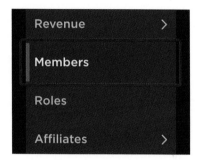

그림 10.7 웹 페이지의 왼쪽에 있는 Members 옵션

2. 각 그룹 멤버 아래의 드롭다운 메뉴에서 역할을 선택한다.

> 노트
>
> **역할 변경 규칙**
>
> 본인보다 순위가 낮은 역할에 있는 사용자의 역할을 변경할 수 있으며, 사용자보다 순위가 낮은 역할로 사용자를
> 승격시킬 수 있다. 그룹 관리에 대한 자세한 내용은 https://developer.roblox.com/articles/Group-Games을 참조
> 하자.

Team Create 사용

게임을 개인이 소유하는 경우 Team Create 세션을 시작해야 한다. Team Create가 켜져
있다면 초대된 개발자는 게임을 변경할 수 있다. Team Create 세션을 시작하려면, 다음
작업을 진행하자.

1. File, Publish to Roblox를 선택해 게임을 출시^{Publish}한다.

2. View 탭으로 가서 Team Create를 클릭한다(그림 10.8).

그림 10.8 Team Create 옵션

3. Turn On 버튼(그림 10.9)을 클릭하면 스튜디오가 Team Create 설정을 시작한다.

그림 10.9 Team Create 켜기

Team Create가 활성화되면 Team Create 세션에서 현재 활성 상태인 사용자 목록이 나타난다(그림 10.10).

그림 10.10 사용자 목록

Team Create에서 사용자 추가 및 관리

개발자는 Team Create 세션에 초대돼야 하며, Game Settings에서 관리할 수 있다. 다음 단계를 진행하자.

1. 스튜디오의 Home 탭에서 Game Settings(그림 10.11)를 클릭한다.

그림 10.11 Game Settings

2. Permissions 탭을 선택한다(그림 10.12).

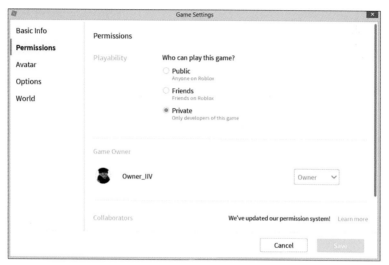

그림 10.12 Permissions 탭

3. Collaborators가 나타날 때까지 아래로 스크롤한다. 로블록스 사용자 이름으로 검색한 후 해당 이름을 클릭해 공동작업자로 추가한다(그림 10.13).

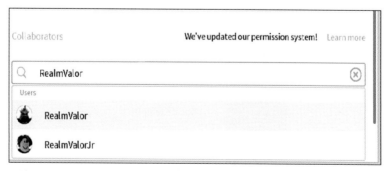

그림 10.13 공동작업자로 추가할 로블록스 사용자 검색

4. 아래로 스크롤해 새로 추가된 사용자를 확인한다. 오른쪽의 드롭다운 메뉴(그림 10.14)에서 Edit을 선택해 이 사용자가 게임을 변경할 수 있도록 한다.

그림 10.14 Permissions 메뉴에서 Edit을 선택

5. Save를 클릭하면 편집자가 Team Create에 성공적으로 추가된다.

Team Create 세션 접근

공동작업자로 초대된 사용자는 다음 단계를 수행해 Team Create 세션에 참여할 수 있다.

1. 스튜디오를 연다(이미 열려 있는 경우, 다시 열려면 File, Open from Roblox를 선택한다).

2. My Games로 이동한다(그림 10.15).

그림 10.15 My Games

3. Shared With Me(그림 10.16) 탭을 선택한다.

그림 10.16 Shared With Me 탭

4. 게임의 위치를 찾아 편집을 시작한다.

로블록스 스튜디오 Chat 사용

로블록스 스튜디오 Chat은 다른 공동작업자와 작업하면서 대화할 수 있는 도구다. View 탭으로 이동한 후 Chat(그림 10.17)를 클릭해 대화 창을 열 수 있다.

그림 10.17 Chat 창 열기

Team Create 해제

Team Create의 소유자가 올바른 권한을 가진 경우, Team Create 창의 오른쪽 아래에 있는 줄임표 버튼(…)를 눌러 Team Create를 해제할 수 있다(그림 10.18). Disable Team Create을 선택한다. 이렇게 하면 Team Create Session에서 사용자를 내보내고, 본인이 Team Create를 다시 사용 가능하게 설정할 때까지 다른 사용자들은 다시 참여할 수 없다. 이전에 초대된 개발자는 다시 초대할 필요가 없다.

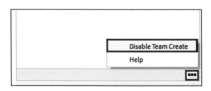

그림 10.18 Team Create 비활성화

로블록스 스튜디오에서 로블록스 패키지 생성 및 접근

패키지package를 사용하면 복사하려는 모델이든 여러 게임에서 사용하려는 스크립트 모음이든 게임의 일부를 쉽게 재사용할 수 있다. 로블록스 패키지는 오브젝트 계층을 생성해서 게임에서 재사용할 수 있게 해준다. 이 방법이 복사와 붙여넣기를 하는 것보다 좋은 점은 패키지는 클라우드에 연결돼 있기 때문에 하나의 복사본을 변경하면 해당 변경 사항이 모든 복사본에 반영된다. 게임 내의 복사본을 업데이트하면 패키지를 최신 버전으로 동기화할 수 있다. 표준 모델링standard modeling 방식과 비슷하지만, 패키지는 언제든지 모델을 업데이트할 수 있다.

표준 모델standard model의 기호는 그림 10.19에 나와 있다. 그림 10.20의 Explorer에서 표시되는 체인 심볼을 통해 패키지를 쉽게 인식할 수 있다.

그림 10.19 표준 모델

그림 10.20 패키지로 변환된 모델

오브젝트를 패키지로 변환

재사용이 가능한 오브젝트를 패키지로 변환할 수 있다. 먼저 오브젝트들을 모델로 그룹화하고 PrimaryPart를 설정해야 한다. PrimaryPart를 설정하지 않으면 모델을 패키지로 변환할 수 없다. 에셋을 패키지로 변환하려면 다음을 진행하자.

> 노트
>
> **패키지는 삭제할 수 없다**
>
> 패키지는 에셋(asset)이기 때문에 로블록스에서 삭제할 수 없다. 하지만 Asset Manager를 통해 스튜디오에서 제거할 수 있다. 열린 창에서 제거할 패키지를 누르면 제거할 수 있다. 패키지에 오른 클릭 후 Remove from Game을 선택해 패키지를 제거한다.

1. 오브젝트를 선택하고 Home 탭이나 Model 탭에서 Group 버튼(그림 10.21)을 클릭해 모델로 그룹화하거나, Ctrl+G(Mac에서는 Cmd+G) 키를 사용한다.

그림 10.21 Group 버튼

2. 오브젝트를 그룹화했으면 Properties 창에서 PrimaryPart를 클릭한 다음 모델의 파트 중 하나를 선택한다(그림 10.22).

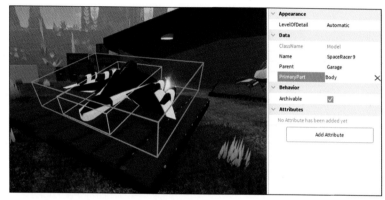

그림 10.22 원하는 파트를 PrimaryPart로 설정

3. 모델에 오른 클릭 후 Convert to Package를 선택한다. 창이 열리면 필요한 세부 정 보를 입력한다(그림 10.23).

   ▶ About Ownership: 소유권을 유지하려면 Me를 사용한다.

   ▶ Group: 그룹 이름을 선택해 Group에 저장한다. 권한이 있는 그룹들의 이름이 표시된다. 그룹을 선택할 때 그룹에 대한 권한을 가진 다른 사용자도 패키지 를 사용할 수 있다.

4. Submit을 클릭해 오브젝트를 패키지로 저장한다.

그림 10.23 Convert to Package 창

패키지 툴박스 접근

제출된 패키지는 그림 10.24와 같이 Inventory 아이콘을 클릭해 Toolbox 내에서 찾을 수 있다. 정렬sort 메뉴에서 이전 섹션에서 등록한 위치에 따라 My Packages 또는 Group Packages를 선택한다.

그림 10.24 Toolbox 안의 My Packages

Asset Manager에서 패키지 접근

모든 게임에 사용된 패키지는 Asset Manager에도 표시되며, Asset Manager는 View 탭에서 접근할 수 있다(그림 10.25). 로블록스 Asset Manager는 한 번에 여러 메쉬 가져오기, 새 플레이스 생성 등 다양한 작업에 사용할 수 있는 유용한 탭이다.

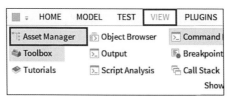

그림 10.25 Asset Manager

Asset Manager 창이 열리면(그림 10.26) Packages 폴더를 클릭한다.

그림 10.26 Packages 폴더

여기서 패키지를 삽입하거나 게임에서 제거할 수 있다.

패키지 업데이트

패키지에 포함된 코드를 변경하거나 모델을 업데이트해야 하는 경우 필요에 따라 패키지를 업데이트할 수 있다.

1. 현재 패키지를 수정했으면 모델을 오른 클릭하고 Publish Changes to Package를 클릭한다(그림 10.27).

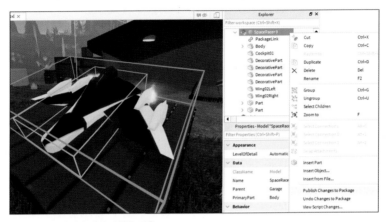

그림 10.27 패키지 변경 사항을 적용

2. 프롬프트 대화상자에서 Publish를 클릭한다(그림 10.28).

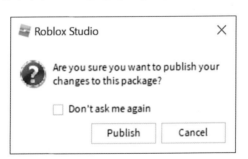

그림 10.28 출시 여부 확인

Publish를 누르면 패키지에 대한 모든 변경 사항이 성공적으로 저장된다.

패키지 대량 업데이트

게임 전체 단위로 패키지를 업데이트하고 싶다면 다음 단계를 진행하자.

1. Asset Manager 창을 연다(그림 10.29). 패키지를 방금 추가한 경우 Asset Manager를 닫았다가 다시 연다.

그림 10.29　Asset Manager 창

2. 원하는 패키지 오브젝트를 오른 클릭하고 관련 메뉴에서 Update All을 선택한다(그림 10.30).

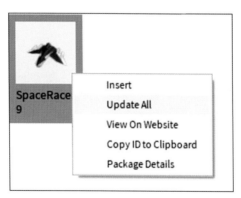

그림 10.30　Update All 옵션

3. 팝업 창(그림 10.31)에서 게임 내에서 대량 업데이트를 적용할 플레이스들을 선택한 다음 Update 버튼을 클릭한다.

> **노트**
>
> **일부 변경 사항은 수동으로 적용해야 한다**
>
> 라이브 게임 서버에서는 선택한 플레이스에 자동으로 적용되지 않으므로 개별적으로 플레이스에 적용해야 한다.

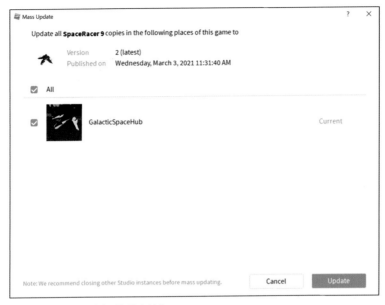

그림 10.31 대량 업데이트할 위치 선택

요약

이번 시간에는 게임에서 새로운 플레이스place를 만드는 방법을 배웠다. 모든 게임은 플레이어가 게임을 시작하는 한 곳의 출발 장소에서 시작된다. 하지만 플레이스를 변경하기 위해서 스크립팅과 버튼 추가를 통해 게임 내 다른 플레이스에서 스폰할 수 있다. 또한 게임을 개인 또는 그룹에 의해 소유할 수 있는 방법을 배웠다. 올바른 권한 설정을 가진 그룹 구성원은 실시간 공동작업을 할 수 있다. 게임을 개인이 소유하는 경우에도 세션을 만들어 협업할 수 있다. 마지막으로 오브젝트를 패키지로 변환하고, 접근하고, 게임에서 제거하고, 패키지를 업데이트하는 방법을 배웠다. 패키지를 사용해서 게임을 백업할 수도 있다.

Q&A

Q 편집자가 Team Create에 더 많은 공동작업자를 초대할 수 있는가?

A 아니다. 편집자는 공동작업자를 Team Create에 초대할 권한이 없다.

Q 패키지를 삭제할 수 있는가?

A 아니다. 하지만 게임에서 삭제할 수 있다.

워크샵

이번 시간을 마쳤으니 배운 것을 복습해보자. 시간을 내 다음 질문에 답해보자.

퀴즈

1. 참/거짓: 편집자는 Team Create에서 게임의 소유자를 제거할 수 있다.

2. 참/거짓: 패키지를 로블록스에서 삭제할 수 있다.

3. 참/거짓: Groups는 그룹 구성원 간에 로벅스 배포를 가능하게 해준다.

4. 패키지는 Explorer 계층에서 _____로 쉽게 인식할 수 있다.

답

1. 거짓. 편집자는 Team Create에서 게임의 소유자를 제거할 수 없다.

2. 거짓. 패키지는 로블록스에서 삭제할 수 없지만 업데이트할 수 있다.

3. 참. 개인 소유의 게임에 비해 가지고 있는 하나의 주요한 장점이다.

4. 패키지는 Explorer 계층에서 체인 심볼로 쉽게 인식할 수 있다.

연습

지금까지 본인의 게임은 하나의 플레이스로 구성돼 있었다. 시간을 들여 계획해서 게임 안에 여러 플레이스를 포함시킬 수 있도록 해보자. 다음은 몇 가지 예다.

▶ 각 종족의 홈 영역이 다른 플레이스 파일에 생성되는 대규모 멀티플레이어 판타지 월드

▶ 각 라운드마다 플레이어가 지도를 선택할 수 있는 경쟁 슈터

▶ 플레이어가 레벨 업을 하면서 새로운 세계를 오픈하는 우주 공간을 배경으로 하는 게임

열 일곱 번째 시간 '전투, 텔레포트, 데이터 저장'에서는 플레이어가 플레이스 사이를 텔레포트하는 방법을 설명한다. 거기까지 배우기 전에 미리 계획을 적으면서 각 플레이스를 만드는 데 얼마나 많은 시간을 할애하고 싶은지, 그리고 그룹을 사용해 친구들과 협업하고 싶은지를 생각해보자.

HOUR 11
LUA 개요

이번 시간에 배울 내용

▶ 코딩 작업 공간 사용

▶ 변수를 사용해 속성 수정

▶ 함수와 이벤트 사용

▶ 조건문 구성

▶ 어레이(array)와 딕셔너리(dictionary)는 무엇인가

▶ 루프를 사용해 코드를 여러 번 실행

▶ 유효범위 내에서 변수와 함수에 접근

▶ 커스텀 이벤트 작성

▶ 디버깅으로 오류 찾기

로블록스에서 사용하기에 가장 적합한 언어를 결정할 때 많은 코딩 언어가 있었지만 그 중에서 Lua를 선택했다. Lua는 대부분의 프로그래밍 언어(예: 자바, C++)보다 적은 수의 단어를 요구하므로 읽기 쉽고 타이핑 속도가 빠르다. 로블록스 Lua는 기존 Lua를 변형한 버전이다.

이번 시간에는 이후 시간에 다룰 GUI, 애니메이션 및 카메라 이동과 같은 고급 게임 개발 주제에 대해 살펴보기 전에, 코딩 용어와 Lua 스크립팅에 대해 간략히 설명할 것이다. 여러 종류의 스크립트를 통해 파트를 만들고 수정하며 객체 지향 프로그래밍에 대한 소개를 진행할 예정이다. 마지막으로 스크립트를 실행한 후 출력 결과 및 디버그 오류를 읽는 방법을 배운다.

코딩 작업 공간 사용

프로그래밍 언어는 코드 라인으로 이뤄져 있다. 명령들의 집합을 스크립트script라고 부르는데, 복잡하게 생각할 필요 없이 컴퓨터에 해야 할 일을 알려주는 방법이라고 이해하면 된다. 로블록스 스튜디오에서 Lua 스크립트를 사용하면 게임에서 3D 요소를 만들고, 플레이어로부터의 입력이나 게임 플레이 중에 발생해야 하는 일련의 이벤트에 반응하는 것들을 만들 수 있다.

코딩을 시작하기 전에 작업 공간이 스크립트를 테스트하고 출력을 확인할 수 있는 최적의 방식으로 배열돼 있는지 확인해보자. 이번 시간에는 작업에 대한 출력 창이 필요하므로 View 탭에서 출력을 활성화한다. 그림 11.1은 작업 공간 배열의 모습이다.

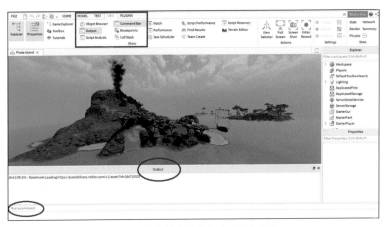

그림 11.1 3D 게임 편집기 아래에 출력 창이 배치된 작업 공간 배열

첫 번째 스크립트 만들기

코드가 들어있을 새로운 스크립트 오브젝트를 ServerScriptService에 추가한다. ServerScriptService를 찾아 플러스 표시를 사용해 스크립트를 삽입한다.

스크립트 편집기는 게임 월드 옆에 있는 별도의 탭에 자동으로 열린다(그림 11.2).

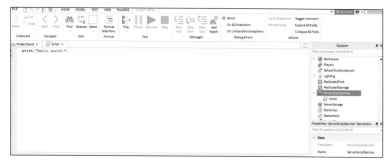

그림 11.2 게임 월드 옆에 있는 탭에 열린 편집기

새 스크립트를 삽입할 때마다 print("Hello World!")가 기본적으로 나타난다(그림 11.2 참조). Print 함수는 프로그램을 실행할 때 괄호 안에 있는 메시지(이 경우 "Hello World!")를 출력 창에 표시한다.

나중에 알아보기 쉽도록 스크립트 이름을 HelloWorld로 바꾸자. 파트 이름을 변경하는 것과 동일한 방식으로 스크립트 이름을 변경할 수 있다. Explorer에서 스크립트 이름을 더블 클릭하거나 오른 클릭한 다음 **Properties**의 name 필드에 새 이름을 입력한다.

이제 상단 리본에 있는 재생 버튼을 클릭해 HelloWorld 스크립트를 실행한다. 출력 창에 Hello World!가 출력될 것이다(그림 11.3).

그림 11.3 스크립트 테스트

변수를 사용해 속성 수정

코드를 사용해 출력 창에 메시지를 출력할 수 있지만 다른 용도가 더 많다. 예를 들어 스크립트를 사용해 오브젝트의 속성을 수정할 수 있다. 보통은 Property 창의 관련된 필드를 업데이트해 속성을 수정한다. 하지만 스크립트를 통해 속성을 수정하면 게임 실행 중에 변경할 수 있다는 장점이 있다. 이를 통해 게임 전반에 걸쳐 역동적인 변화가 가능하므로 훨씬 더 흥미로운 플레이어 경험을 만들 수 있다. 이제 변수란 무엇이며 속성을 수정하는 데 도움이 되는 방법을 살펴보겠다.

변수의 개요

변수는 숫자, 문자열, 불리언^{boolean}, 데이터 타입 등의 값을 저장하고 참조할 수 있는 그릇과 같다(다양한 유형의 데이터에 대한 참조는 부록 A, 'Lua 스크립팅 레퍼런스'를 참조하자). 값은 변경될 수 있지만 프로그램은 동일하기 때문에 동일한 프로그램이 각기 다른 데이터들을 처리할 수 있다.

변수를 만들고 이름을 지정할 때 변수가 포함할 정보를 나타내는 이름을 선택해야 한다. 주의 깊게 이름을 만들면 코드의 가독성이 향상된다. 다음은 변수 이름을 만들기 위한 몇 가지 가이드라인이다.

▶ 변수 이름은 대소문자를 구분하므로 RedBrick과 REDBRICK은 두 개의 다른 이름이다.

▶ 변수는 예약된 키워드일 수 없다(예: if, else, and, or 등).

▶ 변수 이름은 길이 제한이 없고 문자, 숫자 및 밑줄로 구성될 수 있지만 숫자로 시작할 수 없다.

▶ 변수 이름에는 공백을 사용할 수 없다.

▶ 밑줄을 제외한 특수 문자는 사용할 수 없다.

▶ 변수가 함수를 오버라이드^{override}하므로 변수와 함수 이름을 동일하게 지정하지 않는다.

▶ 내부 글로벌 Lua 변수로 예약돼 있을 수 있으므로 밑줄로 시작하고 대문자가 따라오는 이름(예: _VERSION)을 사용하지 않는다.

▶ 스크립트에서 파트를 참조할 때 프로그램에 혼란을 주지 않도록 파트가 고유한 이름을 가지고 있는지 확인한다.

변수 만들기

등호(=) 연산자를 사용해 변수에 값을 할당한다. 변수는 항상 등호 왼쪽에 있고 값은 오른쪽에 있다. 변수는 변수를 확인하고 접근할 수 있는 유효 범위가 앞에 표시될 수 있다 (유효 범위에 대한 자세한 내용은 이번 시간 후반을 읽어보자). 변수는 그림 11.4와 같이 도식화할 수 있다.

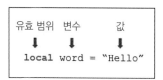

그림 11.4 변수의 도식화

그림에 표시된 스크립트 print (word)를 사용하면 출력 창에 Hello가 표시된다. 일단 선언된 변수의 값은 다른 값을 지정해서 변경할 수 있다.

반투명 폭탄 만들기

게임을 시작할 때 반투명하게 만들고 싶은 폭탄이 있다고 가정해보자. 폭탄의 투명 속성을 0.5로 변경해야 한다(1은 완전히 투명하고, 0은 온전한 모습).

1. Workspace에 파트를 삽입한다. 이름을 Bomb으로 변경한다.

2. 코드를 통해 Bomb에 접근해 속성을 변경한다. 오브젝트는 중첩된 폴더 구조 안에 있다(그림 11.5). Game이 최 상단 객체(Explorer 창에는 표시되지 않음)이며, 그 다음이 Workspace, 그리고 아래에 수정할 파트가 있다.

그림 11.5 계층으로 보여주는 게임 월드 안의 요소

3. 수정할 파트의 위치를 컴퓨터에 정확히 알려주기 위해 다음과 같이 마침표를 사용해 위치를 표시한다.

```
Game.Workspace.Bomb
```

4. 게임을 시작할 때 파트의 투명도를 변경해서 반투명(0.5)하게 하려면 다음과 같은 변수를 사용할 수 있다.

```
Local translucentBomb = game.Workspace.Bomb
```

5. 변경할 속성을 추가하고, 원하는 값을 할당한다.

```
translucentBomb.Transparency = 0.5
```

코드에 주석 추가하기

주석은 프로그래머가 코드의 의도를 설명하기 위해 추가한 텍스트이며, 프로그램을 실행할 때 실행되지 않는 설명의 일부이다. 자신과 본인의 코드를 읽는 사람들에게 메모를 남기는 것과 같다.

주석에는 두 가지 유형이 있다.

▶ 한 줄 또는 짧은 설명: 다음과 같이 라인의 아무 곳이나 이중 하이픈(--)으로 시작하고, 줄의 끝까지 확장할 수 있다.

```
-- 이것이 주석
local var = 32 -- 이 주석은 코드 뒤 같은 줄에 온다
```

▶ 여러 줄 또는 블록 주석: --[[로 시작해]]--로 끝난다.

```
--[[
이것이 긴 주석.
```

다음과 같이 짧은 주석도 포함할 수 있다

```
--
--
--]]
```

주석 쓰기

위에서 파트의 투명도를 수정하기 위한 코드를 작성했다. 이제 파트의 반사율(reflectance)을 수정해보자. 코드 상에 반사율이 필요한 이유를 설명하는 주석을 작성한다.

Workspace 아래에 Bomb을 하나 더 만든다. 기존 폭탄을 복사해서 붙여 넣어도 되며, 첫 번째 폭탄에 겹쳐서 생성되므로 조금 이동시켜 놓자. 이제 동일계층(game.Workspace.Bomb) 아래 두 개의 Bomb이 있다. 그러면 ServerScriptService 스크립트가 반투명해야 할 파트가 어떤 것인지 어떻게 식별할 수 있을까?

스크립트가 폭탄을 구별하게 하기 위해 각각 고유한 이름을 지정할 수 있다. 첫 번째 파트의 이름을 TranslucentBomb으로 바꾸고 스크립트를 다음과 같이 수정한다.

```
-- 이 스크립트는 TranslucentBomb의 투명도를 변경한다.

-- 폭탄을 저장할 변수 만들기
local translucentBomb = game.Workspace.TranslucentBomb
translucentBomb.Transparency = 0.5
```

반투명해야 하는 폭탄이 여러 개라면 어떻게 할까? 새로운 폭탄을 제작한 후 ServerScriptService 스크립트에서 수정하는 동일 과정을 매번 반복하지 않도록, ServerScriptService 스크립트에서 폭탄 수만큼 호출하는 대신, 각 폭탄에 자체적으로 스크립트를 첨부할 수 있다.

방금 작성한 스크립트를 재사용해보자. 워크스페이스 안에 있는 부모-자식 관계를 이용할 수 있다. 파트가 부모이고, 자식이 스크립트다. 그림 11.6에서 부모는 TranslucentBomb이고 자식이 스크립트다.

그림 11.6 게임 월드 안의 요소들을 계층적으로 표현한다.
여기서 각 폭탄 파트들은 Script 오브젝트의 부모가 된다.

game.Workspace.TranslucentBomb을 사용하지 않고 스크립트를 재사용할 수 있도록 하기 위해 script.Parent를 사용해서 스크립트가 부모를 찾도록 한다(이 경우에는 Translucent Bomb).

```
-- 폭탄을 저장할 변수 만들기
local translucentBomb = scrip t.Parent
translucentBomb.Transparency = 0.5
```

이러한 방식을 사용하면 이름에 상관없이 스크립트의 부모에 영향을 미칠 수 있다.

함수와 이벤트 사용

함수는 특정 작업을 수행하기 위해 하나의 단위로 묶인 일련의 명령이다. 첫 스크립트 예제인 print("Hello World!")에서 print()는 출력창에 메시지를 출력하는 함수다. 괄호 안에 있는 단어들은 인수argument라 불린다. 인수는 함수를 사용하기 위해 전달되는 정보로서 이 경우에는 "Hello World!"가 인수다.

한 번 정의되고 나면 함수를 명령문 형식으로 여러 번 호출하거나 이벤트를 통해 트리거할 수 있다. 함수는 보통 첫 번째 단어의 첫 번째 글자는 소문자이고 두 번째 단어의 첫 번째 글자는 대문자로 표시되는 카멜케이스camelCase를 사용한다. 스페이스나 마침표 등은 사용하지 않는다.

함수 만들기

함수는 다음과 같이 local 키워드, 다음에 function 키워드, 다음에 카멜케이스를 사용한 함수 이름, 그리고 그 사이에 공백이 없는 괄호로 정의된다.

```
local function nameOfTheFunction()
-- 들여 쓰기된 코드
end
```

함수 내부는 로직과 코드가 존재하는 곳이다. 안쪽으로 들여 써야 하며, 마지막에 end 키워드를 사용해 함수 정의를 끝내야 한다. 이제 함수가 정의됐으므로 호출하거나, 명령문으로 여러 번 호출하거나, 이벤트를 통해 트리거할 수 있다.

함수를 호출하려면 다음과 같이 함수 이름 다음에 괄호를 입력한다.

```
nameOfTheFunction()
```

함수를 사용해 폭탄 폭발시키기

ServerScriptService에 함수를 작성해 이전에 만든 파트 폭탄을 폭발시키자. Explosion은 이미 로블록스에 오브젝트로 존재하므로 코드를 사용해 Explosion 오브젝트의 인스턴스^{instance}를 생성하거나 복사할 수 있다. 다음 코드를 스크립트 편집기에 복사한다.

```
local explodingPart = workspace.Bomb

-- 폭탄을 폭발시키는 함수
local function explodeBomb(part)
    -- 코드는 들여 쓰기 해야 한다
    local explosion = Instance.new("Explosion") -- 폭발 생성
    explosion.Position = part.Position print("Exploding") -- 함수 실행 여부 체크용
    explosion.Parent = explodingPart -- workspace에 추가한다.
end
wait(7) -- 코드를 대기하게 하는 함수
-- 함수 호출
explodeBomb(explodingPart) -- 파트를 인수로 보낸다.
```

수정할 수 있는 폭발의 속성을 보려면 https://developer.roblox.com/en-us/api-reference/class/Explosion를 확인해보자.

▼ 직접 해보기

폭탄 파괴하기

이제 코드 테스트를 통해 폭탄이 터지는 걸 볼 수 있다. 폭발을 볼 수 있지만 파트가 그대로 남아서 파괴되지 않는다. 폭탄이 터진 후 파괴하는 함수를 작성해보자. 같은 스크립트로 함수를 작성할 수 있다. https://developer.roblox.com/en-us/api-reference/function/Instance/destroy에서 더 많은 내용을 확인할 수 있다.

답:

```
local function destroyBomb(part)
    print("This part is Destroyed")
    part:Destroy()
    wait(1)
    part.Parent = game.workspace
end
destroyBomb(explodingPart)
```

이벤트 사용하기

오브젝트는 속성과 함수 외에 이벤트event도 가지고 있다. 이벤트는 중요한 일이 일어났을 때 발생하는 신호이다. 예를 들어 플레이어가 파트를 터치하면 Touched 이벤트가 발생한다. 다른 함수들은 함수의 코드를 실행하기 전에 이벤트가 발생을 듣고 있다.

이를 통해 '원인과 발생' 시스템을 구성할 수 있다. 예를 들어 플레이어가 골을 넣을 때 Score라는 이름의 이벤트가 트리거될 수 있다. 그러면 Score 이벤트를 수신하는 함수가 스코어보드를 업데이트하기 위해 적절한 코드를 실행할 것이다.

이벤트를 사용해 터치 시 파트 폭파시키기

위에서 폭탄을 폭파한 뒤 제거하는 함수를 만들었다. 이제 Touched 이벤트가 발생할 때마다 호출되는 다음과 같은 새로운 함수를 추가한다. 그 안에서 이전에 작성한 두 개의 함수를 호출할 것이다.

```
local function onTouch(obj) -- 함수에 전달되는 obj는 플레이어
    if obj.Parent and game.Players:GetPlayerFromCharacter(obj.Parent) then
        explodeBomb(explodingPart) -- 파라미터로 파트를 전달
        destroyBomb(explodingPart)
    end
end
```

```
--Touched 이벤트가 onTouch 함수에 연결
explodingPart.Touched:connect(onTouch)
```

하단에 있는 코드 라인은 onTouch라는 함수와 폭탄의 Touched 이벤트를 연결한다. 이렇게 하면 Touched가 발생할 때마다 onTouch가 실행된다. Touched가 발생하면 발생된 시그널에 파트에 닿은 대상의 이름이 포함된다.

다음은 if를 통해 players의 Players:GetPlayerFromCharacter 메서드를 사용해서 터치된 것이 플레이어인지 체크한다(if 구조에 대한 자세한 내용은 다음 절 참조). 그런 다음 explodeBomb과 destroyBomb 함수를 호출한다.

> **노트**
>
> **Roblox Class API**
>
> 어떤 함수 및 이벤트를 사용해야 하는지 확인하려면 https://developer.roblox.com/en-us/api-reference/index 의 Roblox Class API를 참조하자.

조건문 다루기

조건문을 사용하면 특정 조건이 충족될 때 스크립트가 작업을 수행하게 할 수 있다. 예를 들어 플레이어의 체력이 저하되면(if 조건), 게임을 종료한다(then 실행). 조건이 충족되면 Lua는 true로 간주한다. 조건이 충족되지 않으면 값은 false이거나 nil이다. 이러한 조건은 부록 A에서 확인할 수 있는 관계 연산자를 사용해 체크할 수 있다.

if 블록은 지정한 조건이 true인 경우에만 실행할 코드 블록을 만드는 데 사용된다.

예를 들어, 또 다른 폭탄을 만들고 ColorBomb이라는 이름을 붙인 뒤 파란색으로 설정한 후 다음 property 창에서 회색으로 변경해 else 블록이 어떻게 작동하는지 확인할 수 있다.

```
local colorBomb = script.Parent
if (colorBomb.BrickColor.Name == "Really blue") then
     print(" ColorBomb is blue")
end
```

else 블록은 if 조건이 false일 때 실행할 코드 블록을 지정하는 데 사용된다.

```
if (colorBomb.BrickColor.Name == "Really blue") then
     print("ColorBomb is blue")
else
```

```
    print("ColorBomb is " .. colorbomb.BrickColor.Name)
end
```

elseif는 첫 번째 조건이 false인 경우 테스트할 새 조건을 지정하는 데 사용된다. 필요한 만큼 많은 elseif 테스트가 있을 수 있으며, 순서에 따라 실행된다.

```
if (colorBomb.BrickColor.Name == "Really blue") then
    print("ColorBomb is blue")
elseif (colorBomb.BrickColor.Name == "Dark stone grey") then
    print("ColorBomb is grey ")
else
    print("ColorBomb is " .. colorBomb.BrickColor.Name)
end
```

어레이와 딕셔너리 이해

게임 내에는 점수, 인벤토리 항목, 누가 어느 팀에 속해 있는지 등 추적해야 할 많은 정보가 있다. 이 정보는 일반적으로 테이블이라고 불리는 데이터 구조 내에서 추적된다. 테이블은 숫자, 불리언, 문자열 및 함수와 같이 서로 다른 값을 저장하는 데이터 타입이다. 테이블은 어레이array(배열) 또는 딕셔너리dictionary(사전)와 같이 동작할 수 있으며, 빈 테이블은 다음과 같이 중괄호를 사용해 만들 수 있다.

```
local playersBeingWatched = {}
```

어레이는 순서가 있는 지정된 값의 리스트가 담긴 테이블이다. 값은 1부터 시작해서 순서대로 접근할 수 있다. 다시 말해 어레이에는 인덱스 번호가 매겨진다. 여러 명의 플레이어가 있다고 가정해보자.

```
local playersBeingWatched = {'Player1', 'Player2', 'Player3'}
print(playersBeingWatched[1]) -- Player1이 출력된다.
```

딕셔너리는 키-값의 한 쌍의 테이블이며, 키는 번호가 매겨진 인덱스 대신 값을 식별하기 좋게 하기 위해 사용된다. 값에 레이블을 붙이려는 경우 딕셔너리를 사용한다. 플레이어의 나이를 저장한다고 가정해보자.

```
local playersAge = {
    Player1 = 16,
    Player2 = 15,
    Player3 = 10
```

```
}
print(playersAge[Player2]) --15가 출력된다.
playersAge[Player5] = 20 --기존 딕셔너리에 추가한다.
```

루프 사용

루프^{loop}를 사용하면 동일하거나 유사한 코드를 여러 번 실행할 수 있다. 여러 개의 개별 데이터에서 사용할 수 있는 한 개의 명령 블록을 만들 수 있기 때문에 유용하다. 어레이 내의 모든 플레이어를 팀에 배치하거나, 애니메이션이 반복적으로 재생돼야 할 때도 사용할 수 있다. Lua는 몇 가지 종류의 루프를 가지고 있으며, 각각 다른 방식으로 코드 블록을 반복한다.

while 루프

while 루프를 사용하면 조건이 true인 경우 단일 명령 또는 명령 블록을 실행할 수 있다. 조건이 false로 유지되면 while 루프가 전혀 실행되지 않을 수 있다. 조건이 테스트되고 결과가 false이면 루프 본문을 건너뛰고 while 루프 후 첫 번째 문이 실행된다. 루프의 문법은 다음과 같다.

```
While(condition)
do
      statement(s)
end
```

또 다른 폭탄을 만들고 colorSwitchingBomb이라고 이름을 붙인다. 이 폭탄이 두 가지 색상과 머티리얼 사이를 오가기 원하며, 게임 내내 이 현상이 일어나기를 바란다고 하자. 따라서 이 경우에는 조건이 항상 true가 된다.

```
Local colorSwitchingBomb = script.Parent
while true do
      colorSwitchingBomb.BrickColor = BrickColor.new("Bright blue")
      colorSwitchingBomb.Material = ("Neon")
      wait(1)
      colorSwitchingBomb.BrickColor = BrickColor.new("Bright red")
      colorSwitchingBomb.Material = ("SmoothPlastic")
      wait(1)
end
```

wait()

wait()은 흔하게 사용되는 함수이며, 이 함수는 스크립트를 일정 시간 동안 중지시킬 때 사용된다. 다음은 현재 프로세스를 일시 중지해야 하는 몇 가지 이유의 예제다.

- ▶ 때로는 변화가 순식간에 일어나서 눈으로 확인하기 어려울 때가 있다. 이러한 경우 적절한 대기 시간과 함께 wait() 기능을 추가해야 한다.

- ▶ 지연이 발생하면 wait() 함수가 없는 오브젝트가 컴퓨터의 계산 시간을 소모한다. 이에 대한 해결책은 우선 순위가 낮은 이벤트에 대한 대기를 포함시키는 것이다(이 벤트에 대한 자세한 내용은 다음 섹션을 참조하자). 다시 말해 이벤트가 발생할 때까지 일시 중지를 추가하는 것이다.

wait()를 사용할 때는 항상 시간 값 인수를 포함하는 것이 좋다. 시간이 포함되지 않으면 일반적으로 0.03초 후에 복귀된다. 이번 시간에 걸쳐 몇 번 더 wait()에 대해 다룰 것이다.

repeat-until 루프

repeat-until문은 조건이 true가 될 때까지 내부 코드를 반복한다. 조건식은 루프의 끝에 나오기 때문에 루프문의 조건을 테스트하기 전에 한 번은 실행된다. 조건이 false면 명령의 맨 위로 다시 올라가고, 루프는 주어진 조건이 true가 될 때까지 계속해서 실행된다. 다음은 repeat-until문의 구성이다.

```
repeat
     --code
until( condition )
```

BrickColor가 Bright blue가 아닌 경우에만 파트의 색상과 재질을 변경하려 한다고 해보자. 코드는 다음과 같다.

```
local colorSwitchingBomb = script.Parent
count=0
repeat
     colorSwitchingBomb.BrickColor = BrickColor.new("Bright blue")
     colorSwitchingBomb.Material = ("Neon")
     wait(1)
     colorSwitchingBomb.BrickColor = BrickColor.new("Bright red")
     colorSwitchingBomb.Material = ("SmoothPlastic")
     wait(1)
count = count +1
```

```
until(count=6)
```

for 루프

for 문은 숫자 for와 일반 for의 두 가지 변형이 있다. 숫자 for는 세 가지 값을 사용해 실행 횟수를 제어한다. 세 가지 값은 제어 변수, 끝 값과 증가 값(그림 11.7)이다. 제어 변수의 값에서 시작해, for 루프는 끝 값을 통과할 때까지 루프 내부에서 코드를 실행할 때마다 위나 아래로 카운트한다. 양의 증가 값은 위로 카운트하고, 음의 증가 값은 아래로 카운트한다.

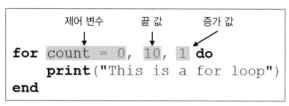

그림 11.7 숫자 for의 세가지 값

모습은 다음과 같다.

```
for count = 10, 0, -1 do
    -- 현재 루프의 횟수를 출력한다.
    print(count)
    -- 1초 대기
    wait(1)
end
```

ipairs()와 pairs()

일반적으로 어레이나 테이블의 모든 오브젝트에 동일한 상황이 발생하기 원할 것이다. 어레이의 모든 오브젝트에 ipair()를 사용해 코드를 반복할 수 있고, pair()를 사용해 딕셔너리를 반복할 수 있다.

▶ ipairs(): 코드의 단계마다 인덱스와 값이 함께 작동한다.

```
-- 어레이 'a'의 모든 값을 출력한다
local playersBeingWatched = {'Player1', 'Player2', 'Player3'}
for index, value in ipairs(playersBeingWatched) do
    print(index,value)
end
```

▶ pairs()는 딕셔너리 요소들의 키, 값 또는 두 가지 모두를 가지고 작업할 때 사용할
수 있다.

```
-- 딕셔너리 'playersAge'의 모든 값을 출력한다.
local playersAge = {
        Player1 = 16,
        Player2 = 15,
        Player3 = 10
              }

for key, value in pairs(playe rsAge) do
        print(key,value)
end
```

유효 범위 다루기

프로그램의 어느 곳에서나 모든 변수나 함수에 접근할 수 있는 것은 아니다. 프로그램에
서 변수나 함수에 접근할 수 있는 부분을 유효 범위scope라고 한다.

▶ **로컬 유효 범위**: 변수나 함수 앞에 local 키워드가 붙으면 로컬 유효 범위로 지정되
는데, 이는 해당 함수 내에서만 사용할 수 있음을 의미한다. 함수 내에서 변수를 정
의하면 변수가 정의된 시점부터 함수의 끝까지 접근할 수 있으며, 함수가 실행 중
인 동안에는 변수가 존재한다. 유효 범위가 지정된 로컬 값은 함수 외부에서 접근
하거나 변경할 수 없다. 앞에서 정의한 local function explodeBomb의 경우 local
explosion 변수는 function explodeBomb 안에서만 접근할 수 있고 외부에서는 접근
할 수 없다. 그리고 local function explodeBomb은 스크립트 내부에서만 접근이 가
능하고 스크립트 외부에서는 접근이 불가능하다.

▶ **글로벌 유효 범위**: 글로벌 변수와 함수가 선언되면 동일한 스크립트의 어떤 코드에서
도 사용될 수 있다. 변수와 함수는 local 키워드로 표시되지 않으면 기본적으로 글
로벌 유효 범위로 설정된다.

▶ **제한된 유효 범위**: 루프, 함수 및 조건문은 모두 새로운 유효 범위 블록을 생성한다.
각 블록은 상위 블록에 있는 로컬 변수나 함수에 접근할 수 있지만 하위 블록에는
접근할 수 없다.

직접 해보기 ▼

로컬 및 글로벌 변수 만들기
이미 많은 로컬 지역 변수의 예제를 살펴봤다. 로컬 변수와 글로벌 변수를 만들어 문자열을 할당해보자. 해당 범위를 벗어나 접근할 수 있는지도 확인해보자.

커스텀 이벤트 만들기

위에서 다뤘듯이 로블록스는 Touched와 같이 이미 만들어진 여러 이벤트를 제공한다. 직접 만들려면 BindableEvent를 사용해야 한다.

게임을 제작하다 보면 경기 시작 신호, 타이머 시작, 종료 신호, 타이머 중지 등 게임에 맞는 이벤트를 커스터마이징해야 할 때가 있다.

BindableEvent를 사용하면 스크립트에 정의된 이벤트를 동일한 범위의 다른 스크립트가 구독하거나 연결할 수 있다. BindableEvent.Event:Connect() 이벤트는 EventSubscriber에 정의돼 있으며, EventPublisher 안에 있는 BindableEvent:Fire()를 사용해서 발생된다. 여러 스크립트가 동일한 바인딩 가능한 이벤트를 수신할 수 있으므로, 코드를 정리가 수월해지고 수정하기 더 쉬워진다.

이전 이벤트 예에서는 플레이어가 폭탄을 만지면 폭탄이 폭발해 파괴됐다. 폭탄이 터진 후, 우리는 폭탄을 파괴하고 싶었다. 이것은 우리가 폭탄을 만질 때마다 일어나기를 바라는 두 개의 시리즈 사건이다. 다음과 같은 경우 BindableEvent를 사용할 수 있다.

1. Workspace에 바인딩 가능한 이벤트를 만든다.

2. ServerScriptStorage 아래에 EventSubscriber 스크립트를 생성한다. 이 스크립트가 커스텀 이벤트 발생과 연결된다.

3. 폭탄 아래에 EventPublisher 스크립트를 만든다. 이 스크립트는 바인딩 가능한 이벤트^{bindable event} onTouch를 발생시킨 뒤 폭탄을 매개 변수로 전송한다.

   ▶ EventSubscriber

   ```
   local BindableEvent = game.workspace.BindableEvent
   local function explodeBomb(part)
   ```

```
local explosion = Instance.new("Explosion") -- 폭발을 생성하기 위해 새로운 인스턴스를
생성한다.
     explosion.BlastRadius = 15 -- 데미지 영역 거리
     explosion.Position = part.Position -- 파트 위치에 폭발이 일어남
     print("Exploding") -- 눈에 보이기 전에 폭발이 일어나는 경우를 체크하기 위해 디버깅용 출력
     explosion.Parent = game.Workspace -- 파트의 부모 속성을 고정
end
local function destroyBomb(part)
     print("This part is Destroyed")
     part:Destroy()
     wait(1)
     part = nil -- 오브젝트를 파괴하고 난 후 자손들을 nil로 설정
     part.Parent = game.Workspace
end
function customevent(child)
     --Bindable 이벤트가 발생하면 여기 코드가 실행
     explodeBomb(child)
     destroyBomb(child)
     print("inside our custom event")
end
--이벤트 발생을 언제나 수신한다.
--이벤트가 트리거되면 Fire 함수가 사용된다.
be.Event:Connect(customevent) -- 이벤트가 발생되면 위 함수가 실행된다.
```

▶ EventPublisher

```
local explodingPart = script.parent -- 함수 전에 변수 선언
local be = game.Workspace.BindableEvent
local function onTouch(obj) -- 함수에 전달되는 obj는 플레이어
if obj.Parent and game.Players:GetPlayerFromCharacter(obj.Parent) then
     --이벤트를 트리거 하기 위해 Fire가 사용됨
     be:Fire(explodingPart) -- 여기에 인자를 전달할 수 있다.
     print("Event firing")
     end
end
explodingPart.Touched:connect(onTouch)
```

코드 디버깅

게임을 개발할 때, 항상 완벽한 스크립트를 작성하거나 프로그램의 문제점을 파악할 수 없기 때문에 어쩔 수 없이 오류를 디버그^{debug}해야 할 때가 온다. 예를 들어 코드는 문법적으로 정확할 수 있지만 의도한대로 작동하지 않을 수 있다. 디버깅은 훌륭한 개발자가 가져야 할 중요한 기술이다. 디버깅과 테스트는 상호 보완적인 프로세스다. 테스트(플레이 테스트라고도 함)를 할 때 오류를 발견하게 된다. 디버깅(추적)의 핵심은 오류를 찾아 수정하는 것이다. 로블록스는 버그를 쉽게 잡을 수 있는 몇 가지 유용한 디버깅 도구를 제공한다.

문자열 디버깅

게임을 테스트하면 출력 창에 사용자 정의 메시지^{print}와 스크립트 실행 오류가 표시된다. 스크립트의 주요 위치에서 print를 사용하면, 미리 정의된 메시지와 함께 코드를 디버깅하는 데 도움이 된다. 예를 들어 이전 절 '함수와 이벤트 사용하기'를 보면 함수가 호출될 때 print 문을 사용한 것을 볼 수 있다.

Lua 디버거

Lua 디버거를 사용하면 브레이크포인트를 사용해 코드를 디버깅할 수 있다. 브레이크포인트는 단순히 말해 게임을 멈추고 단계별 단위로 실행할 수는 위치다. Lua 디버거는 Settings(그림 11.8)에서 기본적으로 활성화돼 있으며, 켜거나 끌 수 있다.

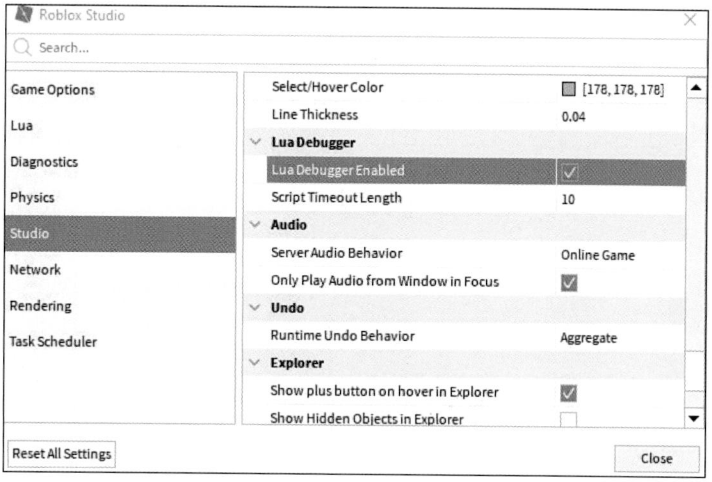

그림 11.8 Lua 디버거

게임에는 수많은 스크립트가 있고, 플레이 테스트 중에 게임이 크래쉬됐다고 가정해보자. 그때 게임의 오류를 잘 모를 경우 Lua 디버거를 사용할 수 있다.

1. 스크립트에 브레이크포인트를 만든다.

2. 코드의 라인 번호에 클릭하고 Breakpoint 옵션을 선택한다. Insert Breakpoint 옵션이 나올 것이다.

3. 옵션을 클릭하면 빨간색 점이 라인 번호 뒤에 나오면서 브레이크포인트를 알려준다.

이제 게임을 테스트하면 브레이크포인트마다 한 번씩 멈출 것이다. View 탭에서 실행할 수 있는 Breakpoint 창에서 브레이크포인트를 제어하고 확인할 수 있다. 오류가 디버깅되면 빨간색 점을 누르거나 브레이크포인트에 오른 클릭을 해 브레이크포인트를 삭제할 수 있다. 또한 브레이크포인트를 반복적으로 사용하고 싶은 경우 같은 방법으로 비활성화 시킬 수 있다.

로그 파일

로그[log] 파일은 실행을 시작하는 순간부터 멈출 때까지 발생한 모든 일을 추적한다. 로그 파일은 오류 또는 경고 메시지를 저장하기 위해 자동으로 생성된다. 이 폴더는 컴퓨터 내 로컬에 만들어진 폴더에 있으므로 로그를 보기 위해 별도의 프로그램을 실행할 필요가 없다. 윈도우즈에서 로그 파일은 %LOCALAPPDATA%\Roblox\logs 아래에 있다. Mac 에서는 ~/Library/Logs/Roblox 아래에 있다.

이전 세션의 오류를 확인하고 동일한 오류가 반복됐는지 확인하고자 할 때 로그 파일을 본다(경우에 따라 반복되는 하나의 오류로 인해 성능 문제가 발생할 수도 있다). 모든 로그 파일은 log_XXXXX 형식으로 저장되며, 여기에 추가 이름이 붙는다. XXXXX 값이 동일한 로그는 동일한 스튜디오 세션이라는 의미다.

또한 Roblox Customer Care 직원이 문제 조사를 위해 로그 파일을 요청하거나 Dev Forum에 게시해야 할 수도 있다.

▼ 직접 해보기

디버깅 스킬 연습

Lua가 어떤 종류의 오류나 경고를 발생시키는지 확인하기 위해 일부러 오류를 포함하도록 해보자. Print 문과 Lua 디버거를 사용한다. 이렇게 디버깅 기술을 연마함으로써 향후 버그를 더 쉽게 식별할 수 있는 더 나은 개발자가 될 수 있다.

> **팁**

더 나은 게임 개발자가 되기

Lua에서 스크립팅을 하면 상호작용이 가능한 게임 세계를 만들 수 있고, 그 결과에 놀랄 것이다. 그 전에 고려해야 할 몇 가지 사항이 있다.

▶ **계획**: 게임 개발 전략과 포함된 기능을 미리 계획하도록 하자. 흐름을 이해하기 위해 순서도도 만들어보자. 그렇게 하고 나면 "이 코드가 서버의 스크립트여야 하는지, 또는 클라이언트에 있는 LocalScript여야 하는지, 아니면 이를 위한 ModuleScript를 만들어야 하나?"와 같은 질문이 생길 수 있다. 당신은 이 모든 질문에 대답할 수 있고, 어떤 것이 가장 좋은지 결정할 수 있을 것이다.

▶ **시도**: 항상 아이디어를 실천해보자. 아이디어를 구현하기 시작할 때 비로서 좌절하거나 더 나은 아이디어가 나올 수 있지만 멈추면 안 된다.

▶ **코드는 항상 더 나아질 수 있다**: 동일한 기능을 코딩할 때는 여러 가지 방법이 있을 수 있다. 기초부터 시작해보면 로블록스의 방대한 클래스들을 이해하는 데 도움이 될 것이다.

▶ **각개격파하라**: 아이디어를 여러 다른 템플릿으로 나눠라. 모든 파트와 스크립트를 하나의 템플릿에 보관하면 게임이 예상대로 실행되지 않을 때 혼란스러울 수 있다. 모델을 생성해서 파트들의 조합을 테스트할 수 있다.

요약

이번 시간에서는 로블록스에서 Lua가 어떻게 사용되는 지와 코딩 작업 공간을 구성하는 방법에 대해 알아보았다. 부모–자식 관계를 사용해 스크립트를 코딩하고, 재사용할 수 있도록 하는 방법을 배웠다. 또한 오브젝트의 단순한 속성들을 수정하는 방법도 배웠다. 다양한 종류의 루프 및 조건부 구조, 또한 코드가 어떻게 로컬 및 글로벌로 유효 범위로 지정되는 방법을 살펴보았다. 커스텀 이벤트 및 바인딩 가능한 이벤트를 만드는 방법과 코드를 디버깅하는 방법도 배웠다.

Q&A

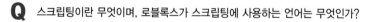

Q 스크립팅이란 무엇이며, 로블록스가 스크립팅에 사용하는 언어는 무엇인가?

A 스크립트에는 컴퓨터에 수행해야 할 작업을 알려주는 일련의 명령들이 담겨 있다. 스크립팅은 게임 개발자에게 반드시 필요하며, 게임에서 상호작용이 가능하게 하려면 스크립팅에 대해 알아야 한다. 로블록스는 로블록스 Lua라는 언어를 사용한다.

Q 함수와 이벤트의 용도는 무엇인가?

A 함수는 스크립트에서 여러 번 사용할 수 있는 명령들의 집합이다. 함수가 정의되면 명령을 통해 실행되거나 이벤트를 통해 트리거될 수 있다.

Q pairs()와 ipairs()의 용도는 무엇인가?

A ipairs()는 어레이를 반복하는 데 사용되며 pairs()은 딕셔너리를 반복하는 데 사용된다.

Q Lua 디버거와 로그 파일을 언제 사용하는가?

A 코드로 인한 오류를 찾을 수 없을 때 Lua 디버거를 사용하며, 스튜디오가 시작되지 않거나 오래된 로그 파일을 모두 확인하려는 경우 로그 파일을 본다.

워크샵

이번 시간을 마쳤으니 배운 것을 복습해보자. 시간을 내 다음 질문에 답해보자.

퀴즈

1. 스크립팅 작업 공간에 가장 적합한 배열은 무엇인가?

2. 참/거짓: 모든 코드 라인에 주석이 필요하다.

3. 참/거짓: 바인딩 가능한 이벤트는 서버와 클라이언트를 연결하는 데 사용된다.

답

1. 필요 없는 창을 닫으면 작업을 볼 수 있는 공간이 더 넓어진다. Explorer와 Properties 창이 서로 정렬되며(정렬할 수 없는 경우 두 번째 시간 참조), 출력 창이 열려 있는 상태로 에디터 하단에 위치한다.

2. 거짓. 주석은 코드나 로직을 더 잘 이해하기 위해 자신이나 코드를 보는 사람에게 보내는 작은 메시지와 같다.

3. 거짓. 바인딩 가능한 이벤트는 클라이언트와 클라이언트에 연결하거나 서버와 서버를 연결하는 데 사용된다.

연습

이 연습은 여러분이 이번 시간 동안 배운 것들을 활용한다. 혹시 막히면 앞으로 돌아가 내용을 다시 살펴보길 바란다.

세 개의 폭발을 가진 폭탄을 생성한다. 게임 월드 내에 이와 같은 3중 폭발 폭탄을 복사/붙여 넣을 수 있어야 한다. 이렇게 하려면 폭탄 세 개를 만들어 맨 위에 있는 두 개를 보이지 않게 만들어야 한다. 이렇게 구성하면 폭발은 수직으로 세 번 일어난다. 동일한 EventSubscriber를 사용할 수 있지만, 자식 폭탄들이 먼저 폭발하도록 EventPublisher 를 수정해야 한다.

해결책:

```
local explodingPart = script.parent -- 함수 전에 변수를 선언
local be = game.workspace.BindableEvent
local function onTouch(obj) -- 함수로 전달되는 obj는 플레이어
if obj.Parent and game.Players:GetPlayerFromCharacter(obj.Parent) then
        --이벤트를 트리거하기 위해 Fire를 사용
        local children = workspace.Bomb:GetChildren()
        for i, child in ipairs(children) do
                local child = children[i]
                if(child.Name == 'Bomb') then
                        print(child.Name .. " is child number " .. i)
                        be:Fire(child)
                        print("Event Firing")
                end
        end
        be:Fire(explodingPart) -- 여기에 인수를 전달할 수 있다.
        print("Event firing")
        end
end
explodingPart.Touched:connect(onTouch)
```

HOUR 12
충돌, 휴머노이드, 스코어

이번 시간에 배울 내용

▶ 충돌이란 무엇인가?

▶ 충돌을 감지하는 방법

▶ 휴머노이드를 사용하는 방법

네 번째 시간에는 물리적인 오브젝트의 움직임과 반응을 다루는 로블록스의 물리 엔진을 소개했다. 그 시간에 충돌collision도 간략히 다뤘지만, 여기서는 메쉬mesh, 유니언union, 그룹group 등 더 복잡한 오브젝트에서 충돌을 처리하는 방법을 깊이 있게 살펴보겠다. 또한 캐릭터라는 기능성을 가진 특별한 오브젝트인 휴머노이드를 소개하고, 실감나게 걸어다니는 휴머노이드를 만드는 방법을 알아볼 것이다.

충돌의 소개

두 번째 시간 '스튜디오 사용하기'에서 두 오브젝트(또는 리지드바디rigidbody)가 서로 교차하거나 특정 범위 내에 있을 때 충돌이 발생한다는 것을 기억할 것이다. 로블록스 스튜디오에서 충돌을 활성화 및 비활성화하는 Collisions(충돌) 토글은 편집 때문에 존재한다. 충돌이 켜져 있으면 다른 파트와 겹치는 위치로 파트를 이동할 수 없다. 다만 충돌이 가능한 게임 내 존재하는 아이템에는 영향을 미치지 않는다. 파트와 기본 오브젝트를 이동시키면 파트가 다른 파트에 닿을 때마다 흰색 가장자리가 보일 것이다. 이것은 충돌이 일어나고 있음을 나타낸다. 이 충돌 상자collision box는 이러한 간단한 오브젝트에서 사용되지만, 가져온 메쉬와 유니언 같은 더 복잡한 오브젝트의 경우는 CollisionFidelity 속성을 사용한다.

CollisionFidelity

CollisionFidelity 속성은 편집할 때와 게임 실행 중 상황 모두에서 성능과 정확성 사이에?가장 좋은 밸런스를 찾는 데 사용된다. 충돌 박스가 세밀할수록 성능 면에서 비용이 많이 든다. 때문에 개발자들은 종종 파트 충돌을 비활성화하고 보이지 않는 파트를 충돌과 충돌 감지에 사용한다.

개발자가 복잡한 메쉬 충돌을 없애는 좋은 예는 빠른 속도의 액션 게임에서 플레이어 캐릭터의 여러 부분에 보이지 않는 오브젝트를 배치해 총알 등을 탐지하는 것이다.

그림 12.1은 CollisionFidelity의 속성을 보여준다.

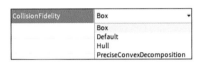

그림 12.1 CollisonFidelity 옵션

충돌 지오메트리 표시 및 개선

메쉬 또는 유니언에서 CollisionFidelity 속성을 변경하려고 하면 각 CollisionFidelity 옵션이 오브젝트에 어떤 영향을 미치는지 알기 어려울 수 있다. 옵션의 차이를 더 잘 표시하려면 다음 단계를 진행하자.

1. File 메뉴에서 Settings를 선택한 다음 Physics를 선택한다.
2. Show Decomposition Geometry를 켠다.
3. 스튜디오를 다시 시작한다.

Show Decomposition Geometry를 활성화한 상태에서 오브젝트가 메쉬 혹은 유니언이라면 오브젝트의 색상이 변경된다(그림 12.2).

그림 12.2에서 보듯이 기본 CollisionFidelity는 정확하지 않기 때문에 플레이어나 오브젝트가 공중에 떠 있는 것처럼 보일 수 있다. 이는 로블록스가 최대한 성능을 유지하면서 충돌을 계산하려고 하기 때문이다. 충돌이 복잡할수록 더 많은 계산이 필요하다.

이 문제를 해결하려면 CollisionFidelity에서 성능에 큰 비용을 들이지 않으면서 가장 정확한 지오메트리를 제공하는 설정이 무엇인지 확인해야 한다. 이번 예제의 경우는 PrecisionConvexDecomposition 설정이 필요한데, 이는 성능에 꽤 영향을 준다.

팁

성능 극대화하기

메쉬의 꼭지점 수를 낮게 유지하자. 충돌 가능한 오브젝트는 물론 일반 오브젝트도. 폴리곤이 많은 오브젝트 일수록 많은 계산이 필요하다.

PrecisionConvexDecomposition은 많은 유니언처럼 최적화되지 않았기 때문에 성능을 필요로 하는 알고리즘이다. 필요 이상으로 훨씬 더 복잡할 수 있다.

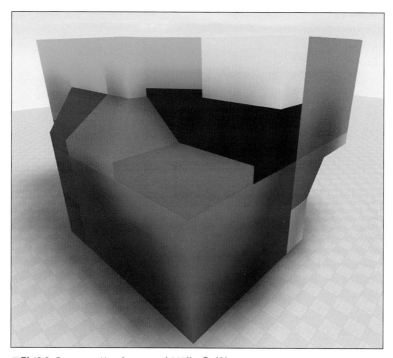

그림 12.2 Decomposition Geometry가 보이는 유니언

Collision Groups Editor

보통 파트에서 충돌과 관련된 두 가지 속성은 바로 네 번째 시간 '물리를 이용한 구성'에서 논했던 CanCollide와 Collision Group(충돌 그룹)이다. Collision Group은 오브젝트를 그룹화하고, 다른 그룹의 오브젝트와 충돌할 수 있는지 여부를 제어하는 방법이다. Collision Group Editor는 Collision Group을 직접 수정하는 방법이다. Collision Group을 추가하거나 제거하고, Collision Group이 상호 작용하는 방식을 수정할 수 있다.

Collision Group Editor의 테이블 시스템(그림 12.3)을 사용해 서로 다른 Collision Group이 상호 작용하는 방식을 설정한다. 행과 열이 만나는 곳에서 그룹이 충돌할지 여부를 선택할 수 있다. 이 시스템을 사용하면 복잡한 충돌 동작과 계층을 간단히 만들 수 있다. Collision Group은 Editor에서 직접 만들거나 관련 API를 사용해 코드로 편집할 수 있다.

Model 탭을 선택하고 Advanced 섹션 내의 Collision Group으로 이동해 Collision Group Editor를 연다(그림 12.4).

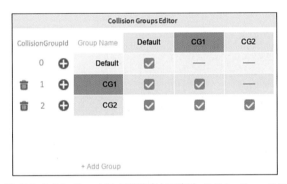

그림 12.3 CollisionGroupId를 시각화해서 보여주는 Collision Group Editor

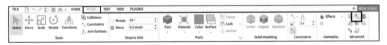

그림 12.4 Advanced 섹션 아래에 있는 Collision Group

수동으로 Collision Group Editor 사용

Collision Groups Editor는 다음과 같은 4가지 기본적이지만 강력한 기능을 지원한다.

▶ 기본 레이어를 제외한 모든 레이어에서 두 그룹이 상호 작용하는 방식 편집

▶ 레이어 추가

▶ 레이어 이름 바꾸기

▶ 레이어 삭제

파트를 선택하고 원하는 Collision Groups을 클릭해 파트에 Collision Groups을 할당할 수 있다.

▶ **새 Collision Group 추가**: Editor 하단의 Add Group 필드에 이름을 입력하고 Enter 키를 누른다.

▶ **Collision Group 제거**: Collision Group 옆에 있는 휴지통 심볼을 클릭한다.

▶ **Collision Group에 오브젝트 추가**: 오브젝트를 선택하고 플러스 버튼을 클릭한다.

▶ **Collision Group 이름 편집**: Collision Group 옆의 메모장 버튼을 클릭한다.

▶ **Collision Group이 상호 작용하는 방법 편집**: 편집할 두 그룹을 선택한다. 열과 행이 교차하는 위치를 찾는다. 필드를 체크하거나 취소한다.

스크립트를 통해 충돌 그룹 편집기 사용

스크립트에서 Physics Service를 사용하는 다음 코드를 사용해 Collision Group을 수정할 수 있다.

```
PhysicsService:GetCollisionGroupId("CollisionGroupName")
PhysicsService:GetCollisionGroupName(CollisionGroupId)
PhysicsService:CreateCollisionGroup("string")
PhysicsService:SetPartCollisionGroup(workspace.Part, "CollisionGroupName")
```

이 방식을 통해 게임 내 충돌을 코드를 사용해 실시간으로 수정할 수 있기 때문에 함정문, VIP 출입구, 같은 팀 플레이어의 충돌 불가 등 다양한 방식으로 사용할 수 있다. 다음 연습에서는 작동 방식을 더 잘 이해할 수 있도록 몇 가지 예제를 다뤄보자.

직접 해보기 ▼

Collision Group 만들기

API를 테스트하기 전에 빠르게 Collision Groups Editor를 테스트해보자.

1. 파트를 배치한다.

2. 오브젝트가 고정돼 있는지 확인한다.

3. CanCollide가 true로 설정됐는지 확인한다.

4. Collision Groups Editor가 열려 있는지 확인한다.

5. 새 collision group을 만들고 해당 블록을 새 collision group으로 설정한다.

6. 그림 12.5와 같이 기본 collision group과 새로 만든 레이어가 위치를 찾아 선택을 취소한다.

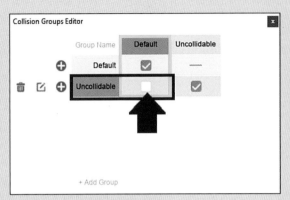

그림 12.5 시각화된 충돌 설정 테스트

 직접 해보기

Physics Service를 사용해 collision group 바꾸기

충돌 감지를 배우기 전에 Physics Service API를 빠르게 테스트해보자. 코드에 API를 사용해 이 블록을 기본 collision group으로 변경할 것이다. 다음 단계를 진행하자.

1. 파트 내에 새 스크립트를 생성한다.

2. Physics Service를 호출하면서 변수로 설정한다.

   ```
   local PhysicsService = game:GetService("PhysicsService")
   ```

3. 이렇게 하면 :SetPartCollisionGroup()를 참조하고, 파트 인스턴스 및 요청한 collision group의 이름을 파라미터로 사용하면서 관련 함수에 접근할 수 있다.

   ```
   local PhysicsService = game:GetService("PhysicsService")
   PhysicsService:SetPartCollisionGroup(script.Parent,"Default")
   ```

노트

CollisionGroupID를 0으로 설정하기

Physics Service를 참조하지 않고, 파트의 CollisionGroupId 속성을 0(기본값)으로 설정할 수도 있지만 권장하지는 않는다.

충돌 감지

.Touched는 기본적으로 내장된 충돌 감지 기능이며, 두 오브젝트가 충돌할 때마다 발생된다. 이 현상을 .Touched 이벤트라고 한다. 함정을 만들고, 동전을 획득하고, 버튼 등을 만들 때 매우 흔하게 사용된다. 이를 통해 개발자들은 플레이어가 월드에서 언제, 어떻게, 어디에 있는지를 쉽게 감지할 수 있다.

.Touched

.Touched는 기본적으로 내장돼 있기 때문에 감지를 위해 우리가 해야 할 추가 작업이 거의 없어서 사용하기가 쉽다. 단순히 .Touched를 참조하고, :Connect를 사용해 이벤트를 함수에 연결하면 끝이다. 예제는 다음과 같다.

```
local detector = script.Parent
local function partTouched(part)
        print("Touched: "..part.Name)
        wait(1)
        print("Complete")
end
Detector.Touched:Connect(PartTouched)
```

.Touched 기능은 맞는 경우에 완벽하게 작동하지만 열한 번째 시간에 언급된 몇 가지를 명심해야 한다. .Touched의 가장 큰 문제는 감도다. 오브젝트가 닿아 있는 동안 이동하게 되면 신호가 여러 번 발생한다. 이 문제를 해결하기 위해 다음과 같은 방법들을 사용하곤 한다.

- ▶ 디바운스Debounce
- ▶ 강도, 거리 확인
- ▶ Region3
- ▶ 레이캐스팅raycasting
- ▶ GetTouchingPart()

다음 섹션에서는 .Touched와 함께 .Touched가 신뢰할 수 있는 방식으로 작동하기 위해 사용되는 일반적인 사례와 예제를 살펴볼 것이다.

디바운스

디바운스^{Debounce}는 함수의 실행 횟수를 제한하는 도구다. .Touched는 같은 오브젝트에 빠르게 여러 번 발생되기 때문에 주로 .Touched와 함께 디바운스가 사용된다. 디바운스를 사용해 .Touched의 발생을 조절하고, 함수가 이미 실행 중인지도 확인할 수 있다. 스크립트를 사용하면 디바운스를 사용한 출력과 디바운스를 사용하지 않는 출력을 모두 볼 수 있다.

디바운스 없이 출력:

```
Touched: Part
Touched: Part
Touched: Part
(wait)
Complete
Complete
Complete
```

디바운스를 구성하려면 다음을 수행한다.

1. 반복해서 선언하지 않도록 함수 바깥에 로컬 변수(불리언)를 만든다.

2. 함수가 실행 중인지 확인한다.

3. 함수가 실행 중이지 않으면 불리언 변수를 사용해 실행 중으로 활설정한 후 함수의 끝에서 다시 돌리거나, 스크립트를 중지한다.

함수 내에서 불리언 값을 설정하고 되돌리는 사이에 어떤 형태가 됐든 일시 정지 상태가 있어야 한다. 그렇지 않으면 값이 즉시 다시 변경된다. 다음 스크립트에서는 스크립트를 약 1초간 정지하는 wait()을 사용했다.

```
local detector = script.Parent
local touchedDebounce = false
local function partTouched(part)
    if not touchedDebounce then
        touchedDebounce = true
        print("Touched: " .. part.Name)
        wait(1)
        print("Complete")
        touchedDebounce = false
    end
```

```
end
detector.Touched:Connect(partTouched)
```

디바운스를 포함한 출력:

```
Touched: Part
Complete
```

.Touched로 함정문 만들기

.Touched, .CanCollide, 디바운스에서 에서 배운 내용을 가지고 플레이어를 모르는 곳으로 떨어뜨리는 함정 문을 만들어보자. 이 과정을 마치면 이 예제에 자유롭게 실험하고 추가해도 좋다. 이 연습이 반드시 디바운스를 필요로 하는 것은 아니지만, 연습을 반복하기에 좋은 예제다. 이 스크립트는 baseplate를 포함해 무엇이 닿아도 작동한다. 충돌이 없으면 파트는 그냥 통과할 것이다.

1. 스크립트에 변수를 구성한다. 함정문, 디바운스 불리언, 함정이 지속되기를 원하는 시간이 여기에 포함된다. 이 작업을 수행하기 전에 함정에 스크립트를 꼭 생성하자.

```
local ACTIVATED_TIME = 1.5
local touchedDebounce = false
local trapDoor = script.Parent
```

2. .Touched 이벤트를 trapActivated() 함수에 연결해서 다른 사람이 함정을 건드렸을 때 알 수 있도록 하자.

```
local function trapActivated()
end
trapDoor.Touched:Connect(trapActivated)
```

3. 눈에 보일 수 있도록 CanCollide를 false로 설정하고 Traps Transparency를 1(0이나 1)로 설정한다. 그런 다음 지정된 시간을 기다린 후 재설정한다.

```
local function trapActivated()
    trapDoor.Transparency = 1
    trapDoor.CanCollide = false
    wait(ACTIVATED_TIME)
    trapDoor.CanCollide = true
    trapDoor.Transparency = 0
    touchedDebounce = false
end
trapDoor.Touched:Connect(trapActivated)
```

4. 디바운스를 추가해 함정이 다른 사람을 떨어뜨릴 수 있도록 함정 액션을 끝낼 시간을 주도록 하자. 이전에 했던 것처럼, 디바운스가 true인지 확인한다. 그렇지 않으면 true로 설정하고, 액션을 실행한 다음 다시 false로 설정한다.

```
local ACTIVATED_TIME = 1.5

local touchedDebounce = false
local trapDoor = script.Parent

local function trapActivated()
        if not touchedDebounce then
                touchedDebounce = true
                trapDoor.Transparency = 1
                trapDoor.CanCollide = false
                wait(ACTIVATED_TIME)
                trapDoor.CanCollide = true
                trapDoor.Transparency = 0
                touchedDebounce = false
        end
end
trapDoor.Touched:Connect(trapActivated)
```

스크립트를 직접 사용해보면 그림 12.6과 같이 플레이어가 파트를 통과해 떨어지는 것을 볼 수 있다. 파트가 고정됐는지 확인한다.

그림 12.6 함정문

다음은 휴머노이드^{Humanoids}에 대해 알아보고, 휴머노이드 속성을 수정하는 것이 더 몰입감 높은 경험을 만들어내는지 알아보겠다. 예를 들어 위 예제 같은 상황에서 플레이어가 함정에 떨어지거나 넘어질 때 플레이어의 체력을 감소시킬 수 있다.

휴머노이드 소개

휴머노이드는 플레이어 캐릭터와 NPC$^{Non-Player\ Character}$에서 볼 수 있는 특수 오브젝트로서 캐릭터 컨트롤러라고도 볼 수 있다. 캐릭터 모델은 R6과 R15의 두 가지 표준 유형을 제공하며, 캐릭터의 다양한 기능을 가지고 있다. 휴머노이드와 캐릭터는 자동으로 생성되기 때문에 일반적으로는 걱정할 필요가 없다. 하지만 만약 더 독특하고 몰입감 있는 경험을 만들기 위해 휴머노이드를 수정하거나 표준 리그^{rig}외의 것을 사용하고 싶다면 어떨까?

휴머노이드 계층

휴머노이드에는 몇 가지 기본적으로 당연시되는 기능이 있으며, 커스텀 캐릭터를 사용할 경우 특히 주의해야 할 부분이다.

▶ 휴머노이드 모델 안에는 PrimaryPart가 HumanoidRootPart로 설정돼 있어야 한다. 게임 내 휴머노이드 움직임을 제어하는 캐릭터의 기반이 되는 파트다. 이것은 일반적으로 보이지 않으며 몸통 주위에 배치된다.

▶ 또한 휴머노이드는 리그^{Rig} 유형에 따라 Head라는 이름의 BasePart가 몸통^{Torso}이나 위쪽 몸통^{UpperTorso}에 연결될 것으로 가정한다. 게임에서 Humanoid 속성을 삭제하면 로블록스가 그것을 인지하고 다시 생성시킬 때까지 캐릭터에 대한 모든 컨트롤을 잃게 된다.

모든 캐릭터에서 휴머노이드 오브젝트를 찾을 수 있다. 게임을 테스트하고 Workspace ❯ Your Character를 보면 이 속성을 볼 수 있다(그림 12.7).

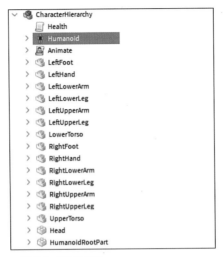

그림 12.7 캐릭터 계층

휴머노이드 속성, 함수, 이벤트

휴머노이드의 속성과 기능에 대해 알아보자. 휴머노이드 내에는 속성뿐만 아니라 휴머노이드에 연결된 함수 및 이벤트가 있다. 이 섹션에서는 게임 내에서 휴머노이드의 사용 방법을 더 잘 이해할 수 있도록 휴머노이드에서 가장 일반적으로 사용되는 중요한 부분을 살펴볼 것이다. 여기에는 데미지 적용, 디스플레이 이름 변경, 카메라 오프셋 조작, 휴머노이드 상태 읽기(예: 오르는 중, 사망)와 같은 다양하고 유용한 도구가 포함된다. 휴머노이드 속성, 함수 및 이벤트의 표는 부록 B를 참조하자.

▼ 직접 해보기

휴머노이드와 커스텀 캐릭터를 가지고 다양한 표면에서 사실적인 보행 만들기

휴머노이드와 커스텀 캐릭터를 조합해 반응성이 뛰어나고 현실적인 보행 시스템을 구축할 것이다. 이를 통해 모래 위에서는 플레이어의 속도가 느려지고 발이 가라앉으며, 다른 표면에서는 정상적으로 돌아온다. 또한 향후 쉽게 추가할 수 있도록 확장도 가능해야 한다.

1. 다섯 번째 시간에서 배운 지형 구성 방법을 사용해 잔디(Grass)와 모래(Sand)를 이용해 작은 땅을 만든다. 당신이 원하는 대로 자유롭게 디자인해도 좋다. 복잡할 필요는 없으며, 그림 12.8정도면 된다. 스크립트를 테스트해볼 수 있도록 모래를 반드시 포함시킨다.

그림 12.8 지형

2. 캐릭터 모델이 생성될 때 나타날 수 있도록 스크립트를 StarterCharacterScripts에 추가한다. 스크립트 이름을 지정한다 이 예제에서는 SandWalking을 사용했다(그림 12.9).

그림 12.9 StarterPlayer 계층

3. 쉽게 접근할 수 있도록 참조할 모든 변수를 구성하자.

```
local humanoid = script.Parent:WaitForChild("Humanoid")
local hipHeight = humanoid.HipHeight
local walkSpeed = humanoid.WalkSpeed
```

4. Humanoid.FloorMaterial의 변화를 감지한다. 루프를 통해 구현하기에는 비효율적이므로 대신 속성 값이 변경될 때 발생되는 GetPropertyChangedSignal을 사용해서 함수에 연결한다.

```
function floorMaterialChanged()
end
humanoid:GetPropertyChangedSignal("FloorMaterial"):Connect(floorMaterialChanged)
```

5. 데이터 타입과 enum인 속성을 수정한다.

노트

데이터 타입과 Enum

데이터 타입은 변수가 저장할 수 있는 여러 데이터 타입이다. 기본 Lua 데이터 타입 및 로블록스 Lua 데이터 타입 목록은 부록 A에서 볼 수 있다.

이뉴머레이션(Enumeration) 혹은 Enums는 enum에 해당하는 값들을 저장하는 특수 데이터 타입이다. 또한 읽기 전용 값이다. 스크립트에서 enum에 접근하려면 Enum이라는 글로벌 오브젝트를 사용해야 한다. Enum 목록은 Roblox Developer 웹 사이트 https://developer.roblox.com/en-us/api-reference/enum에서 확인할 수 있다.

바닥의 타입이 무엇인지 확인하고 그에 따라 반응해보자. If 문이 이 상황에 어울린다. Humanoid.FloorMaterial이 문자열(string)이 아니기 때문에 Enum Material 타입과 비교하면 된다.

```lua
local humanoid = script.Parent:WaitForChild("Humanoid")
local hipHeight = humanoid.HipHeight
local walkSpeed = humanoid.WalkSpeed


function floorMaterialChanged()
        local newMaterial = humanoid.FloorMaterial
        if newMaterial == Enum.Material.Sand then
                humanoid.HipHeight = hipHeight - 0.5
                humanoid.WalkSpeed = walkSpeed - 5
        else
                humanoid.HipHeight = hipHeight
                humanoid.WalkSpeed = walkSpeed
        end
end
humanoid:GetPropertyChangedSignal("FloorMaterial"):Connect(floorMaterialChanged)
```

현재 HipHeight과 WalkSpeed에서 각각 0.5와 5를 감소시킨다. 그와 함께 저장된 값을 구해 다른 바닥 타입일 경우에 지정한다.

잘했다. 끝났다! 테스트해보고 자유롭게 추가해도 좋다. 머티리얼 타입을 추가하려면 Enum.Material.MaterialName을 사용한다.

이 테크닉은 매우 적은 노력을 들이고도 플레이어의 경험을 상승시키고 몰입감을 높이는 강력한 효과를 발휘한다. 플레이어는 환경이 좀 더 깊게 상호작용한다고 느끼게 된다. 단순히 모래와 잔디 위를 걷는 게 아니라, 모래에서는 가라앉고 잔디에서는 속도가 올라

간다. 플레이어가 의식적으로 이 차이를 느끼지 못할 수는 있어도, 이런 작은 차이가 경험에 큰 차이를 만든다.

그러나 게임은 목표가 없으면 완전하지 않다. 가장 부유한 플레이어가 되든, 최고 레벨에 도달하든, 스토리 아크를 완성하든 목표가 있어야 한다. 따라서 다음 연습에서는 플레이어가 버튼을 건드리면 그 결과를 반영하는 리더보드를 구성하고, 해당 보드에 점수를 적용하는 방법을 보여줄 예정이다.

직접 해보기 ▼

점수 만들기

이제는 그동안 배운 모든 것을 종합해 플레이어가 버튼 위에 설 때마다 점수를 매기는 점수 시스템을 만들 차례다. 로블록스는 플레이어 이름 옆에 포인트를 추가하는 기본 리더보드 시스템이 있다. 리더보드를 구성할 때 리더보드를 ServerScriptService에서 실행하는 것이 좋으며, 스크립트를 저장할 수 있는 가장 안전한 영역이다.

1. 나중에 편집할 수 있도록 계층 내에서 파트 및 스크립트를 구성한다. 스크립트 및 파트는 다음과 같다.

    ▶ 한가지 입력(Input), 버튼으로 사용될 블록 혹은 파트(그림 12.10), 배치: Workspace, 이름: PointGiver

    ▶ 입력을 감지하고 플레이어의 스코어에 점수를 할당하는 스크립트, 배치: Workspace, 이름: GivePoint

    ▶ 플레이어의 점수를 저장하기 위한 리더보드를 구성하는 스크립트, 배치: ServerScriptService 내부, 이름: SetupLeaderstats

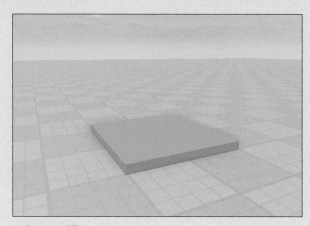

그림 12.10 버튼

2. 로블록스는 Leaderstats 폴더를 통해 리더보드에 추가할 추가 데이터를 선택한다(그림 12.11). StringValue 및 IntValues와 같은 모든 ObjectValues를 수집한다. ObjectValue의 이름을 헤더로 지정하고 그 값을 아래에 배치한다.

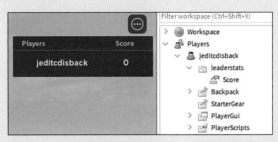

그림 12.11 리더보드와 Leaderstats이 있는 플레이어 계층 구조

이 시스템을 구성하려면 ServerScriptService 내의 스크립트로 가서 leaderstats를 생성해야 한다.

▶ 새로운 플레이어가 게임에 참여할 때를 감지해 leaderstats 폴더에 추가한다. 이렇게 하려면 .PlayerJoined를 플레이어 서비스 이벤트로 활용한다.

```
local Players = game:GetService("Players")


local function setupLeaderstats(player)
end
Players.PlayerAdded:Connect(setupLeaderstats)
```

▶ 코드를 통해 오브젝트를 만드는 데 사용되는 instance.new()를 사용한다. 이 경우 폴더와 점수가 포함될 폴더와 IntValue가 해당된다. instance.new()를 사용할 때는 로컬 변수에 할당해 다음과 같이 코드에서 instance.new()를 참조해 속성과 계층 구조를 변경해야 한다.

```
local Players = game:GetService("Players")


local function setupLeaderstats(player)
        local leaderstats = Instance.new("Folder")
        leaderstats.Name = "leaderstats"


        local score = Instance.new("IntValue")
        score.Name = "Score"
        score.Parent = leaderstats


        leaderstats.Parent = player
end
```

```
Players.PlayerAdded:Connect(setupLeaderstats)
```

3. 버튼에 만든 스크립트로 돌아가서 변수를 구성한다.

 ▶ **Players**: GetPlayerFromCharacter()를 사용할 수 있도록 PlayerService를 사용

 ▶ **DEBOUNCE_TIME, COOLDOWN_COLOR, POINT_AMOUNT**: 설정 변수

 ▶ **Pointgiver, activeColor**: .Touched 이벤트를 감지하고 파트 색상 변경

 ▶ **debounce**: DEBOUNCE_TIME 내에서 파트가 터치됐는지 확인

4. 함수와 함수가 상호 작용하는 방식을 디자인한다. 버튼을 눌렀을 때 감지하는 기능도 필요하지만, 플레이어 leaderstats에 점수를 매기는 기능도 필요하다. 그러기 위해서는 game.Players service 내에서 플레이어를 찾는 기능이 필요하다.

```
local Players = game:GetService("Players")

local DEBOUNCE_TIME = 3
local COOLDOWN_COLOR = Color3.fromRGB(255,78,78)
local POINT_AMOUNT = 1

local pointGiver = script.Parent
local activeColor = pointGiver.Color
local debounce = false

local function giveScore(player, POINT_AMOUNT)

end

local function getPlayerFromPart(part)

end

local function giverTouched(otherPart)

end
pointGiver.Touched:Connect(giverTouched)
```

노트

변수 스타일링

강제적인 것은 아니지만, 로블록스는 플랫폼의 스크립터들이 사용할 수 있는 스타일링 가이드를 제공해 플랫폼 전체에 걸쳐 코드가 일관되게 유지되도록 한다. 그렇게 함으로써 시간을 절약하고 일관성을 제공할 수 있다.

▶ 파스칼케이스(PascalCase): 오브젝트 및 클래스와 같은 enum에 사용된다(예: Roblox Services).

▶ 카멜케이스(camelCase): 일정하지 않은 로컬 변수, 함수 및 오브젝트 등의 멤버 값에 사용된다.

▶ LOUD_SNAKE_CASE: 실행 시간 동안 절대 변경되지 않는 변수 같은 로컬 상수 변수에만 사용된다.

5. giverTouched(otherPart) 구성:

```
local function giverTouched(otherPart)
        if debounce then
                return
        end

        local player = getPlayerFromPart(otherPart)

        if player then
                debounce = true
                giveScore(player, POINT_AMOUNT)

                pointGiver.Color = COOLDOWN_COLOR
                wait(DEBOUNCE_TIME)
                pointGiver.Color = activeColor

                debounce = false
        end
end

pointGiver.Touched:Connect(giverTouched)
```

이 함수는 입력 감지, 다른 함수 호출, 디바운스 처리, 시각적 표현을 제어한다.

1. 디바운스가 활성화됐다면 스크립트를 계속 실행하고 싶지 않기 때문에 디바운스가 활성화돼 있는지 확인한다. 이 체크는 다시 호출될 때까지 스크립트를 종료하는 반환문과 결합된 검사를 통해 할 수 있다.

2. 캐릭터에서 플레이어 오브젝트를 가져오는 함수를 호출하지만, 파트가 캐릭터에 연결돼 있지 않으면 nil이 반환될 수 있다. 다음 라인에서 이 부분을 확인한다.

3. 플레이어가 존재하고, 디바운스가 false일 때 디바운스를 시작할 수 있다. true로 설정한 후 giveScore() 함수를 사용해 플레이어 스코어에 포인트를 추가한다. 또한 플레이어에게 입력을 받았음을 나타내는 시각적 신호를 주기 위해 파트 색상을 변경한 후, 디바운스 대기 시간과 모든 것을 재설정하는 동안 파트가 일시적으로 비활성화된다.

6. getPlayerFromPart(part) 구성

```lua
local function getPlayerFromPart(part)
        local character = part.Parent
        if character then
                return Players:GetPlayerFromCharacter(character)
        end
end
```

이 함수는 PlayersService의 :GetPlayerFromCharacter() 함수를 사용해 workspace에서 캐릭터 모델을 통해 플레이어를 가져오는 것을 제어한다. 캐릭터는 파트들의 조합이며, .Touched에 의해 개별적으로 감지될 수 있기 때문에 캐릭터가 버튼을 누르면 해당 파트가 곧 캐릭터라고 가정할 수 있다(캐릭터 = part.Parent). 파트가 캐릭의 일부가 아닐 경우 PlayersService 함수는 nil을 대신 반환하는데, 이는 giverTouched()에서 체크한다.

7. giveScore(player, POINT_AMOUNT) 구성:

```lua
local function giveScore(player, POINT_AMOUNT)
        local leaderstats = player:FindFirstChild("leaderstats")
        if leaderstats then
                local score = leaderstats.Score
                score.Value = score.Value + POINT_AMOUNT
        end
end
```

8. 이제 플레이어에 대해 알게 됐으니 leaderstats 스코어 값을 설정하는 것은 꽤 간단하다. 먼저 leaderstats이 있는지 확인하고, 스코어에 대한 로컬 변수를 만든 다음 지정된 점수를 스코어에 추가한다.

요약

이번 시간에는 충돌을 다시금 소개하고 메쉬, 유니언, 그룹 등 보다 복잡한 오브젝트를 다루는 방법을 자세히 설명했다. .Touched, .CanCollide, 디바운스^{debounce}에서 배운 내용을 사용해서 함정문을 만들었다. 휴머노이드를 소개하고 사실적으로 걷는 휴머노이드를 만들었다. 마지막으로 우리가 배운 모든 것을 종합해서 플레이어가 버튼 위에 설 때마다 점수를 주는 점수 시스템을 만들었다.

Q&A

Q 가장 큰 성능 비용이 드는 충돌 방식은 무엇인가?

A PrecisionConvexDecomposition

Q 오브젝트의 충돌을 어떻게 비활성화하는가?

A CanCollide 속성

Q .Touched()의 단점은 무엇인가?

A 신뢰할 수 없고 부정확한 감지

Q 휴머노이드가 지원하는 리그(rig) 유형은 무엇인가?

A R6 & R15(/Rthro)

Q 디바운스의 기능은 무엇인가?

A 함수가 반복적으로 호출/실행될 수 있는 속도를 제한한다.

워크샵

이번 시간을 마쳤으니 배운 것을 복습해보자. 시간을 내 다음 질문에 답해보자.

퀴즈

1. Collision Fidelity는 어떻게 보여주는가?

   A. Settings에서 Show Collisions를 선택한다.

   B. Settings에서 Show Decomposition Geometry를 선택한다.

   C. 오브젝트의 속성 창에서 CanCollide를 선택한다.

2. 충돌 그룹을 어떻게 추가해야 하는가?

  A. CollisionGroupId를 수동으로 설정한다.

  B. Collison Groups Editor를 사용한다.

3. .Touched() 에 대한 두 가지 대안을 제시하라.

4. 루프가 어떻게 작동하는지 본인의 단어로 설명해보자.

5. 휴머노이드란 무엇인가?

6. MoveTo()의 기능은 무엇이며, 설정할 수 있는 두 가지 속성은 무엇인가?

답

1. B. Settings에서 Show Decomposition Geometry를 선택한다.

2. B. Collison Groups Editor를 사용한다.

3. .Touched()에 대한 두 가지 대안은 Magnitude와 Region3이다.

4. 루프는 지정된 횟수만큼 반복되는 명령이다.

5. 휴머노이드는 캐릭터 컨트롤러다.

6. MoveTo()는 플레이어 캐릭터를 특정 위치로 걸어서 이동시키려 한다. Humanoid. WalkToPoint와 HumanoidWalkToPart를 설정한다.

연습

사용하면 2초 동안 비활성화하는 스피드 파워업 버튼을 만들어보자.

1. 버튼 역할을 할 두 개 이상의 파트를 폴더 안에 넣는다.

2. 폴더 내에 스크립트를 추가하고 디바운스 변수(불리언)를 구성한다.

3. 폴더에 for 루프를 사용해 오브젝트가 BaseParts인지 확인한다.

4. 그 안에서 .Touched 이벤트들을 구성한다.

5. .Touched 파트가 캐릭터 파트인지 확인하고, Enabled가 true인지도 확인한다.

6. Enabled를 false로 설정하고 Humanoid 속성을 변경한 후 wait()를 사용한다.

7. Enabled를 true로 설정한다.

다음 연습에서는 특정 플레이어가 터치해야만 잠금이 해제되고, 다른 플레이어는 죽이는 문을 만들자.

1. 문 역할을 할 두 개 이상의 파트를 폴더 안에 놓는다.

2. 폴더 내에 스크립트를 추가하고 적절한 이름을 붙인다.

3. 폴더에 for 루프를 사용해 오브젝트가 BaseParts인지 확인한다.

4. 그 안에서 .Touched 이벤트들을 구성하고, 디바운스 변수(불리언)을 구성한다.

5. .Touched 파트가 캐릭터 파트인지 확인한다.

6. 캐릭터가 올바른 플레이어인지 확인한다.

7. 디바운스를 true로 설정하고, 플레이어가 원하는 플레이어라면 임시로 CanCollide 를 false로 설정한다.

8. 그렇지 않으면 TakeDamage()를 사용해 캐릭터에서 생명력 20을 감소시킨다.

HOUR 13
GUI와 상호 작용하기

이번 시간에 배울 내용

▶ GUI를 만드는 방법

▶ 기본 GUI 요소란 무엇인가

▶ 상호작용형 GUI를 코딩하는 방법

▶ 트윈(tween)하는 방법

▶ 레이아웃과 제약 조건

▶ GUI 카운트다운을 만드는 방법

지금까지 게임 안에 무언가를 만들고, 지형을 추가해 환경을 만드는 방법을 배웠다. 기능과 상호 작용을 추가하기 위해 코딩하는 방법도 배웠지만, 빠진 한 가지 중요한 사항이 바로 플레이어의 화면에 이미지와 텍스트를 표시하는 GUI^{Graphical User Interface}다. 이번 시간에서는 UI를 만드는 방법, 상호작용형 GUI를 코딩하는 방법, 레이아웃과 제한조건^{constraint}을 추가하는 방법을 알아볼 것이다. 게임에 GUI를 추가하는 것은 튜토리얼, 정보 표시, 및 상점 내 아이템 판매 등에 필수적이다. 그림 13.1과 13.2는 GUI 예제 몇개를 보여준다.

그림 13.1 Shoot Out!의 GUI 예제. 왼쪽은 생명력, 오른쪽은 게임의 컨트롤과 탄약을 보여준다.

그림 13.2 Roblox Resources에 있는 Build It, Play It: Island of Move의 GUI 예제에는 NPC의 머리 위에 떠 있는 E와 Click to Interact 버튼이 있다.

GUI 만들기

로블록스에는 세 가지 종류의 GUI가 있으며, 모두 매우 유사한 방식으로 동작한다.

▶ SurfaceGui는 3D 환경의 표면에 GUI를 표시한다.

▶ ScreenGui는 화면에 2D UI로 표시한다.

▶ BillboardGui는 본인이 연결한 파트 위에 떠있는 3D GUI다.

PlayerGui

2D PlayerGui를 만드는 것부터 시작해보자. 일반적으로 그림 13.3과 같이 플레이어에게 점수, 생명력, 금과 같은 캐릭터에 대한 정보를 제공하기 위해 사용된다. 이것을 화면에 2D 요소로 표시하기 원하기 때문에 ScreenGui 오브젝트를 사용해 만든다.

그림 13.3 Roblox Resources에 있는 Digital Civility Scavenger Hunt의 PlayerGui 예제: 플레이어 정보를 제공하는 상단의 보라색 아이콘들이 ScreenGui 오브젝트로 제작됨.

다음 단계에 따라 ScreenGui를 만들어보자.

1. Explorer에서 StarterGui에 ScreenGui를 삽입한다(그림 13.4).

그림 13.4 ScreenGui 삽입

그림 13.5와 같이 **Enabled**를 체크하면 해당 ScreenGui 안에 있는 모든 내용이 플레이어에게 표시된다. 이 옵션이 체크돼 있지 않으면 플레이어는 ScreenGui가 부모로 있는 모든 항목을 볼 수 없다.

그림 13.5 ScreenGui의 모든 하위 항목을 숨기거나 표시하려면 활성화 또는 비활성화한다.

2. TextLabel을 ScreenGui(그림 13.6)에 삽입해 플레이어에게 텍스트를 표시한다. Font 및 TextColor3 속성을 조정해 보자. TextTransparency(텍스트 투명도)를 조정하거나, BorderSizePixel 및 BorderColor3를 조정해 테두리를 추가할 수도 있다. 텍스트가 많은 경우 TextWrap 기능을 활성화한다.

그림 13.6 ScreenGui에 TextLabel 삽입

3. TextLabel의 크기와 위치도 조절한다. Property 창에서 Size와 Position 속성을 변경
할 수 있다(그림 13.7). Size와 Position 모두 {0,0}, {0,0} 형식의 UDim2 값을 사용한
다. 첫 번째 숫자는 스케일이고 두 번째 숫자는 오프셋이다. 스케일은 임의의 화면
크기에서 화면 크기의 비율을 계산해 작동한다. 예를 들어 프레임 크기를 {0.5, 0},
{0.5, 0}로 설정하면 현재 화면 크기의 50% 높이와 50% 너비가 된다. 특히 스케일
은 여러 플랫폼에서 동작하는 게임을 디자인할 때 유용하다.

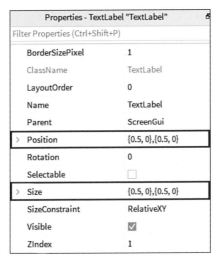

그림 13.7 Size 및 Position 조정

4. 또 다른 방법은 Size와 Position을 특정 픽셀 값으로 설정하고, 오프셋^{offset} 크기를 조정할 수 있다(그림 13.8). 여러 화면 사이즈에서 다 잘 동작하는 것은 아니지만 화면 크기에 관계없이 프레임 주위에 50픽셀의 여백을 만드는 등의 경우에는 유용할 수 있다.

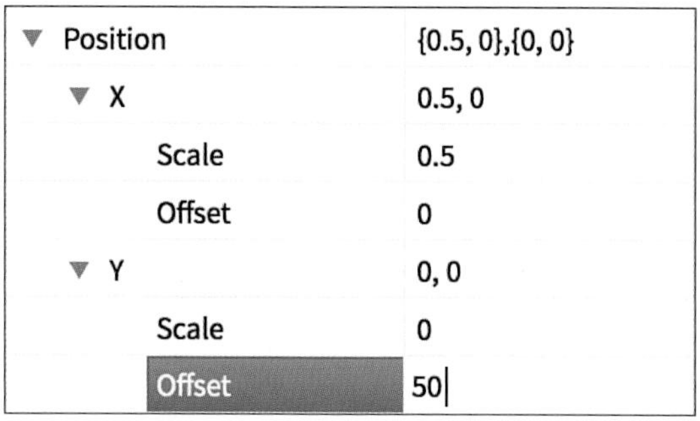

▼ Position	{0.5, 0},{0, 0}
▼ X	0.5, 0
Scale	0.5
Offset	0
▼ Y	0, 0
Scale	0
Offset	50

그림 13.8 오프셋 조정

5. AnchorPoint(그림 13.9)를 조정해 GUI의 중앙점을 변경한다. 벽시계나 벽에 거는 그림 등을 설정할 때 유용하다. 예를 들어 AnchorPoint {0.5, 0.5}를 사용하면 해당 요소를 화면 상단 중앙에 정렬할 수 있다. Position이 {0.5, 0, 0.5, 0}으로 설정돼 있다고 가정하면 해당 요소는 화면 중간에 있게 된다.

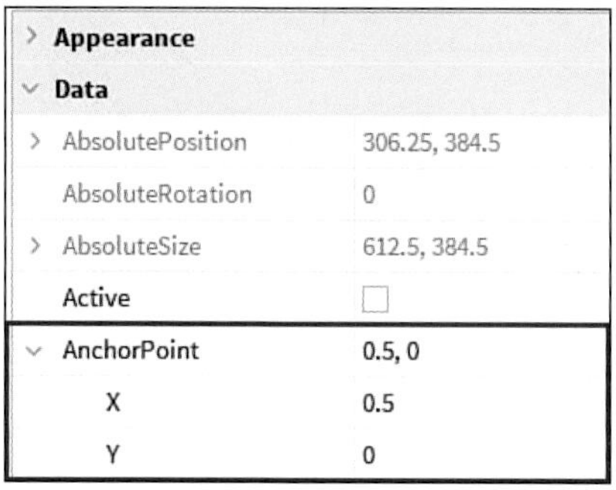

>	**Appearance**	
∨	**Data**	
>	AbsolutePosition	306.25, 384.5
	AbsoluteRotation	0
>	AbsoluteSize	612.5, 384.5
	Active	☐
∨	AnchorPoint	0.5, 0
	X	0.5
	Y	0

그림 13.9 AnchorPoint 조정

6. 여러 개의 이미지가 겹쳐져 있으면 보여지는 순서가 무작위로 느껴질 수 있다. 조정하고 싶다면 ZIndex 속성을 변경하면 된다. ZIndex 값이 낮은 GUI 요소는 ZIndex 값이 더 높은 다른 요소 아래에 나타난다(그림 13.10).

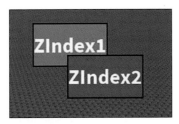

그림 13.10 TextLabel 두 개의 ZIndex의 사용 영향을 보여주는 예제

SurfaceGui

SurfaceGui를 사용해 플레이어에게 텍스트와 이미지를 표시할 수도 있다. 그러나 그림 13.11과 같이 2D를 화면에 표시하는 대신 3D 환경의 표면에 표시한다.

그림 13.11 Roblox Resources의 Digital Civility Scavenger Hunt: 파트 위에 표지판처럼 2D GUI가 표시

표지판이 정지 상태인지, 아니면 플레이어가 표지판과 상호 작용할 수 있는지에 따라 두 가지 방법이 있다. 상호 작용이 필요하지 않은 광고판이나 표지판의 경우 원하는 파트를 SurfaceGui의 부모로 만든다.

SurfaceGui를 파트 자식을 만들기 위해 SurfaceGui부터 삽입해보자.

1. 파트에 SurfaceGui를 삽입한다.

2. SurfaceGui에 TextLabel을 삽입한다(그림 13.12).

그림 13.12 TextLabel이 SurfaceGui에 삽입

3. SurfaceGui를 선택하고 Face 속성을 변경해 레이블이 표시되는 부분을 변경한다(그림 13.13).

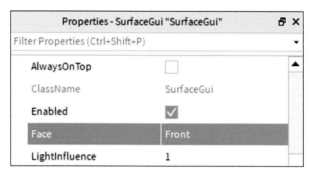

그림 13.13 SurfaceGui의 Face 속성 변경

SurfaceGui가 성공적으로 삽입되고 나면 파트의 전체 면을 차지하도록 TextLabel 크기를 조정해야 한다. 이를 위해 두 가지 정보, 즉 파트 크기와 레이블의 스터드당 픽셀 수를 알아야 한다. 파트 크기는 스스로 알아내야 하지만, 본인이 변경하지 않았다면 한 레이블은 스터드당 50픽셀을 사용한다. 다음 단계를 진행하자.

1. 파트의 속성에서 관련 축의 크기를 기록해두자. 그림 13.14에서 보이는 파트의 경우 X는 9개의 스터드, Y는 4개의 스터드다. 필요한 Face가 다른 축에 있을 수 있으므로 잘 기억해두자.

2. TextLabel을 선택하고, Properties에서 Size로 스크롤한다.

3. X 오프셋과 Y 오프셋 모두 NumberOfStuds x 50의 값을 사용한다. 그림 13.15의 예제에서 X는 450(9개의 스터드 × 50)이고, Y는 200(4개의 스터드 × 50)임을 의미한다.

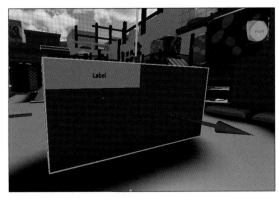
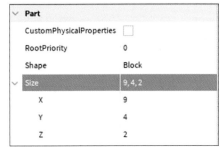

그림 13.14 SurfaceGui의 TextLabel 크기 조정

그림 13.15 오프셋을 사용해 TextLabel 크기 조정

플레이어가 버튼을 누르거나 게임 중 텍스트를 업데이트해야 하는 등 GUI와 플레이어가 상호 작용이 필요할 때는 과정이 다르다. 상호작용형 GUI의 경우 SurfaceGui를 StarterGui 에 둬야 하지만 파트의 Adornee를 설정해야 한다(그림 13.16). Adornee 값은 SurfaceGui가 표시돼야 하는 부분이다.

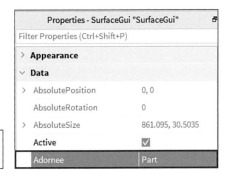

그림 13.16 SurfaceGui의 Adornee 설정

SurfaceGui로 할 수 있는 또 다른 흥미로운 일은 LightInfluence 값을 조정하는 것이다. 빛이 SurfaceGui에 얼마나 영향을 미치는지 조정해서, 밝은 전광판 효과를 만드는 데 도움이 될 수 있다(그림 13.17).

Enabled	☑
Face	Front
LightInfluence	1

그림 13.17　LightInfluence 조정

예를 들어 SurfaceGui가 있는 파트 내부에 PointLight를 넣고 LightInfluence를 0.1로 바꾸면 아무리 어두운 환경이어도 SurfaceGui가 있는 그대로 보인다. 그림 13.18은 LightInfluence가 밝기 효과에 어떤 영향을 미칠 수 있는지를 비교한 것이다.

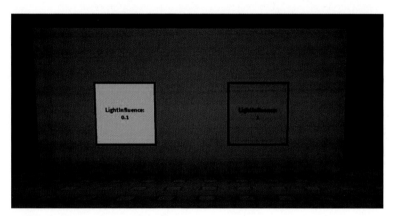

그림 13.18　여러 LightInfluence 값 비교

기본 GUI 요소

모든 GUI는 Frames, TextLabels과 같은 요소들로 구성된다. 다음 리스트의 항목들은 복잡하면서도 아름다운 사용자 인터페이스를 만들기 위해 사용할 수 있는 다양한 기본 요소들이다.

▶ TextLabel은 플레이어에게 텍스트를 표시하는 데 사용된다.

▶ TextButton은 플레이어가 마우스를 올려 클릭할 수 있다는 것을 제외하고는 TextLabel과 동일하다. 이번 시간 후반에는 플레이어가 버튼을 클릭할 때 이벤트를 트리거하는 방법에 대해 설명할 것이다.

▶ ImageLabel을 사용해 이미지를 표시할 수 있다.

▶ ImageButton은 ImageLabel과 동일하지만 플레이어가 마우스를 올려 클릭할 수 있다.

▶ Frames는 내부에 여러 개의 레이블이나 버튼을 담을 수 있기 때문에 매우 유용하다. Layouts도 사용할 수 있는데, 조금 있다가 살펴보도록 하겠다.

상호작용 GUI 코딩

GUI는 단순한 정적 이미지가 아니며 일반적으로 어떤 동작을 발생시킨다. 이번 경우에는 그림 13.19와 같이 가상의 상점 메뉴를 열고 닫는 버튼을 만들 것이다.

그림 13.19 Build A Boat for Treasure: 클릭 가능한 GUI 버튼을 누르면 상점 및 기타 메뉴가 열림

상점 메뉴를 만들기 위해 Frame 오브젝트를 사용한다. 다양한 판매 항목과 같은 여러 가지 GUI 요소를 구성하는 데 유용하다. 그런 다음 사용자가 클릭하면 가게가 열리고, 다시 버튼을 클릭하면 가게가 닫히는 버튼을 만든다.

다음 단계를 수행해 ShopGui를 구성한다.

1. StarterGui에 ScreenGui를 삽입한다. ShopGUI로 이름을 변경한다.

2. ScreenGui를 선택하고 ImageButton을 추가한다. ShopButton으로 이름을 변경한다 (그림 13.20).

그림 13.20 ImageButton을 삽입한 후 이름 변경

3. 상점 역할을 할 프레임^{frame}을 추가한다(그림 13.21). 플레이어가 버튼을 클릭하면 프레임이 사라졌다가 다시 나타나도록 프레임을 수정할 것이다. 두 개를 동시에 볼 수 있도록 프레임이 ImageButton과 겹치지 않아야 한다.

그림 13.21 ShopGui에 프레임 삽입

4. 프레임을 선택한다. Properties에서 아래로 스크롤해 Visible 옵션의 체크를 해제한다(그림 13.22). 이렇게 하면 플레이어가 버튼을 클릭할 때까지 상점을 볼 수 없다.

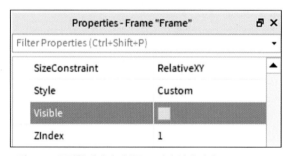

그림 13.22 클릭할 때까지 가게를 보이지 않게 하기

5. 플레이어가 버튼을 클릭하거나 누를 때를 감지하는 코드를 추가해 샵이 플레이어에게 보일 수 있도록 한다. 이를 위해 그림 13.23과 같이 ShopButton에 LocalScript를 삽입한다.

그림 13.23 버튼에 LocalScript 삽입

6. Activated 이벤트를 사용하면 플레이어가 버튼을 클릭하거나 눌렀을 때를 감지할 수 있다. 해당 이벤트 함수 내에서 클릭 시 프레임의 가시성을 변경할 수 있다. 이 예제에서는 가시성을 현재 가시성의 반대로 설정한다. 다음 코드를 입력한다.

```
local ImageButton = script.Parent
local ScreenGui = ImageButton.Parent
local Frame = ScreenGui.ShopFrame

local function buttonActivated()
    Frame.Visible = not Frame.Visible
end

ImageButton.Activated:Connect(buttonActivated)
```

7. 또한 플레이어가 버튼 위에 마우스를 올리면 버튼의 색이 약간 바뀌도록 한다. 이렇게 하려면 MouseEnter와 MouseLeave 이벤트를 사용해 플레이어가 마우스를 버튼 위로 올렸을 때나 올리지 않았을 때를 감지한다.

```
local ImageButton = script.Parent
local ScreenGui = ImageButton.Parent
local Frame = ScreenGui.ShopFrame

local function buttonActivated()
    Frame.Visible = not Frame.Visible
end

local function mouseEnter()
    ImageButton.ImageColor3 = Color3.fromRGB(25, 175, 25)
end

local function mouseLeave()
    ImageButton.ImageColor3 = Color3.fromRGB(255, 255, 255)
end

ImageButton.Activated:Connect(buttonActivated)
ImageButton.MouseEnter:Connect(mouseEnter)
ImageButton.MouseLeave:Connect(mouseLeave)
```

8. 플레이 테스트를 시작한다. 이미지 버튼을 클릭해 상점 프레임을 표시하고 다시 클릭해 없앨 수 있을 것이다.

트위닝

GUI로 할 수 있는 또 다른 유용한 기능은 트위닝tweening으로 GUI 요소를 애니메이션 하거나 이동할 수 있다. 예를 들어 GUI를 화면 안으로 미끄러지게 한 다음 바운스하게 할 수 있다. 이 작업은 TweenPosition과 TweenSize를 사용하거나 TweenSizeAnd Position을 사용해 한 번에 할 수 있다.

다음 코드의 강조 표시된 줄을 스크립트에 추가해 플레이어가 버튼 위를 가리킬 때 버튼을 더 크게 만들 수 있다.

```lua
local function mouseEnter()
    ImageButton.ImageColor3 = Color3.fromRGB(25, 175, 25)
    ImageButton:TweenSize(UDim2.new(0,110, 0, 110), nil, nil,.25) -- 활성화 사이즈
end
local function mouseLeave()
    ImageButton.ImageColor3 = Color3.fromRGB(255, 255, 255)
    ImageButton:TweenSize(UDim2.new(0, 100, 0, 100),nil, nil, .25) -- 본래 사이즈
end
```

위의 UDim2는 Scale 및 Offset에 대한 X와 Y 값을 담는 데 사용된다. **Property** 창(그림 13.24)을 사용해서 원하는 숫자를 찾을 수 있다. GUI를 원하는 크기로 조정하고 4개의 값을 보이는 순서대로 복사한다.

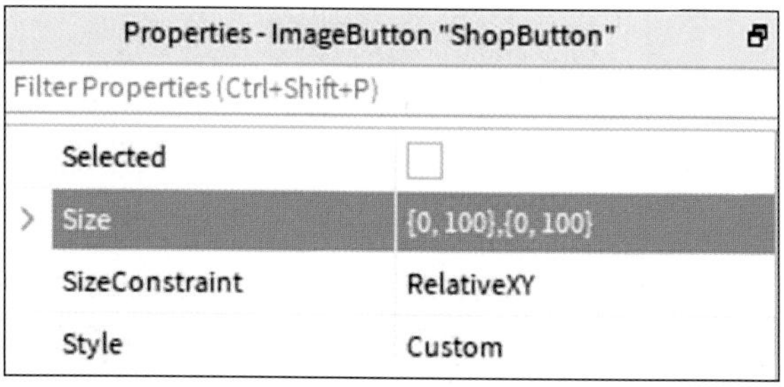

그림 13.24 GUI를 원하는 크기로 조정

테스트를 통해 결과가 마음에 드는지 확인하자. 애니메이션을 느리거나 빠르게 하려면 마지막 숫자(.25)를 수정한다. 이 값은 트윈tween을 완료하는 데 걸리는 시간(초)이다.

GUI를 반응하게 하고, 화면으로 미끄러지거나 통통 뛰게 할 수 있는 다양한 방법을 알아 보려면 Roblox Developer Hub에서 'Tween easing styles'를 찾아보자.

▼ 직접 해보기

TweenSize와 TweenSizeAndPosition을 포함한 다양한 Tween 시도
다양한 등장 스타일을 사용해보고, 트윈이 끝났을 때 흥미로운 작업을 수행하는 콜백 함수를 구현해 보자.

레이아웃

로블록스는 GUI와 함께 사용할 수 있는 다양한 레이아웃^{Layout}을 제공한다. 레이아웃은 요소의 크기나 수에 따라 자동으로 요소의 크기를 조정하거나 위치를 지정하는 기능을 스크립트로 작성하는 데 수 시간을 할애할 필요가 없으므로 매우 유용하다. 사용할 수 있는 레이아웃을 살펴보자.

▶ UIGridLayout: Frame 또는 ScrollingFrame에서 특히 유용하다. 모든 요소를 격자 모양으로 배열한다. CellSize 및 Padding을 설정해 각 요소의 크기와 가까운 정도를 설정할 수 있다. 다른 옵션으로는 요소 이름에 따라 순서를 변경하는 SortOrder 와, 요소가 표시되는 순서를 제어하는 데 사용할 수 있는 LayoutOrder가 있다. UIGridLayout의 예는 그림 13.25에 나와 있다.

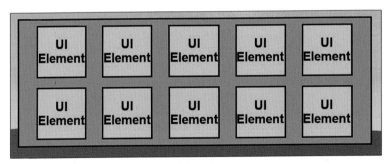

그림 13.25 UIGridLayout의 예제

▶ UIListLayout: Frame 또는 ScrollingFrame 내부의 요소들을 리스트로 정렬한다. 원하는 만큼 요소를 추가할 수 있고, 깔끔하게 리스트로 정렬되므로 ScrollingFrame 에 특히 유용하다. VerticalAlignment 및 HorizontalAlignment과 함께 각 요소의 Padding을 조정해 리스트가 정렬될 위치를 결정할 수 있다. UIListLayout의 예는 그림 13.26에 나와 있다.

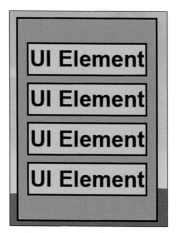

그림 13.26 UIListLayout의 사용 예제

▶ UITableLayout: UI 요소를 그리드 모양으로 배치한다는 점에서 그리드 레이아 웃과 유사하다. UITableLayout은 요소를 행으로 정렬한 다음 해당 요소의 하 위 요소를 열로 정렬한다. 그림 13.27은 UITableLayout의 예이며, 그림 13.28은 UITableLayout의 작동 방식을 보여준다.

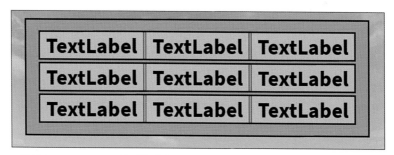

그림 13.27 UITableLayout의 사용 예제

▶ UIPageLayout: 요소를 사용자가 스크롤할 수 있는 회전식 배열로 구성한다. 주요 장 점은 모바일 장치와 콘솔용 컨트롤러와 매우 잘 작동한다는 것이다. 그림 13.29에 예가 나와 있다.

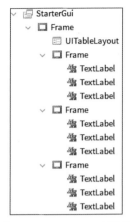

그림 13.28 UITableLayout 작동 방식

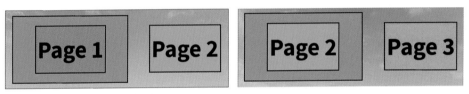

그림 13.29 UIPageLayout의 사용 예제

로블록스에서 GUI를 만드는 데 사용할 수 있는 몇 가지 유용한 제약 조건constraint도 있다. 이러한 제약 조건은 일반적으로 정해진 범위 사이에 특정 값(예: 크기나 위치)을 유지한다.

▶ UIAspectRatioConstraint: 프레임과 같은 요소에 이 제약 조건을 삽입하면 화면 크기에 관계없이 크기 비율을 조정해 설정해둔 가로 세로 비율로 해당 요소를 유지시킨다(그림 13.30 참조).

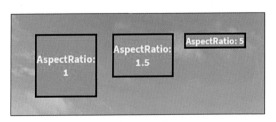

그림 13.30 UIAspectRatioConstraint 사용

▶ UITextSizeConstraint: 이 제약 조건을 TextLabel 또는 TextButton에 삽입하면 설정한 MaxTextSize와 MinTextSize 사이에서 글꼴 크기가 유지된다. 예를 들어 콘솔 플레이어가 사용할 수도 있는 대형 TV 화면에서 글꼴 크기가 읽을 수 없게 변화되

는 것을 방지하는 데 유용하다. 이 제약 조건을 적용할 때 일반적으로 테스트하는 법칙은 텍스트가 약 3미터 정도 떨어진 곳에서 읽을 수 있는지 확인하는 것이다. 그림 13.31에서 UITextSizeConstraint의 두 가지 예를 비교해보자.

그림 13.31 서로 다른 UITextSizeConstraint 값을 사용한 두 TextLabel 비교

▶ UISizeConstraint: 이 제약 조건은 텍스트 크기 제약 조건과 유사하게 작동하지만, 텍스트 크기가 아닌 MaxSize와 MinSize 사이에서 UI 요소 크기를 유지한다. 이 제약 조건은 절대적 픽셀 사이즈를 기반으로 작동하므로 MaxSize를 {50, 70}(으)로 설정하면 UI 폭이 50픽셀보다 커지지 않고, 높이가 70픽셀보다 커지지 않는다. 그림 13.32의 예를 참조하자.

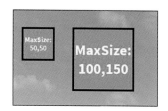

그림 13.32 UISizeConstraint 사용

GUI 카운트다운 만들기

이제 GUI가 무엇인지, 만드는 방법, 코딩하는 방법을 배웠으므로 플레이어의 화면에 표시되는 카운트다운을 만들 수 있다. 타이머가 0이 되면 끝나는 라운드 기반 게임 등 다양한 유형의 게임에 사용할 수 있다. 일단은 PlayerGui로 만들어보겠지만, SurfaceGui로도 해볼 수 있다.

1. ScreenGui를 삽입하고 Timer 또는 Countdown과 같은 적절한 이름으로 바꾼다(그림 13.33).

그림 13.33 ScreenGui를 삽입하고 이름 변경

2. 프레임을 ScreenGui(그림 13.34)에 삽입해 타이머의 배경 역할을 한다. Backgro undColor3을 사용해 크기를 조정하고 색상을 변경할 수 있다.

그림 13.34 ScreenGui에 프레임 삽입

3. 또한 프레임 내부에 카운트다운을 실제로 표시할 TextLabel(그림 13.35)을 추가한다. 모양에 만족할 때까지 크기, 위치, 색상 및 글꼴을 조정한다.

그림 13.35 프레임에 TextLabel을 추가

4. 타이머의 기능을 코드화할 수 있도록 TextLabel에 LocalScript를 추가한다(그림 13.36).

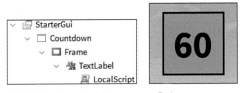

그림 13.36 TextLabel에 LocalScript 추가

이제 코딩을 해보자. 타이머를 만들려면 루프를 사용해야 한다. while 루프에 wait(1)을 함께 사용해서 매초마다 변수의 값을 줄인다. 그런 다음 script.Parent.Text를 변수와 같은 값으로 설정할 수 있다. 다음은 예제 코드다.

```
local textLabel = script.Parent
for timer = 60, 0, -1 do
    wait(1)
    textLabel.Text = Timer
end
```

요약

이번 시간에서는 게임에 GUI를 추가하는 방법을 배웠다. 다양한 유형의 GUI 요소들과, 해당 요소들을 Surface와 Player GUI에서 이미지와 텍스트로 표시하는 방법을 배웠다. 또한 사용자 인터페이스를 배열하고, 화면 크기에 따라 적절하게 변경하는 데 사용할 수 있는 다양한 레이아웃(Layout)과 제약 조건(Constraint)을 살펴봤다. 마지막으로 플레이어가 GUI와 상호 작용할 수 있도록 코딩하는 방법을 배웠다.

Q&A

Q UI 크기를 조정하려면 Scale 또는 Offset을 사용해야 하는가?

A Scale은 화면 크기에 상관없이 GUI의 크기를 비교적 동일하게 유지하므로 Scale을 사용하는 것이 좋다. 그러나 또 다른 방식으로 화면 크기에 따라 조정할 수 있는 UIScale 오브젝트와 함께 Offset을 사용할 수도 있다.

Q ImageLabels 및 ImageButtons는 메모리를 얼마나 차지하는가?

A 메모리 사용량을 최소화하려면 이미지를 저해상도로 업로드해야 한다. 또한 ImageLabels, ImageButtons, 텍스처 및 데칼를 최소한으로 사용하고, 가능하다면 동일한 이미지를 재사용해야 한다 (예: 모든 메뉴에 하나의 UI 배경 이미지 사용).

워크샵

이번 시간을 마쳤으니 배운 것을 복습해보자. 시간을 내 다음 질문에 답해보자.

퀴즈

1. 플레이어에게 텍스트를 표시하는 Roblox 인스턴스의 이름은 무엇인가?
2. GUI는 ____ User Interface의 약자다.
3. GUI 상호 작용을 코딩하기 위해 어떤 타입의 스크립트를 사용해야 하는가?
4. 참/거짓: 파트 위에 SurfaceGui가 표시된다.
5. 플레이어에게 ScreenGui를 표시하려면 _____ 안에 있어야 한다.

6. 참/거짓: 오프셋 크기/위치는 픽셀의 절대 수를 조정한다.

7. 참/거짓: ZIndex 값이 낮은 GUI 요소는 Zindex 값이 높은 다른 요소 아래에 나타난다.

답

1. TextLabel은 플레이어에게 텍스트를 표시하는 로블록스 인스턴스의 이름이다.

2. GUI는 Graphical User Interface의 약자다.

3. GUI 상호 작용을 코딩하기 위해 LocalScript를 사용한다.

4. 참. 파트 위에 SurfaceGui가 표시되고, PlayerGui가 2D 인터페이스로 표시된다.

5. 플레이어에게 ScreenGui를 표시하려면 StarterGui 안에 있어야 한다.

6. 참. 오프셋 크기/위치는 픽셀의 절대 수를 조정한다.

7. 참. ZIndex 값이 낮은 GUI 요소는 ZIndex 값이 높은 다른 요소 아래에 나타난다.

연습

이전에 만든 GUI 카운트다운을 기반으로 카운트다운 타이머에 추가 기능을 만들어보자. 클릭하거나 누르면 카운트다운 타이머 프레임이 닫히는 버튼을 추가해보자.

1. 이전에 만든 카운트다운을 사용해 ScreenGui('Timer' 또는 'Countdown'으로 이름을 변경한)에 TextButton을 삽입한다.

2. TextButton에 LocalScript를 삽입한다.

3. Activated 이벤트를 사용해 프레임의 Visible 속성을 변경한다.

4. not 키워드를 사용해 가시성을 변경할 수 있다. 예를 들어,

```
local button = script.Parent
local screenGui = button.Parent
    local frame = screenGui.Frame

    frame.Visible = not frame.Visible
```

Visible이 true이면 false로 설정되고, 그 반대의 경우도 마찬가지이다.

보너스 연습: 클릭하면 게임 패스를 구매 여부를 묻는 TextButton이 있는 SurfaceGui를 만들어보자.

1. 새 파트를 생성하고 workspace를 부모로 만든다.

2. 원하는 경우 Color3와 머티리얼^{Material}을 변경하자.

3. StarterGui에 SurfaceGui를 삽입하고 Adornee 옆에 있는 빈 박스를 클릭한다. 그런 다음 작성한 파트를 클릭해 선택하면 Adornee 값이 해당 요소로 설정된다.

4. SurfaceGui의 Face 값을 조정해 파트의 올바른 면에 표시되도록 한다.

5. SurfaceGui에 TextButton을 추가하고 원하는 대로 스타일링을 조정한다.

6. TextButton에 LocalScript를 삽입한다.

7. Activated 이벤트와 MarketPlaceService, PromptGamePassPurchase 함수를 사용해서 클릭 시 게임 패스 구매를 요청한다.

노트

게임 패스 구매 확인

StarterGui에 SurfaceGui를 넣고 Adornee 값을 파트에 설정하면, LocalScript를 사용해 게임 패스 구매를 로컬에서 보여줄 수 있다.

HOUR 14
애니메이션 코딩

이번 시간에 배울 내용

▶ CFrame 위치 다루기

▶ CFrame 회전 다루기

▶ 파트 트윈하기

▶ SetPrimaryPartCFrame() 사용하기

애니메이션은 캐릭터에 생기를 불어넣는 것은 물론 플레이어를 위한 작은 시각적 피드백 루프를 만드는 것까지 게임에서 매우 유용한 도구가 될 수 있다. 비디오 게임은 "상호작용 경험"이라는 설명으로 가장 잘 정의되며, 플레이어가 월드와 가능한 많은 방법으로 상호작용할 수 있도록 본인의 능력을 발휘해야 한다. 영화와 마찬가지로 개발자가 게임에서 촉발할 수 있는 주요 감각은 시각과 청각이다. 따라서 애니메이션과 기타 시각 및 청각 신호를 사용해 감정, 동작은 물론 더 많은 것들을 자아낼 수 있다.

캐릭터 표정이나 미리 정해 놓은 움직임과 같이 손으로 직접 애니메이션을 하는 것이 이러한 효과를 만들기 가장 좋은 방법인 경우가 많다. 이번 시간은 애니메이션 코딩의 기본을 설명할 것이다.

위치와 회전 다루기

본인의 월드에 생기를 불어넣는 가장 좋은 방법은 그 안에 있는 오브젝트들을 움직이는 것이다. 버튼을 누르면 버튼이 움직여야 하고, 문이 열리고, 몬스터들이 플레이어에게 공격을 휘둘러야 한다. 게임에서 오브젝트를 이동하려면 두 가지 주요 속성인 Position과 Rotation을 코드로 제어해야 한다. 그림 14.1에서 볼 수 있듯이 게임 내의 모든 파트는 X, Y, Z축에 대한 위치 및 방향 값을 가진다.

Properties - Part "Part"	
Filter Properties (Ctrl+Shift+P)	▼
∨ Orientation	15, 0, 25
X	15
Y	0
Z	25
Parent	ExampleModel
∨ Position	28, 16, 45
X	28
Y	16
Z	45

그림 14.1 게임 내에서 파트의 위치 및 방향 값

그림 14.2에서 X축(빨간색)과 Z축(파란색)은 같은 선상에 있는 반면 Y축(녹색)은 위아래로 돼 있다.

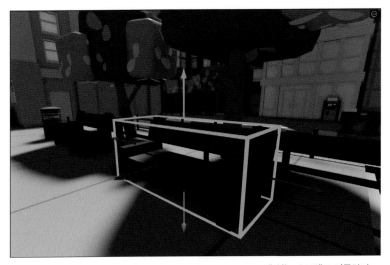

그림 14.2 Roblox Resources의 Digital Civility Scavenger Hunt에 있는 오브젝트 이동하기

이러한 값의 정보는 좌표 프레임coordinate frame의 줄임말인 CFrame이라는 데이터 타입으로 저장된다. 회전과 위치 값을 변경하는 한 가지 방법은 원하는 좌표와 회전 값의 새로운 CFrame을 제공하는 것이다. 새로운 CFrame을 만드는 형식은 CFrame.New(X, Y, Z)이며 X, Y, Z는 변수 또는 숫자가 될 수 있다.

A 지점에서 B 지점으로 오브젝트 이동

파트의 위치를 특정 X, Y, Z 위치로 이동하기만 원하는 경우엔 다음 코드만 있으면 된다.

```
part.CFrame = Cframe.new(0, 0, 0) --0을 X, Y, Z 값으로 바꾼다.
```

종종 파트를 현재 위치에서 상대적으로 조금만 움직이고 싶을 때가 있다. 그림 14.3은 큰 빨간색 버튼(왼쪽)을 보여주고 있는데, 버튼을 클릭하면 약간 아래로 움직이며 색상이 빨간색에서 녹색(오른쪽)으로 바뀐다.

 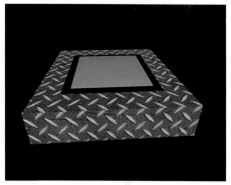

그림 14.3 버튼의 위치 및 색상을 변경해 버튼이 클릭됐음을 나타냄.

버튼 모델 구성

플레이어가 상호 작용할 수 있는 버튼을 만들려면 버튼과 버튼 소켓이 되는 별도의 파트가 필요하다. 버튼을 작동시키려면 스크립트와 ClickDetector 오브젝트를 함께 사용해서 플레이어가 버튼을 클릭하거나 눌렀을 때를 감지한다. ClickDetectors는 플랫폼에 상관없이 플레이어가 모바일 장치, PC 또는 Mac을 사용해도 모두 작동한다.

1. 버튼과 버튼이 들어갈 소켓 베이스를 만든다. 모델이 다뤄지는 방식이 다르므로 버튼은 단일 파트여야 한다.

2. 플레이어가 버튼을 클릭하는지 여부를 감지하려면 버튼 안에 ClickDetector와 스크립트를 추가한다(그림 14.4).

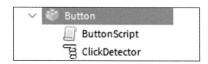

그림 14.4 버튼으로 사용할 파트를 부모로 둔 스크립트와 ClickDetector

3. 다음 코드를 추가한다. 버튼을 클릭하면 onClick() 내부에 있는 것들이 실행된다.

```
Local button = script.Parent
local clickDetector = button.ClickDetector

local function onClick()
        print("button was clicked")
end

clickDetector.MouseClick:Connect(onClick)
```

노트

파트 사용하기

이 스크립트는 전체 모델이 아닌 파트의 직접적인 자식일 때만 작동한다.

새 CFrame 설정

이제 버튼의 현재 CFrame을 구한 후 플레이어가 클릭할 때 새로운 CFrame을 할당할 차례이다. 먼저 파트를 어느 방향으로 이동시킬지 결정해야 한다. 파트는 자신을 기준으로 상대적으로 이동하므로 로컬 이동translation/회전rotation 도구를 사용한다. 선택한 오브젝트의 오른쪽 하단 모서리에 L이 보일 것이다(그림 14.5). 보이지 않으면 **Ctrl+L** 또는 **Cmd+L**을 눌러 모드를 전환한다.

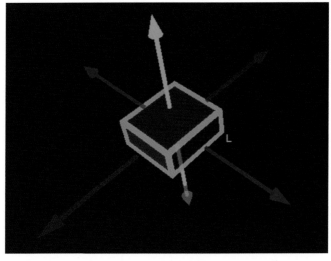

그림 14.5 로컬 모드를 나타내는 오브젝트의 오른쪽 아래에 L이 보이는 이동 위젯

다음 예제에서 Y축이 파트가 이동해야 하는 방향이다.

1. 파트를 이동할 축을 결정한다. 로컬 이동 도구를 사용하고 있는지 확인한다.

2. print 문 아래 강조 표시된 라인을 추가해 현재 CFrame을 가져오고, CFrame.new
를 사용해 파트가 움직일 정도를 설정한다. 이 예제에서는 파트가 Y축을 따라 -0.4
스터드를 이동한다.

```
local function onClick()
    print("button was clicked")
    button.CFrame = button.CFrame * CFrame.new(0, -0.4, 0)
end
```

3. 코드를 테스트한다. 올바르게 움직이는 버튼을 만들려면 값을 조금 수정해야 할 수
도 있다.

직접 해보기 ▼

버튼을 한 번만 클릭

버튼을 계속 클릭하면 버튼이 계속 움직이는 것을 볼 수 있다. 버튼을 한 번만 클릭할 수 있도록 변경하는
방법을 생각해보자.

CFrame으로 파트 회전

파트를 회전시키는 기본 공식은 다음과 같다.

```
local part = script.Parent
part.CFrame = part.CFrame * CFrame.Angles(0,0, math.rad(45))
```

여기서 파트는 Z축에서 90도 회전한다. 이번에도 CFrame이 쓰이지만, 회전은 CFrame.
Angles()를 사용한다. 이 함수는 세 축 각각에 대해 각도degree 대신 라디안radian을 사용한
다. math.rad()이 각도를 라디안으로 변환해주기 때문에 라디안의 작동 방식에 대해서는
걱정할 필요가 없다.

▼ 직접 해보기

파트 회전해보기

파트에 스크립트를 삽입하고 회전을 테스트하면 파트가 중심점을 기준으로 회전하는 것을 볼 수 있다. 파트가 중심점을 기준으로 회전하는 대신 지하 터널로 이어지는 뚜껑이 있는 해치를 상상해 보자(그림 14.6). 플레이어는 해치를 열기 위해 뚜껑을 클릭해야 한다. 뚜껑이 제대로 작동하려면 뚜껑이 가장자리를 기준으로 회전해야 한다.

그림 14.6 뚜껑이 있는 지하 터널

1. 원통(cylinder)을 사용해 해치에 사용할 간단한 뚜껑을 만든다(그림 14.7). 다시 한번 말하지만, 단순한 파트를 사용하자.

그림 14.7 뚜껑으로 사용할 원통

2. 뚜껑 파트에 ClickDetector와 스크립트를 삽입한다.

3. 다음을 스크립트에 복사해 뚜껑이 회전하도록 한다.

```
local lid = script.Parent
local clickDetector = lid.ClickDetector

local function onClick()
??lid.CFrame = lid.CFrame * CFrame.Angles(0,0, math.rad(90))
end

clickDetector.MouseClick:Connect(onClick)
```

4. 코드를 테스트한다. 변화가 보이지 않으면 다른 축으로 회전해 보자. 로컬(Ctrl+L/Cmd+L) 회전 및 이동 툴에서 사용할 축을 확인할 수 있다.

뚜껑이 중앙을 기준으로 회전하기 때문에 바닥에 끼는 것을 볼 수 있다(그림 14.8).

그림 14.8 땅에 박힌 뚜껑

이 문제를 해결하려면 다음과 같이 추가로 CFrame을 곱해 뚜껑이 회전하는 지점에 오프셋을 추가해야 한다.

```
lid.CFrame * CFrame.Angles(0, 0, math.rad(90)) * CFrame.new( 0, -9, 0)
```

뚜껑에 오프셋을 추가한다.

1. 뚜껑이 어느 축을 기준으로 움직여야 하는지 파악한다. 힌트: 아마 지금 회전하고 있는 축과 같지 않을 것이다.

2. 오브젝트를 움직이는 데 필요한 양을 결정한다. 이 파트는 길이가 18 스터드이므로 절반은 Y축을 기준으로 9 스터드가 될 것이다.

3. 적절한 X, Y 및 Z 값을 사용해 라인 끝에 * CFrame.new(0, -9, 0)를 추가한다(그림 14.9).

```
CFrameFile.rbxl ×    HingeScript ×
1    local lid = script.Parent
2    local clickDetector = lid.ClickDetector
3
4  ∨ local function onClick()
5        print("lid was clicked")
6        lid.CFrame = lid.CFrame * CFrame.Angles(0,0,  math.rad(90)) * CFrame.new( 0, -9, 0)
7    end
8
9    clickDetector.MouseClick:Connect(onClick)
10
```

그림 14.9 뚜껑을 올바른 위치로 움직이기 위해 CFrame이 추가된 코드 이미지

4. 코드를 테스트한다. 하나 이상의 축에서 파트를 이동해야 함을 알 수 있을 것이다. 완성된 모습은 그림 14.10과 유사해야 한다.

그림 14.10 열린 뚜껑

이 예제는 CFrames의 시작에 불과하다. 자세한 내용은 Roblox Developer Hub의 Understanding CFrame(https://developer.roblox.com/en-us/articles/Understanding-CFrame)을 참조하자.

트윈을 사용해 오브젝트를 부드럽게 이동

새 CFrame을 사용하면 오브젝트가 해당 위치로 점프한다. 부드럽게 움직이기 원한다면 트윈tween을 사용해야 한다. 이는 열세 번째 시간에서 GUI에 트윈을 사용한 방식과 유사하다. 짧게 말하자면 시작 값에서 목표 값까지 이동 속성을 트위닝하는 것이다. Size, Position, Rotation, Color 모두 트윈이 가능한 속성들이다. 이 섹션에서는 두 CFrame 사이에서 트위닝하는 방법을 알아보자.

트윈을 구성하는 방법은 그림 14.11과 같다.

그림 14.11 트윈 구성

TweenService:Create는 트윈을 생성할 때 사용하는 유일하고도 매우 강력한 기능이다. 세 가지 매개변수parameter가 있다.

▶ **파트 인스턴스**instance: 트윈이 될 인스턴스

▶ tweenInfo: 특수 형식, TweenInfo.new()

▶ **목표 딕셔너리**: 변경할 속성과 도달할 목표 값을 담은 테이블

이러한 값을 변수에 할당한 다음 각각 매개 변수로 입력하는 것이 좋다.

```
-- TweenService 가져오기
local TweenService = game:GetService("TweenService")

-- 트윈할 파트
local part = workspace.Part -- Parameter #1

-- 트윈의 동작 모습

local tweenInfo = TweenInfo.new(1) -- Parameter #2
local goal = {Position = 1,0,0} -- Parameter #3

-- 트윈을 생성하고 재생한다.
local Tween = TweenService:Create(part, tweenInfo, goal)
Tween:Play()
```

두 점 사이의 트위닝

목표 값을 설정하고 서로 다른 트윈 파라미터를 이용해 두 점 사이를 끝없이 이동하도록
오브젝트를 구성할 수 있다. 이 예제는 플레이어들이 협곡을 건널 수 있도록 앞뒤로 미끄
러져 움직이는 플랫폼을 보여준다(그림 14.12).

그림 14.12 분홍색 플랫폼으로 협곡을 건널 수 있다.

이동하는 플랫폼을 만들려면 다음 작업을 수행한다.

1. 하나의 파트를 사용해 플랫폼을 만든다.

2. 파트에 스크립트를 삽입한다. 다음 코드를 복사해 Tween 서비스를 호출하고 움직
일 파트를 가져온다.

```
Local TweenService = game:GetService("TweenService")
local platform = script.Parent
```

3. TweenInfo는 사용자 지정이 가능한 6개의 파라미터가 있다. 여기에 보여준 대로
설정한다. 필요한 경우 초 단위로 시간을 조정하고, 나머지는 지금 걱정하지 말자.

```
-- 트윈의 움직임 유형
local tweenInfo = TweenInfo.new(
        10,                         -- 목표에 도달하기까지의 시간
        Enum.EasingStyle.Linear,    -- 미끄러지는 스타일
        Enum.EasingDirection.In,    -- 미끄러지는 방향
        -1,                         -- 반복 횟수; -1은 무한
        true,                       -- true라면 목표를 반대로 전환
```

```
        0.5                          -- 트윈 재생 사이 지연 시간
)
```

4. 트윈을 통해 수정하기를 원하는 모든 것들은 테이블 안으로 들어간다. 스크립트에 다음 코드를 추가하고, Vector3.new() 안에 원하는 X, Y, Z 값을 사용한다.

```
-- 테이블에 목표 값을 추가
local goal = {}
goal.Position = Vector3.new(-191, 35, 39.6)
```

5. 트윈을 생성하고 재생한다.

```
-- 트윈 생성하기
local tween = TweenService:Create(platform, tweenInfo, goal)
tween:Play() -- 트윈 재생
```

6. 코드를 테스트하고 필요에 따라 시간을 초 단위로 시간을 조정한다.

직접 해보기 ▼

Color 속성 추가

목표를 담은 테이블에 Color 속성도 추가해 보자.

미끄러지는 스타일과 방향

기본적으로 트윈은 두 값 사이에서 부드럽게 전환된다. 하지만 현실에서는 모든 것이 완벽하고 일정한 방식으로 움직이지 않는다. 예를 들어, 기차는 처음에 천천히 움직이고 속도를 높인 다음, 마지막 목적지에 도착하기 전에 속도를 늦춘다. EasyingStyle은 목표에 도달하기 전, 정지하기 전에 속도를 늦추는 방식, 더 나아가 목표를 조금 벗어난 뒤 다시 돌아오는 스냅백과 같이 트윈이 동작하는지에 대한 옵션을 제공한다. 그림 14.13은 시간이 지남에 따라 서로 다른 트윈 스타일에 따라 목표에 도달하는 방식을 보여준다. 정사각형의 왼쪽 아래가 시작 값이고 오른쪽 위가 목표 값이다.

EasingDirection은 그래프가 재생되는 방향을 제어한다. 예를 들어 트윈 스타일이 elastic이고 위치를 다루는 경우, In은 마지막에 오브젝트를 앞뒤로 흔들게 한다. Out은 시작시에 흔들릴 수 있도록 그래프를 거꾸로 재생한다. InOut은 양쪽 끝에서 흔들린다.

▼ 직접 해보기

트윈 스타일 및 방향 가지고 놀기

움직이는 플랫폼에서 몇 가지 다른 트윈 스타일과 트윈 방향 조합을 사용해보자.

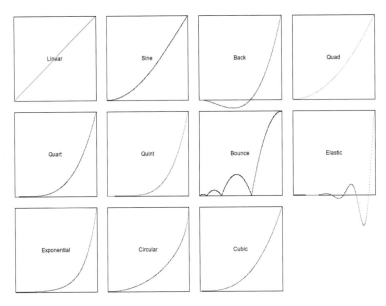

그림 14.13 트윈 전환

모델 전체 움직이기

전체 모델을 움직이는 것은 하나의 파트를 움직이는 것과는 조금 다르다. Explorer에서 모델을 보면 Position 또는 Orientation 속성이 없는 것을 알 수 있다. 때문에 모델을 이동하려면 PrimaryPart를 이동한다(그림 14.14). 이것도 PrimaryPart를 설정하고 모든 것이 잘 붙어있는지 확인하는 이유 중 하나다.

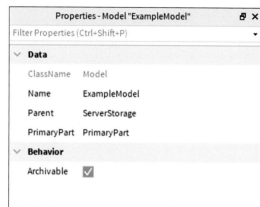

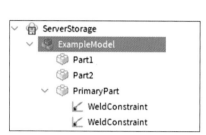

그림 14.14 모델 오브젝트의 속성

모델을 이동하려면 SetPrimaryPartCFrame()를 사용한다. 예를 들면 다음과 같다.

```
local model = script.Parent
local newCFrame = CFrame.new(0 ,20, 0)

model:SetPrimaryPartCFrame(newCFrame)
```

다음 코드는 1초에 한 번씩 하늘에서 모델의 복사본을 떨어뜨린다. 모델은 ServerStorage
에 저장돼야 한다.

1. ServerStorage에 모델을 배치한다. 자유롭게 떨어질 수 있도록 고정하지 말자.

2. ServerScriptService에 스크립트를 추가한다.

3. 다음 코드를 복사한다. 모델의 이름을 본인의 모델 이름과 일치하도록 수정하고 떨
   어뜨릴 위치를 설정한다.

```
local ServerStorage = game:GetService("ServerStorage")
local modelToDrop = ServerStorage:WaitForChild("ExampleModel")

while true do
        local newCopy = modelToDrop:Clone()
        newCopy.Parent = workspace
        newCopy:SetPrimaryPartCFrame(CFrame.new(-100, 40.957, -108))

        wait(1)
end
```

4. 테스트해본다.

> 팁
>
> **용접 및 고정 해제**
>
> 모델이 떨어지면서 분해되는 경우 제대로 용접(weld)됐는지 확인해보자. 파트가 공중에 붙어 있는 경우 고정 (anchor)되지 않았는지 확인해보자.

요약

이번 시간에는 게임 월드 안에서 더 많은 상호작용이 가능하도록 만들어 주는 애니메이션을 코드로 생성하는 배웠다. 먼저 CFrame.new()를 사용해 파트의 CFrame을 업데이트하고, 그 위에 추가해 나갔다. Cframe.Angles(0, 0, math.rad(90))을 사용해 오브젝트의 Cframe을 회전했다. Math.rad()는 우리에게 친숙한 각도 값을 받아 라디안으로 변환한다.

마지막으로 모델을 가지고 작업할 때와 개별 파트를 가지고 작업할 때를 고려하는 방법을 배웠다. 모델은 자신의 위치나 회전 정보를 가지고 있지 않다. 대신 SetPrimary PartCFrame()을 사용해서 오브젝트의 PrimaryPart를 찾아 조작하는 데 사용한다.

Q&A

Q EasingStyles의 사용 목적은 무엇인가?

A 단순히 선형적으로가 아니라 더 자연스러운 트윈 방식으로 목표에 도달할 수 있도록 한다.

Q CFrame를 구성하는 두 가지 컴포넌트는 무엇인가?

A 위치와 회전.

워크샵

이번 시간을 마쳤으니 배운 것을 복습해보자. 시간을 내 다음 질문에 답해보자.

퀴즈

1. 트윈이 가능한 속성의 세 가지 예를 들어보자.

2. 트윈을 구성하는 데 사용되는 함수는 무엇인가?

3. EasingDirections이 하는 일은 무엇인가?

4. 빈 CFrame을 생성하는 데 사용되는 생성자는 무엇인가?

답

1. Size, Transparency, Position는 트윈이 가능한 속성이다.

2. TweenService:Create() 함수가 트윈을 설정한다.

3. EasingDirections는 트윈이 재생되는 동안 그래프를 거쳐가는 방향을 제어한다.

4. CFrame.new()를 사용해 빈 Cframe을 만든다.

연습

그림 14.15와 같이 5초마다 새로운 위치에서 무기나 생명력 팩과 같은 모델을 무작위로 생성해보자. 아래는 몇 가지 팁이다.

▶ X, Y, Z에 대해 개별 변수를 생성한다.

▶ random()를 사용해 난수를 반환할 수 있다. 예를 들어, random(1, 99)는 1부터 99까지의 난수를 생성한다.

▶ 동일한 모델을 다른 곳으로 이동시키거나, ServerStorage에서 새 모델을 복제할 수 있다.

그림 14.15 RBR1 생명력 팩

다음 연습에서는 그림 14.16에서처럼 스스로 앞뒤로 움직이지 않고 스위치를 클릭할 때만 움직이는 플랫폼을 만들어보자. 다음 팁을 사용한다.

▶ 자동으로 반복되지 않도록 TweenInfo를 수정해야 한다.

▶ 함수 내에서 tween:Play()를 호출할 수 있다.

그림 14.16 스위치가 있는 움직이는 플랫폼

마지막 연습은 플레이어가 블록을 때리면 코인이 생성되는 블록을 만든다. 다음 팁을 사용한다.

▶ 코인 오브젝트를 replicatedStorage에 배치하고 블록을 부모로 만든 후, instance.new를 사용해 생성할 수 있다.

▶ 파트를 터치했을 때 실행하는 코드에 대한 내용은 네 번째 시간을 참조하자.

▶ 동전이 생성될 때 트윈을 사용해 동전이 회전하고 튕기도록 해보자.

HOUR 15
사운드와 음악

이번 시간에 배울 내용

▶ 사운드 트랙을 만드는 방법

▶ 음악 및 사운드 에셋을 가져오는 방법

▶ 환경 사운드를 만드는 방법

▶ 코드를 사용해 사운드를 트리거하는 방법

▶ 사운드를 그룹화하는 방법

음악과 사운드는 플레이어에게 정보를 주는 유용한 도구다. 오디오는 게임의 톤을 설정할 뿐만 아니라 플레이어에게 무슨 일이 일어나고 있는지 알려주기도 한다. 예를 들어 사운드를 사용해 플레이어에게 GUI 버튼이 작동 중인지 또는 공격이 성공했는지 알릴 수 있다.

이번 시간에서는 게임용 사운드 트랙을 만드는 방법과 플레이어가 GUI 및 게임 요소와 상호 작용할 때 오디오 피드백을 제공하기 위해 사운드 에셋을 사용하고 가져오는 방법을 알아본다.

사운드 트랙 만들기

음악은 게임의 분위기를 조종한다. 플레이어를 차분하게 만들거나, 흥분을 돋우거나, 게임의 테마를 강화할 수 있다. 음악 작곡가가 아닌 경우 로블록스에는 게임으로 가져올 수 있는 무료 음악 트랙 라이브러리가 있다. 잠시 시간을 할애해 로블록스의 음악 라이브러리를 둘러본 후, 다음 단계에 따라 음악 파일을 게임으로 가져온다.

1. Toolbox에서 Marketplace 탭을 클릭하고 Audio를 선택한다(그림 15.1).

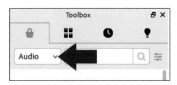

그림 15.1 Marketplace 탭의 Audio 옵션

2. 사운드 트랙에 적합한 긴 사운드 에셋을 찾으려면 검색 옵션 아이콘(그림 15.2)을 클릭한다. 또한 창작자를 Roblox로 검색하면 품질 높은 에셋을 찾을 수 있다.

그림 15.2 사운드 트랙 검색 옵션

3. 아이콘 오른쪽 하단의 Play 버튼(그림 15.3)을 클릭해 사운드를 미리 듣는다. 마음에 들면 더블 클릭해 게임에 추가한다.

그림 15.3 Play 버튼

4. Properties에서 Playing과 Looped(그림 15.4)를 클릭해 음악을 반복적으로 재생한다.

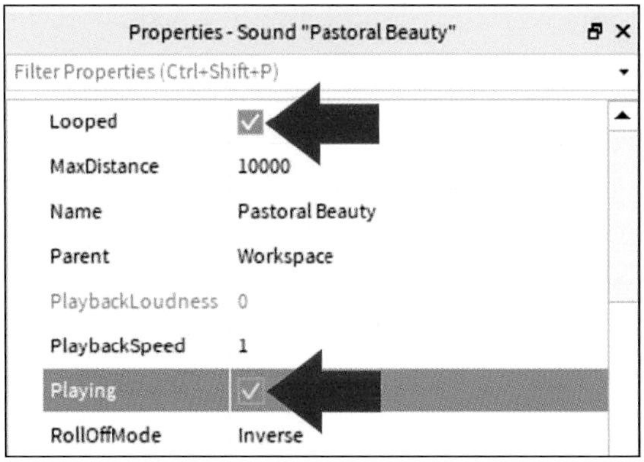

그림 15.4 루프(loop)를 사용해서 음악을 반복 재생

음악 및 사운드 에셋 가져오기

사용하고 싶은 음악이나 사운드를 카탈로그에서 찾을 수 없는 경우 본인의 음악 파일을 업로드할 수 있다. 사용자가 업로드하는 모든 사운드 파일을 관리자가 검토하는 과정을 위해 약간의 로벅스^{Robux} 요금을 지불해야 한다. 비용은 에셋의 총 길이를 기준으로 한다. 오디오 파일은 .mp3 또는 .ogg 형식이어야 하며, 동시에 7분 미만이면서 19.5MB 미만이어야 한다. 표 15.1은 비용을 보여준다.

> **팁**
>
> **사용 권한 확인**
>
> 사용하려는 유저에게 사용 권한이 없는 오디오 파일을 업로드 또는 사용하는 것은 로블록스의 서비스 약관에 위배된다는 점을 유의하자.

표 15.1 오디오 업로드 비용

오디오 파일 길이	로벅스 비용
0–10초	20
10–30초	35
30초–2분	70
2–7분	350

로블록스 사이트에 오디오를 업로드하려면 다음을 수행한다.

1. https://www.roblox.com/develop으로 이동해 Audio를 클릭한다.

2. Choose File을 클릭하고 업로드할 파일이 있는 위치를 찾는다. Estimate Price(그림 15.5)을 클릭해 비용을 확인한 다음 Purchase 버튼을 클릭해서 오디오 파일을 업로 드한다.

그림 15.5 오디오 파일 업로드하기

3. 파일이 업로드되면 페이지의 목록에 나타난다. 심사가 끝나면 Toolbox 아래 My Audio 에 표시된다(그림 15.6).

그림 15.6 Toolbox에 업로드 된 오디오 파일

4. 오디오 파일의 이름을 클릭해 전용 페이지를 열고, 거기 보이는 숫자 ID를 복사 혹 은 적어 놓는다. 이 ID는 나중에 재생 테스트를 위해 필요하다. 다음 예제에서 숫자 ID는 1837103530이다.

https://www.roblox.com/library/18371035 30/Lucid-Dream

환경 사운드 만들기

긴 배경음악 외에도 플레이어가 게임의 특정 영역에 있을 때만 들을 수 있는 사운드가 필요할 수도 있다. 대장간에서 나오는 망치 사운드나 혼잣말을 하는 NPC를 상상해보면 된다.

일반적으로 게임 개발자가 환경 사운드를 업로드 한다. 자신만의 환경 사운드를 만들기 위해서는 스마트폰이나 다른 녹음 장비를 사용해 실제 사운드를 녹음할 수 있다. 또는 온라인에서 무료 사운드 생성 프로그램을 검색해봐도 좋다.

사용하고 싶은 환경 사운드 파일을 만들거나 찾은 경우 다음 단계를 수행한다.

1. 사운드를 가져온다.

2. 사운드가 재생됐으면 하는 위치에 파트를 배치한다. 이 예제는 폭포를 사용하므로 (그림 15.7), 폭포 바닥에 사운드를 배치할 것이다.

그림 15.7 사운드 파일이 들어갈 폭포

3. 파트에 Sound 오브젝트를 삽입한다(그림 15.8).

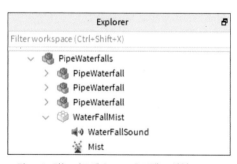

그림 15.8 맞는 파트에 Sound 오브젝트 삽입

4. Properties에서 SoundId로 스크롤한 후 위에서 언급했던 숫자 ID를 입력한다(그림 15.9).

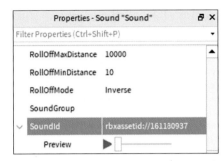

그림 15.9 에셋 숫자 ID를 삽입할 수 있는 SoundId 속성

5. Playing와 Looped를 활성화하는 것을 잊지 말자. 다음 설정들을 사용해 사운드를 들을 수 있는 범위를 제어할 수 있다.

▶ MaxDistance: 사운드가 들리는 거리를 스터드 단위로 설정한다.

▶ RollOffMode: InverseTapered로 설정하면 멀어질수록 사운드가 부드러워진다.

▶ Volume: 음량을 적절한 수준으로 조절한다. 모든 사운드가 필요 이상으로 크게 들리지 않도록 주의하자.

코드를 사용해 사운드 트리거

코드를 사용해 사운드가 재생되는 시점을 설정하거나, 플레이어가 하는 행동에 따라 사운드를 변경하는 등의 제어가 가능하다. 사운드를 호출하는 흔한 예제는 플레이어가 무언가를 클릭할 때이다. 다음 단계에서는 플레이어가 스위치를 클릭할 때 재생되는 사운드를 추가하는 방법을 설명한다.

1. 열네 번째 시간에서 구성한 스위치를 사용하거나, 파트를 생성한 후 click detector를 삽입한다. 다음 코드를 사용해 클릭을 감지한다.

```
local button = script.Parent
local clickDetector = button.ClickDetector

local function onClick()
    print("button was clicked")
    button.CFrame = button.CFrame * CFrame.new(0, -.4, 0)
end

clickDetector.MouseClick:Connect(onClick)
```

2. 사용할 사운드를 파트에 삽입한다. 여기서는 로블록스의 Button을 사용하고 있다.
(rbxassetid://12221967).

3. 강조 표시된 코드를 사용해 사운드를 가져오고 재생한다.

```
local SoundService = game:GetService("SoundService")

local button = script.Parent
local clickDetector = button.ClickDetector
local buttonSound = button["button.wav"]

local function onClick()
    print("button was clicked")
    button.CFrame = button.CFrame * CFrame.new(0, -.4, 0)
    buttonSound:Play()
end

clickDetector.MouseClick:Connect(onClick)
```

사운드 그룹화

사운드로 구성된 환경을 쉽게 만들기 위해 사운드를 그룹화해 그룹의 볼륨을 한 번에 올리거나 줄일 수 있다. 예를 들어 한 사운드 그룹은 플레이어가 야간 캠프파이어 장면에서 들을 수 있는 사운드고(그림 15.10), 다른 그룹은 같은 장소의 아침에 들을 수 있는 사운드일 수 있다.

그림 15.10 캠프파이어 장면에 야간 사운드 추가

사운드 그룹을 생성하고 지정하려면 다음 단계를 수행한다.

1. SoundService에서 SoundGroup을 추가하고 이름을 변경한다(그림 15.11).

그림 15.11 이름이 변경된 SoundGroup

2. 그룹 속에 추가할 사운드를 선택하고, Properties(그림 15.12)에서 SoundGroup 옆에 있는 필드를 클릭한다. 그런 다음 원하는 그룹을 클릭한다.

3. 그룹에 포함할 모든 사운드에 이 과정을 반복한다.

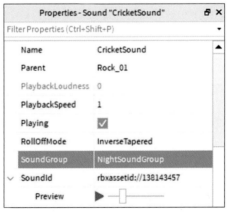

그림 15.12 SoundGroup에 사운드 추가

요약

사운드는 단일 혹은 그룹으로 사용해 게임 세계를 더욱 몰입감 있게 만들고, 플레이어가 오브젝트와 상호 작용할 때를 확인시켜 줄 수 있다. 본인이 작곡가나 오디오 디자이너가 아니라면 로블록스와 커뮤니티에서 사용이 가능한 많은 사운드와 음악 파일이 있다.

카탈로그에 있는 사운드에는 각각 고유한 숫자 ID가 있다. Sound 오브젝트에서 SoundId 속성을 사용할 에셋의 숫자 ID로 설정하면 된다. 소정의 심사 비용을 부담하는 유료 비용을 사용해서 자신만의 음악과 사운드를 업로드할 수 있다.

Q&A

Q 그룹 게임에 사용 하려면 그룹에 사운드를 업로드해야 하는가?

A 아니다. 애니메이션과 달리 업로드된 사운드는 모든 게임에서 사용할 수 있다.

Q 게임 내에서 대중음악을 사용해도 괜찮은가?

A 모든 유형의 에셋과 마찬가지로 사용자에게 사용 권한이 있는 음악과 사운드만 사용해야 한다. 허락 없이 아티스트의 음악을 사용하면 안 된다.

Q 무료 음악은 어디서 찾을 수 있는가?

A 로블록스가 업로드한 음악을 찾아보거나 무료 음악 제작 도구를 이용해 자신만의 음악을 만들 수 있다.

Q 어떻게 사운드가 게임에 더 쉽게 접근할 수 있게 하는가?

A 모든 플레이어들이 완벽한 시각을 가지고 있지는 않으며, 사운드 신호를 추가하면 플레이어가 게임의 세세한 디테일을 보지 않아도 무슨 일이 벌어지는지 알 수 있게 된다.

워크샵

이번 시간을 마쳤으니 배운 것을 복습해보자. 시간을 내 다음 질문에 답해보자.

퀴즈

1. 참/거짓: 다른 공격에는 다른 사운드를 사용해야 한다.

2. 참/거짓: 사운드를 업로드하려면 신용카드가 필요하다.

3. 플레이어가 멀어질 때 사운드가 작아지게 만들려면 ____ 속성을 _____로 변경한다.

4. 플레이어가 들을 수 있는 사운드를 발생 위치로부터 최대 거리는 ____ 속성으로 설정한다.

5. 참/거짓: 모든 사운드는 정확히 같은 음량이어야 한다.

답

1. 참. 플레이어의 각각의 동작이 서로 다른 사운드를 가지는 것이 이상적이다.

2. 거짓. 사운드 심사 비용은 로벅스로 지불한다.

3. 플레이어가 멀어질 때 사운드가 작아지게 만들려면 RollOffMode 속성을 Inverse Tapered로 변경한다.

4. 플레이어가 들을 수 있는 사운드를 발생 위치로부터 최대 거리는 MaxDistance 속성으로 설정한다.

5. 거짓. 플레이어에게 부담이 되지 않도록 게임 사운드의 밸런스를 맞춰야 한다.

연습

사운드는 게임 월드에 활기를 불어넣을 뿐만 아니라 게임 플레이도 향상시킨다. 사운드는 플레이어가 상점 버튼을 클릭했거나 탄약이 떨어졌거나 위협이 근처에 있음을 알리는 등에 사용할 수 있다. 가능하다면 게임에 있는 모든 다른 동작이 독특한 사운드를 가지면 좋다.

첫 번째 연습에서는 본인의 게임을 직접 해보면서 플레이어가 무언가 할 수 있지만 사운드가 나지 않는 부분들을 확인한다. 여러 가지 공격들, 포인트 획득, 보물을 얻었을 때 등일 수 있다. 최소 세 가지 부분에 사운드를 추가해보자.

사운드로 구성된 환경이란 해당 환경을 묘사하는 주변의 모든 작은 사운드들을 말한다. 두 번째 연습에서는 여러분이 실제로 가볼 수 있는 세 곳을 상상해보고, 각 장소에서 들을 수 있는 독특한 사운드를 장소마다 세가지 정도 떠올려보자. 도시의 블록이라면 자동차 경적음, 음식 상인들의 소리침, 횡단보도 신호음, 비둘기 소리, 비행기 소리 등일 수 있다.

환경을 직접 구성해보고 해당 환경 어딘 가에 사운드 환경을 만들어보자. 사운드가 부담스럽지 않도록 Volume과 MaxDistance를 조절하는 것을 잊지 말자.

로블록스 게임에서 시간을 설정하는 한 가지 방법은 `Lighting.TimeOfDay`를 사용하는 것이다. 예를 들어 오전 1시는 `Lighting.TimeOfDay = 01:00:00`이다.

시:분:초 형식은 24시간 포맷을 사용해 설정해야 한다. 예를 들어 오후 1시는 13:00:00이다.

마지막 연습은 루프loop를 사용해 환경에 주간/야간 사이클을 코딩해보자. 그런 다음 SoundGroups의 Volume 속성을 사용해 주간(그림 15.13) 및 야간 환경에 따라 다른 사운드 환경을 만들어보자.

그림 15.13 주간 캠핑 장면

HOUR 16
애니메이션 에디터 사용

이번 시간에 배울 내용

▶ 애니메이션 편집기란 무엇인가

▶ 포즈 만드는 방법

▶ 애니메이션 편집기 툴 사용 방법

▶ 애니메이션 이벤트 다루기

▶ 애니메이션을 저장하고 내보내는 방법

이번 시간에는 게임의 디테일을 높여주는 데 꼭 필요한 애니메이션 편집기^{Animation Editor}를 다룰 예정이다. 애니메이션은 플레이어에게 액션을 표현하는 강력한 도구일 것이다. 애니메이션이 없으면 플레이어는 어떤 일이 일어나는지 명확하게 파악할 수 없으며, 좋은 애니메이션이 없으면 플레이어는 혼란스럽거나 감동이 덜해진다.

나쁜 애니메이션은 플레이어의 경험을 방해할 수 있는 반면, 훌륭한 애니메이션은 게임을 더 몰입감 있고 기억에 남도록 만들 수 있다(그림 16.1). UI 팝업 같이 방해가 되는 방식을 사용하지 않고도 명확하게 액션을 표현할 수 있다. 애니메이션 편집기라는 강력한 내장 툴을 통해 커스텀 애니메이션을 만들고 업로드해 오래도록 기억에 남는 게임을 만들어보자.

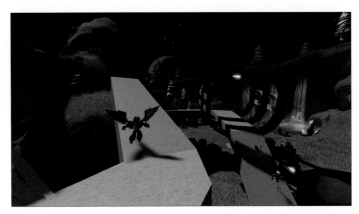

그림 16.1 Roblox Resources의 Build It, Play It: Island of Move에서 여러 애니메이션 확인 가능

애니메이션 편집기

애니메이션 편집기^{Animation Editor}는 개발자가 캐릭터, NPC는 물론 움직이기 원하는 모든 것들의 애니메이션을 만들 수 있는 도구이다. 대부분의 3D 애니메이션 소프트웨어와 마찬가지로 애니메이션 편집기는 키프레임(포즈의 시작과 끝을 나타내는 타임라인 마커)을 사용해 움직임을 구성한다. 개발자는 핵심이 되는 포즈들로 키프레임을 만들면 에디터가 포즈와 포즈 사이를 부드럽게 연결해 매끄러운 애니메이션을 만든다.

모델 요구 사항 이해

애니메이션 편집기는 다양한 모델을 지원할 수 있다. 단, Motor6D와 함께 리그^{Rig}로 연결돼 있고, PrimaryPart가 포함돼 있어야 한다. 커스텀 모델을 함께 리깅하는 데 익숙하지 않은 경우 기본 R15 모델을 사용해도 좋다. 이번 시간의 연습에서는 R15 모델을 사용한다.

먼저 별도의 baseplate를 열어 보다 안전하게 애니메이션을 별도의 장소에 보관한 후 아래 단계를 진행하자.

1. Plugins 탭에서 Build Rig를 클릭한다(그림 16.2).

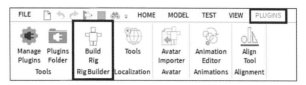

그림 16.2　Plugins 탭의 Rig Builder

2. 이 예제를 위해 Block Rig를 선택한다(그림 16.3).

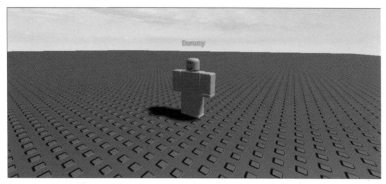

그림 16.3　삽입된 Block Rig R15 더미

Workspace에 테스트 리그가 존재하면 이제 애니메이션 편집기를 사용할 준비가 됐다.

애니메이션 편집기 열기

1. Plugins 탭 아래에 있는 Animation Editor를 연다(그림 16.4).

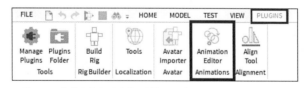

그림 16.4　애니메이션 편집기를 찾을 수 있는 경로

2. Animation Editor 창(그림 16.5)에서 본인의 리그를 클릭해 선택한다. 메시지가 나타나면 애니메이션 이름을 지정하고 Create을 클릭한다.

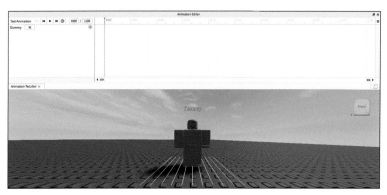

그림 16.5 애니메이션 편집기

포즈 만들기

리그에 애니메이션을 적용하려면 먼저 머리나 다리 같은 특정 파트를 원하는 제스처 모양이 되도록 적합한 위치로 이동해 포즈를 정의해야 한다. 예를 들어 리그가 오른쪽 다리를 위로 차도록 하려면 두 가지 자세, 즉 땅에서 시작하는 다리와 90도 위로 올라가는 다리가 필요하다(그림 16.6).

그림 16.6 애니메이션 편집기에서 각 포즈가 시작하고 끝나야 하는 위치를 알려 주기 위해 키프레임을 만든다.

키프레임keyframe은 앞에서 언급했듯이 포즈의 시작과 끝을 나타내는 타임라인 마커timeline marker다. 키프레임을 사용해 새 포즈를 만들려면 다음 단계를 진행하자.

1. 스크러버 바(그림 16.7의 파란색 선)를 원하는 포즈를 설정하고 싶은 시간으로 이동한다.

그림 16.7 애니메이션 편집기의 스크러버 바

노트

타임라인 단위

기본적으로 타임라인(timeline) 단위는 초:프레임 단위로 표시되며, 애니메이션은 초당 30프레임으로 실행되므로 0:15는 1/2초를 나타낸다. 이 기본 설정을 변경하려면 Settings 바에 있는 Frame Rate을 조절하면 된다.

---

2. 리그에서 움직이고 싶은 파트를 클릭한다.

3. 파트를 원하는 방향으로 이동하고 회전시킨다. 이렇게 하면 트랙이 생성되고 다이아몬드(그림 16.8)로 표시된 새 키프레임이 타임라인을 따라 생성된다.

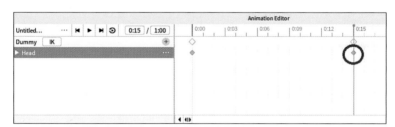

그림 16.8 새 키프레임 생성하기

노트

이동과 회전툴 사이 전환하기

포즈를 설정할 때 Ctrl+2 또는 Ctrl+4(Mac에서는 Command+2 또는 Command+4)를 각각 눌러 Move 툴과 Rotate 툴 사이를 전환할 수 있다. 이 툴들은 오브젝트를 움직이거나 회전할 때와 똑같이 작동한다.

---

4. 원하는 자세가 될 때까지 파트를 계속 움직이거나 회전시킨다. 특정 파트를 조정할 때마다 선택한 시간에 해당 파트에 대한 키프레임이 정의된다.

5. 제작한 애니메이션을 프리뷰 할 준비가 됐으면 애니메이션 편집기에서 Play 버튼을 클릭한다(그림 16.9). 스페이스바를 눌러 애니메이션을 재생하거나 일시 중지할 수 도 있다.

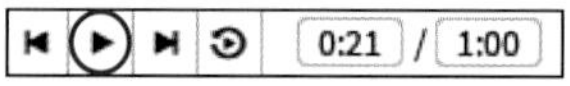

그림 16.9 애니메이션을 보려면 Play 버튼 클릭

원하는 포즈가 설정되면 애니메이션의 완성도를 높이기 위해 개별 키프레임을 미세 조정할 수 있다. 다음은 키프레임을 조정하는 일반적인 작업 리스트다.

▶ **키프레임 추가**: 스크러버 바를 새 위치로 이동하고, 해당 트랙의 **줄임표**(…) 버튼을 클릭한 다음 Add Keyframe를 선택한다.

▶ **키프레임 삭제**: 키프레임을 선택하고 Delete 키를 누르거나, 오른 클릭 후 연관 메뉴에서 Delete Keyframe을 선택한다.

▶ **키프레임 복제**: 원하는 키프레임을 하이라이트하면서 Ctrl+C(Mac의 경우 Cmd+C)를 누른 다음, 스크러버 바를 원하는 위치로 이동한 후 Cmd+V(Mac의 경우 Cmd+V)를 눌러 복사한다.

▶ **키프레임 이동**: 키프레임을 타임라인의 원하는 위치로 끌어 놓는다.

▼ 직접 해보기

공격 애니메이션 만들기

캐릭터가 움직이는 모습은 그들이 누구인가에 대한 많은 정보를 줄 수 있다. 큰 몬스터들은 천천히 발을 끌면서 스윙할 수도 있고, 어린 애니메이션 주인공들은 점프하고 회전하면서 펀치를 날릴 수도 있다. 적절한 독특한 공격 애니메이션을 만들어 보자.

1. 타임라인 중간에 공격이 완료된 자세를 만든다(그림 16.10의 자세처럼). 그림 16.11과 같이 타임라인의 시작 부분과 커서가 있는 곳에 키프레임이 나타날 것이다.

그림 16.10　공격을 끝낸 포즈

그림 16.11　포즈를 위한 키프레임

2. Play를 클릭해 애니메이션의 모습을 확인한다.

3. 키프레임을 끌어 애니메이션을 더 빠르거나 느리게 만들고, 애니메이션을 더 부드럽게 만들기 위해 필요한 곳에 새 키프레임을 추가한다(그림 16.12와 16.13).

그림 16.12　왼쪽부터 오른쪽으로 시작, 손 올리기, 공격하기

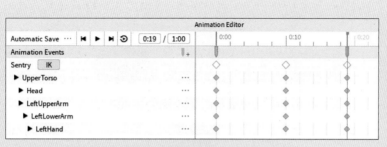

그림 16.13 다양한 위치를 표시하는 키프레임

애니메이션 저장 및 내보내기

애니메이션을 저장하려면 다음 단계를 수행한다.

1. 애니메이션 편집기의 오른쪽 상단에 있는 **줄임표(...)**를 클릭한다.

2. 새 애니메이션 오브젝트를 만들지 기존 오브젝트를 업데이트할지 여부에 따라 Save As 또는 Save를 선택한다. 그러면 방금 애니메이션한 애니메이션 더미 안에 있는 AnimSaves 모델(그림 16.14)에 새 애니메이션이 저장된다.

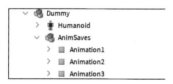

그림 16.14 저장한 KeyframeSequences를 찾을 위치

노트

저장 vs 내보내기

위에서 진행한 단계들은 애니메이션을 로블록스의 서버에 저장하지 않고 모델에만 저장한다. 로블록스에 애니메이션을 저장하고 사용하려면 다음 단계에 따라 애니메이션을 내보내야 한다.

게임 내 사용하기 위해 애니메이션을 내보내려면 다음 단계를 수행한다.

1. 애니메이션 편집기의 오른쪽 상단에 있는 **줄임표(...)**를 클릭한다.

2. Export를 클릭한다.

3. 애니메이션 파일의 이름, 설명 및 그룹 소유자를 지정한다.

4. Submit을 클릭한다.

사용할 애니메이션 ID를 복사하려면 애니메이션 ID 옆에 있는 **Copy** 버튼을 클릭한다. 나중에 애니메이션 ID를 찾으려면 다음을 수행한다.

1. 애니메이션 편집기의 오른쪽 상단에 있는 **줄임표(…)**를 클릭한다. 그런 다음 Import, From Roblox를 선택한다.

2. 애니메이션을 선택한 후 하단에 있는 ID 번호를 복사한다(그림 16.15).

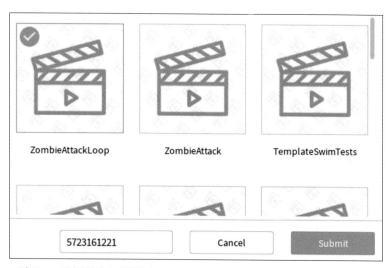

그림 16.15 애니메이션 ID 복사하기

미끄러지기

열다섯 번째 시간에서 미끄러지는 easing 방향과 스타일을 도입했었다. 이러한 툴은 키프레임이 한 포즈에서 다른 포즈로 변경되는 방식을 결정한다. 이것들은 비교적 짧은 시간 안에 복잡하면서 실제와 같은 애니메이션을 쉽게 만들 수 있도록 돕기 때문에 필수적이다.

기본 설정 상 파트가 한 키프레임에서 다음 키프레임으로 이동할 때 직선적이고 꾸준하게 움직인다. 하지만 애니메이션을 보다 역동적으로 만들기 위해 미끄러지는 기능을 직접 설정할 수 있다. 하나 혹은 그 이상의 키프레임에 대한 스타일을 변경하려면 수정할 키프레임을 선택하고 오른 클릭한 다음 메뉴에서 Easing Styles과 Easing Directions 옵션을 선택한다. 그런 다음 스타일과 방향을 편집해 키프레임이 한 포즈에서 다른 포즈로 변화되는 방식을 변경할 수 있다.

▼ 직접 해보기

미끄러지는 스타일
공격 애니메이션을 가지고 여러 가지 미끄러지는 스타일을 실험해 보자.

인버스 키네마틱 다루기

인버스 키네마틱^{IK, Inverse Kinematics}은 관절을 신속하게 조정할 수 있는 유용한 도구이다. IK의 좋은 예는 다리를 제자리에 유지한 채 하나의 관절만 움직여도 여러 관절의 위치가 자동으로 계산되는 것이다. 예를 들어 구부려 앉은 자세를 만들려면(그림 16.16) 발을 제자리에 유지한 채 하단 몸통만 아래로 이동할 수 있다.

그림 16.16 신체 부위 LowerTorso의 IK 예제

LowerTorso에만 애니메이션을 적용해도 다리에 대한 계산이 자동으로 처리된다.

IK 활성화하기

IK를 사용해 애니메이션을 하려면 애니메이션 편집기(그림 16.17)에서 IK 버튼을 클릭해 화면 왼쪽에 Manage IK 창이 나오게 한다. 창 하단의 Enable IK를 클릭한다.

그림 16.17   IK 버튼

로블록스 IK는 Full Body와 Body Part 두 가지 모드로 분류할 수 있다(그림 16.18).

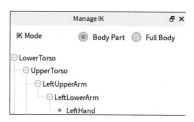

그림 16.18   두 가지 IK 설정: Body Part와 Full Body

Body Part IK 모드에서는 신체 부위를 움직일 때 해당 부위만 움직임이 발생한다. 예를 들어 오른팔을 움직이면 오른팔을 구성하는 부분에만 영향을 미친다(그림 16.19).

그림 16.19   Body Part IK 활성화 상태

Full Body IK 모드에서는 신체 부위를 움직일 때 리그^{rig}의 모든 부분이 고려된다. 예를 들어 오른팔을 움직이면 신체의 나머지 부분에 미치는 영향이 계산된다(그림 16.20). 특정 파트를 계산하고 싶지 않으면 핀^{pin}으로 고정할 수 있다(다음 섹션 참조).

그림 16.20 Full Part IK 활성화

파트를 핀으로 고정하기

Full Body IK의 경우 특정 파트가 움직이지 않도록 핀으로 파트를 고정할 수 있다. 고정할 파트 이름 옆에 있는 핀 아이콘을 클릭하기만 하면 된다(그림 16.21). 그림 16.22에서는 리그의 발이 핀으로 고정돼 있다.

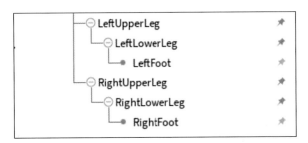

그림 16.21 파트 옆에 있는 핀 아이콘 클릭

그림 16.22 두 발을 핀으로 고정한 R15 캐릭터 리그

애니메이션 설정

공격과 같은 애니메이션은 트리거될 때 한 번만 재생되기를 원할 수 있다. 달리기가 반복되는 경우에는 무언가가 멈출 때까지 같은 애니메이션을 계속 재생해야 한다. 어떤 애니메이션은 다른 애니메이션보다 중요하므로 동시에 트리거될 때 다른 애니메이션보다 우선으로 재생되도록 할 수 있다.

루핑

Looping 버튼으로 애니메이션에 대한 루핑을 활성화할 수 있다(그림 16.23). 이 버튼이 활성화되면 애니메이션을 반복적 내보낸다. 하지만 조심할 부분이 있다. 이 루프가 반복될 때 타임라인의 최종 키프레임에서 멈춘 다음 부드럽게 연결되는 전환 없이 처음으로 되돌아간다. 반복 애니메이션을 만드는 경우 이 문제를 해결하려면 첫 번째 키프레임 세트를 타임라인 끝에 복사해 원활한 루프를 만들 수 있다.

그림 16.23 루프 활성화

우선순위

게임 플레이 상황에서는 플레이어 상태에 따라 다른 애니메이션이 필요할 수 있다. 예를 들어 플레이어의 공격 애니메이션은 대기 애니메이션과는 다르다. 대부분의 상황에서 공격 애니메이션은 대기 애니메이션보다 우선 순위가 높기 때문에 두 동작이 충돌하지 않도록 해야 한다. 애니메이션 우선 순위는 그림 16.24와 같이 시각적으로 나타낼 수 있다.

코어	대기	이동	액션

← 낮은 우선순위　　　　　　　　　　　　　　　　높은 우선순위 →

그림 16.24 애니메이션 우선 순위

애니메이션 우선 순위를 조정하려면 애니메이션 편집기의 오른쪽 상단 근처에 있는 줄임표를 클릭하고 Set Animation Priority(그림 16.25)을 선택한다.

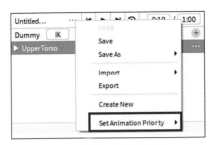

그림 16.25 애니메이션 우선 순위 설정

창이 열리면 현재 애니메이션 우선 순위를 볼 수 있고, 필요에 따라 변경할 수 있다. 기억해 둬야 할 중요한 점은 우선순위가 낮을수록 우선순위가 높은 애니메이션에 의해 애니메이션이 덮어씌워질 가능성이 높다는 것이다.

애니메이션 이벤트 작업

애니메이션을 스크립팅할 때 특정 키프레임에 도달하면 신호를 내보내고 싶을 때가 꽤 많다. 일반적인 예제로는 걷기 중에 발소리를 재생하는 것이다.

이를 위해 특정 애니메이션 지점에 도달할 때 신호를 전송하는 체크포인트인 이벤트 마커를 추가할 수 있다. 그런 다음 `GetKeyframeMarkerReached()`를 사용해 어떤 키프레임에 도달했는지를 알 수 있다.

애니메이션 이벤트 트랙을 보려면 먼저 활성화해야 한다. Settings 아이콘을 클릭하고 Show Animation Events를 선택한다(그림 16.26).

그림 16.26 애니메이션 편집기 설정

Show Animation Events를 활성화하면 이전에 만들어 둔 타임라인 맨 위에 Animation Events라는 새 트랙이 나올 것이다(그림 16.27).

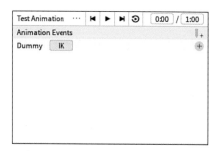

그림 16.27 새 Animation Events 트랙

이벤트 추가하기

애니메이션 이벤트 추가는 매우 간단하다. 애니메이션의 시작과 끝을 표시할 애니메이션 이벤트를 추가한다. 이번 시간 후반에 이러한 이벤트를 스크립트에서 사용할 것이다. 다음 단계를 진행하자.

1. 타임라인 상에 이벤트가 발생하기 원하는 지점을 오른 클릭하고 **Add Animation Event Here**를 선택한다.

2. 애니메이션의 시작과 끝에 AnimationStart와 AnimationEnd라는 두 개의 새 이벤트를 만든다.

3. 필요한 필드들을 입력했으면 **Save**를 클릭한다. 스크러버 바가 있던 위치에 새 키프레임 마커가 표시될 것이다(그림 16.28).

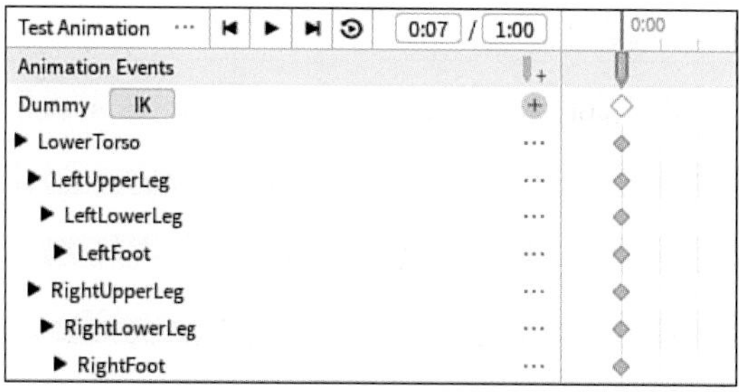

그림 16.28 키프레임과 연결된 애니메이션 이벤트

스크립팅을 위해 GetKeyframeReachedSignal() 이벤트에 전달할 추가 파라미터를 가질 수 있다.

이벤트 이동과 삭제

이벤트를 이동하려면 애니메이션 이벤트를 애니메이션 트랙의 새 위치로 끌어 놓기만 하면 된다. 이벤트를 삭제하려면 키보드에서 Delete 키를 누르거나 애니메이션 이벤트를 오른 클릭하고 연관 메뉴에서 Delete Selected를 선택한다.

이벤트 복제

이벤트를 생성하면 애니메이션이 재생되는 동안 접근이 가능하며, 재사용하기 위해 복제할 수 있다. 예를 들어 캐릭터의 오른손이 위로 올라가는 지점에 HandWave 이벤트 마커를 작성한 다음, 다른 손을 흔들 때 동일한 이벤트를 사용할 수 있다.

애니메이션 이벤트를 복제하려면 먼저 복제할 애니메이션 이벤트를 선택하고 Ctrl+C(또는 Mac의 경우 Cmd+C)를 누른다. 그런 다음 애니메이션 이벤트를 붙여 넣을 위치로 스크러버 바를 움직인 후 Ctrl+V(또는 Mac의 경우 Cmd+V)를 누른다.

스크립트에서 이벤트 구현

로컬 스크립트에서 애니메이션 이벤트를 구현하려면 GetMarkerReachedSignal()과 애니메이션 오브젝트를 혼합해 사용한다. 예를 들어 다음 예제에서는 플레이어가 키보드에서 F를 누르면 캐릭터가 멈춘 후 공격을 한다. 애니메이션의 시작과 끝 모두에 애니메이션 이벤트를 만들어야 한다.

1. AnimationStart와 AnimationEnd 이벤트가 포함된 애니메이션을 저장하고 로블록스로 내보냈는지 확인한다.

2. StarterPlayer와 StarterPlayerScripts를 선택하고, ZombieAttack이라는 로컬 스크립트를 추가한다.

3. 다음 코드를 입력한다.

```
local UserInputService = game:GetService("UserInputService") -- 플레이어 입력 감지
local Players = game:GetService("Players")                    -- 로컬 플레이어 가져오기
local player= Players.LocalPlayer                             -- 우리 플레이어

-- 애니메이션이 필요한 플레이어 캐릭터 모델을 가져온다
local characterModel = player.Character or player.CharacterAdded:Wait()
local humanoid = characterModel:WaitForChild("Humanoid")
```

```lua
local animation = Instance.new("Animation")        -- 새로운 애니메이션 오브젝트
animation.AnimationId = "rbxassetid://000000000" -- 애니메이션 에셋 ID 사용

local animationTrack = humanoid:LoadAnimation(animation)

-- 플레이어가 F를 누르는지 확인하고 애니메이션 재생
UserInputService.InputBegan:Connect(function(input, isTyping)
    local normalWalkSpeed = humanoid.WalkSpeed
    if isTyping then return end

    if input.KeyCode == Enum.KeyCode.F then
        animationTrack:Play()
    end

    animationTrack:GetMarkerReachedSignal("AnimationStart"):
    Connect(function()
        humanoid.WalkSpeed = 0                   -- 플레이어 이동을 멈춤
    end)

    animationTrack:GetMarkerReachedSignal("AnimationEnd"):Connect(function()
        humanoid.WalkSpeed = normalWalkSpeed -- 움직임을 다시 시작
    end)
end)
```

이 코드는 플레이어가 F를 누르고 애니메이션을 재생하면 애니메이션이 끝날 때까지 플레이어가 움직이지 못하게 한다. 단계를 제대로 따랐다면 이제 F를 누르면 자신만의 맞춤형 공격 애니메이션이 재생된다!

기본 애니메이션 교체

기본 설정상 로블록스 플레이어 캐릭터는 달리기, 등반, 수영, 점프와 같은 일반적인 애니메이션이 포함돼 있다. 그러나 이러한 기본 설정을 사용자의 애니메이션으로 바꾸고 싶은 경우가 있다. 다행히도 로블록스는 스크립트를 사용해 이것을 꽤 쉽게 할 수 있게 해준다. 올바른 애니메이션 ID가 있으면 기본 애니메이션을 본인의 애니메이션으로 바꿀 수 있다.

기본 애니메이션을 교체하는 과정은 다음과 같다.

1. ServerScriptService에 스크립트를 삽입한다.

2. 다음 스크립트를 입력하고, 애니메이션 ID를 본인인 생성한 ID로 바꾼다. 또한 필요에 따라 애니메이션을 수정한다.

```lua
local Players = game:GetService("Players")
local function onCharacterAdded(character)
        local humanoid = character:WaitForChild("Humanoid")

        for _, playingTracks in pairs(humanoid:GetPlayingAnimationTracks()) do
                playingTracks:Stop(0)
        end

        local animateScript = character:WaitForChild("Animate")
        animateScript.run.RunAnim.AnimationId = "rbxassetid://616163682"
                -- 뛰기
        animateScript.walk.WalkAnim.AnimationId = "rbxassetid://616168032"
                -- 걷기
        animateScript.jump.JumpAnim.AnimationId = "rbxassetid://616161997"
                -- 점프
        animateScript.idle.Animation1.AnimationId = "rbxassetid://616158929"
                -- 대기 (변형 1)
        animateScript.idle.Animation2.AnimationId = "rbxassetid://616160636"
                -- 대기 (변형 2)
        animateScript.fall.FallAnim.AnimationId = "rbxassetid://616157476"
                -- 추락
        animateScript.swim.Swim.AnimationId = "rbxassetid://616165109"
                -- 수영 (수영 중)
        animateScript.swimidle.SwimIdle.AnimationId = "rbxassetid://616166655"
                -- 수영 (수영 중 대기)
        animateScript.climb.ClimbAnim.AnimationId = "rbxassetid://616156119"
                -- 등반
end

local function onPlayerAdded(player)
        player.CharacterAppearanceLoaded:Connect(onCharacterAdded)
end

Players.PlayerAdded:Connect(onPlayerAdded)
```

때때로 애니메이션은 인증에 어느 정도 시간이 걸리는 경우가 있다. 애니메이션을 등록한지 얼마 안 됐는데 작동이 안 되는 경우 잠시 후에 다시 시도해보자.

요약

이번 시간 동안 애니메이션이 캐릭터에 생기를 불어넣고 개성을 부여하는 방법을 배웠다. IK^Inverse Kinematics와 미끄러지는 스타일을 사용하는 방법을 배웠고 애니메이션 우선 순위에 대해서도 알게 됐다. 우선 순위는 애니메이션이 적절한 상황에 재생되도록 하는 데 매우 중요하며, 게임 내 애니메이션에 어떤 영향을 미치는지도 알 수 있다.

또한 애니메이션에 애니메이션 이벤트를 추가하고 이러한 이벤트를 사용해 애니메이션에 연결된 커스텀 기능을 추가하는 방법을 배웠다. 애니메이션과 효과를 동기화하는 데 매우 유용한 방법이다. 마지막으로 애니메이션을 저장하고, 내보내고, 스크립트를 통해 애니메이션을 사용하는 방법을 배웠다.

Q&A

Q 애니메이션 이벤트를 연결하지 않으면 무언가 일어나는가?

A 아니다. 애니메이션 이벤트는 스크립트로 연결돼야 기능이 생긴다.

Q 업로드한 애니메이션을 편집하려면 어떻게 해야 하는가?

A 이미 업로드된 애니메이션을 편집하려면 화면 상단의 줄임표를 누르고 로블록스에서 Import –>From Roblox를 누른 다음 편집할 애니메이션을 선택한다. 해당 애니메이션을 업데이트하려면 편집한 애니메이션을 다시 내보내기만 하면 된다. 해당 애니메이션을 사용하는 모든 스크립트는 자동으로 업데이트된다.

Q 개발 파트너가 애니메이션을 만들었는데 사용할 수 없다. 왜 그런가?

A 애니메이션의 경우 원래 업로드한 사용자만 사용할 수 있다. 사용하려면 KeyframeSequence의 복사본을 본인에게 업로드하거나, 두 명이 속한 그룹에 다시 게시하면 된다.

워크샵

이번 시간을 마쳤으니 배운 것을 복습해보자. 시간을 내 다음 질문에 답해보자.

퀴즈

1. 게임에 R15 및 R6 리그^{rig}를 추가할 수 있게 해주는 플러그인은 무엇인가?

2. 애니메이션 에디터의 타임라인에 저장된 회전 및 위치 정보를 _____이라고 한다.

3. 참/거짓: 애니메이션 이벤트를 작성하려면 리그에 AnimEvent 오브젝트를 삽입한다.

4. 참/거짓: 루핑^{looping}의 활성화/비활성화는 실제 게임이 아닌 테스트 상황일 때만 애니메이션을 반복한다.

답

1. Build Rig 플러그인을 사용하면 R15 및 R6 리그를 게임에 추가할 수 있다.

2. 애니메이션 에디터 타임라인에 저장된 회전 및 위치 정보를 키프레임^{keyframe}이라고 한다.

3. 거짓. 애니메이션 이벤트는 키프레임을 오른 클릭하고 Add animation event here를 선택하면 생성된다.

4. 거짓. 루핑^{looping}을 켜면 중단하기 전까지 게임 내에서 애니메이션이 반복된다.

연습

이 연습은 여러분이 이번 시간 동안 배운 것들을 활용한다. 혹시 막히면 앞으로 돌아가 내용을 다시 살펴보길 바란다.

첫 번째 연습에서는 기본 애니메이션을 커스텀 애니메이션으로 교체하고, 파티클 이펙트^{particle effect}를 붙여보자.

1. 달리는 커스텀 애니메이션을 만들고, 캐릭터의 발이 땅에 닿을 때마다 애니메이션 이벤트를 추가한다.

2. 애니메이션을 업로드하고, 나중에 사용할 수 있도록 ID를 적어 놓는다.

3. 기본 애니메이션을 자신 만든 것으로 바꾸려면, 이번 시간에 배운 방법을 사용하거나 게임 내에서 캐릭터에 붙은 애니메이션 스크립트를 변경해도 좋다.

4. 파티클 이미터^{particle emitter}를 만들고 `GetMarkerReachedSignal()` 연결을 추가한 다음 스텝 애니메이션 이벤트에 도달할 때마다 `ParticleEmitter:Emit()`을 호출한다.

5. 테스트해보자!

이 연습에서는 플레이어의 체력이 0이 됐을 때 재생되는 커스텀 데스 애니메이션을 추가한다. 디테일을 높이고 싶으면 죽는 사운드를 추가해도 좋다.

1. 커스텀 데스 애니메이션을 만든다. 애니메이션 이벤트 사용 여부는 스스로 판단하자.

2. 애니메이션을 업로드하고, 나중에 사용할 수 있도록 ID를 적어 놓는다.

3. 새로운 클라이언트 쪽 스크립트를 만들고, 캐릭터를 가져오고, 캐릭터의 휴머노이드까지 가져온다.

4. 새 애니메이션 오브젝트를 만들고, 애니메이션 ID를 새 애니메이션에 추가한 다음 새 애니메이션 트랙을 만든다.

5. Humanoid.Died 이벤트에 새로운 데스 애니메이션을 재생할 새로운 함수를 만든다. 위에서 애니메이션 이벤트를 추가했다면 그것들도 연결한다.

6. 테스트해보자!

HOUR 17
전투, 텔레포트, 데이터 저장

이번 시간에 배울 내용

▶ 툴 사용 방법

▶ 기본적인 격투 게임을 만드는 방법

▶ 텔레포트를 사용하는 방법

▶ 영구 데이터 저장소 사용 방법

요즘 로블록스에서 가장 인기 있는 게임들 중 일부는 전투 기반이다. 칼싸움 토너먼트부터 슈퍼히어로 월드까지 종류가 다양하며, 이러한 게임들은 플레이어들에게 액션으로 가득 찬 게임 플레이를 제공한다. 이번 시간에는 툴을 사용해 기본적인 격투 게임을 만드는 방법에 대해 알아볼 것이다. 또한 로블록스 툴 컨테이너tool container를 사용해 칼을 만드는 방법과, 서버를 넘나드는 텔레포트 방법, 여러 플레이 세션 사이에도 지워지지 않는 데이터 저장 방법 등을 배울 예정이다.

툴 소개

어떤 전투 게임이던 주요 메카닉mechanic에는 플레이어의 툴Tool이 포함되기 때문에 게임을 만들기 전에 기본부터 이해해보자. 툴Tool은 로블록스 백팩 시스템에 내장된 오브젝트이다(그림 17.1). 주문에서 검에 이르기까지 무엇이든 될 수 있으며 스크립팅 지식이 많지 않아도 게임에 쉽게 장착할 수 있다.

그림 17.1 Roblox Resources의 Roblox Battle Royale에서 볼 수 있는 툴이 포함된 백팩

이번 섹션에서는 툴의 작동 방식을 설명하고, 코드를 사용해 툴과 접촉한 플레이어가 데미지를 입는 방법에 대해 설명한다. 이번 시간 후반에는 베는 공격 애니메이션을 추가하는 방법을 알아볼 것이다.

툴의 기본 사항

툴^{tool} 오브젝트는 메쉬, 스크립트, 음향 효과 및 값을 담은 오브젝트 등 플레이어가 사용하는 도구로 사용하는 다양한 파트를 담는 컨테이너 역할을 한다. 플레이어의 백팩 안에 툴을 넣으면 그림 17.2와 같이 화면 하단에 있는 핫바에 아이콘이 나타난다. 0부터 9까지의 할당된 키 바인딩을 사용해 장착할 수 있다.

그림 17.2 Roblox Resources의 Roblox Battle Royale에서 볼 수 있는 무기 백팩

툴 만들기

게임을 시작할 때부터 플레이어의 백팩 안에 툴을 포함시키기 원할 경우 StarterPack 안에 툴을 넣으면 된다. 아니면 플레이어가 직접 찾아 획득할 수 있도록 게임 월드에 배치할 수도 있다.

그림 17.3과 같이 Explorer에서 StarterPack에 몇 개의 툴 오브젝트를 삽입하고 구분하기쉽게 이름을 변경한다.

그림 17.3 툴 오브젝트를 가진 로블록스 툴 바

툴 오브젝트는 완성된 툴의 기능을 구성하기 위해 이미지, 모델 및 스크립트를 담을 수있는 빈 컨테이너로 시작한다. 지금 당장 게임을 테스트해보면 툴들이 플레이어의 백팩에 로드돼 화면 하단에 UI로 표시된다(그림 17.4).

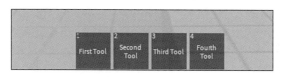

그림 17.4 플레이어의 백팩에 있는 툴

이번 시간 후반에는 UI나 키 바인딩(0 ~ 9)을 통해 툴 오브젝트를 사용하는 아이템을 활성화할 수 있게 될 것이다.

툴 핸들

플레이어가 특정 툴을 잡으려면 툴 오브젝트에는 Handle이라는 파트가 있어야만 하며, 이는 플레이어가 도구를 잡는 위치를 표시하기 위해서다. Handle 파트는 툴 오브젝트의직계 자식이어야 한다. Handle이라는 파트가 없으면 해당 툴은 Workspace의 원래 위치인 [0,0,0]에서 생성되며 플레이어와 함께 이동하지 않는다.

노트

메쉬가 없는 툴

그림 17.1에 표시된 건축 시스템과 같이 툴을 잡고 있을 필요가 없는 경우, RequiresHandle의 체크를 해제한다.

다음 단계에 따라 Handle을 생성한다.

1. Workspace에 파트를 삽입한다.

2. 파트를 원하는 손잡이 모양으로 만든다.

3. Name 속성을 Handle로 변경한다.

4. Handle 파트를 StarterPack 아래의 First Tool로 이동한다(그림 17.5). 핸들이 더 이상
   Workspace의 자식이 아니기 때문에 핸들이 사라지는 것을 눈여겨보자.

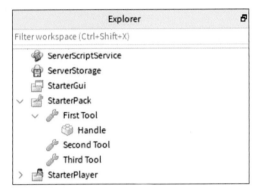

그림 17.5 StarterPack내의 First Tool로 Handle 파트 이동

5. 플레이 테스트를 해보고 백팩의 첫 번째 툴을 클릭하면 플레이어의 손에 툴이 나타
   난다(그림 17.6).

그림 17.6 툴 핸들

툴이 플레이어의 오른손에 붙어있는 것을 눈여겨보자. 툴이 장착되면 기본적으로 핸들은 플레이어의 오른손에 붙게 되지만, 코트를 통해 핸들을 왼손에 붙일 수도 있다.

툴의 모양

툴이 성공적으로 만들어졌으니 이제 툴의 Appearance 속성(그림 17.7)을 사용해 툴의 그립grip, 즉 플레이어가 툴을 잡고 있는 방향을 수정할 수 있다.

주의

회전은 사용하지 않음

회전은 작동하지도 않을뿐더러 툴에 문제가 생길 수 있으므로 절대 사용하지 말아야 한다.

▶ GripForward: 방향을 나타내는 세 가지 특성 중 하나, Z벡터(R02, R12, R22)를 말한다.

▶ GripRight: X벡터 방향(R00, R10, R20)

▶ GripUp: Y벡터 방향(R01, R11, R21)

▶ GripPos: 손으로부터 핸들의 오프셋 위치

Properties - Tool "First Tool"		
Filter Properties (Ctrl+Shift+P)		
∨ **Appearance**		
> GripForward	0.025, -0.987, -0.158	
> GripPos	1.484, 0.663, 0.297	
> GripRight	0.02, 0.158, -0.987	
> GripUp	-0.999, -0.021, -0.024	
ToolTip		

그림 17.7 툴을 잡을 때 방향을 제어하는 툴의 그립(grip) 속성

플러그인 사용하기

툴의 올바른 방향 설정을 구하는 가장 쉬운 방법은 단돈 5 로벅스를 사용해서 Clone Trooper1019이 개발한 유용한 플러그인을 사용하는 것이다. 이 플러그인은 장착됐을 때 핸들의 모양을 표시하는 별도의 시각적 패널과 함께, 직관적인 회전과 변환 툴을 제공한다(그림 17.8).

이 플러그인을 다운로드하려면 https://www.roblox.com/library/174577307/Tool-Grip-Editor으로 가면 된다. 설치가 끝나면 Plugins 탭에서 플러그인을 선택할 수 있다.

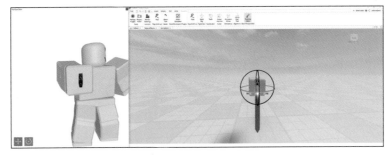

그림 17.8 Tool Grip Editor 플러그인

게임에서 툴 장착

툴의 그립 속성들에 어떤 설정을 사용할지 알 수 있는 또 다른 방법은 게임 내에서 도구를 장착한 다음 값을 변경해보면서 직접 결과를 볼 수도 있다. 올바른 속성 값을 찾으면 복사하거나 기록해두고 사용한다. 게임 내에서 장착해 보려면 다음 단계를 수행해보자.

1. 플레이 테스트를 시작한다.

2. 도구를 선택한다. 장착되지 않은 툴은 Players ➤ Player Name ➤ Backpack에서 볼 수 있다(그림 17.9). 장착된 도구는 Workspace ➤ Player Name ➤ Tool Name에서 찾을 수 있다.

그림 17.9 테스트하는 동안 장착하지 않은 툴의 위치

3. 툴이 원하는 위치가 될 때까지 속성을 변경해본다. 회전^{rotation}이나 스케일^{scale}은 사용하면 안 된다.

4. 테스트 세션을 종료하기 전에 작업한 내용이 손실되지 않도록 툴을 복사(Ctrl+C/Cmd+C)한다.

5. 테스트를 중지한 후에 툴을 StarterPack에 다시 붙여 넣고 이전 버전의 툴을 삭제한다.

직접 해보기 ▼

격투 게임 검 만들기

이제 툴 오브젝트의 작동 방식과 수정 방법을 이해했으므로 배운 내용을 본인의 게임에 구현할 수 있다. 플레이스 파일을 열고 작업을 시작해보자!

먼저 툴로 사용할 검 모양의 모델이 필요하다. 파트, 유니언 또는 메쉬를 사용해 원하는 모양의 검을 만든다. Handle을 툴 오브젝트의 직계 자식으로 만드는 것을 잊지 말자. 두 개 이상의 파트나 오브젝트를 사용하는 경우 추가적인 파트들과 Handle이 모두 잘 고정돼 있어야 한다.

스크립트 만들기

먼저 다음 단계들에 따라 스크립트 오브젝트를 구성한다.

1. 툴 컨테이너 바로 아래 스크립트를 삽입한다.

2. 나중에 기억하기 좋도록 스크립트의 역할에 맞는 이름을 지정한다(예: SwordController).

3. 플레이어가 검으로 공격당할 때 피해를 입도록 다음 스크립트를 복사한다.

```
local COOLDOWN_TIME = 0.5
local DAMAGE = 30

local Players = game:GetService("Players")
local ServerStorage = game:GetService("ServerStorage")

local tool = script.Parent
local swordBlade = tool.Handle -- 본인의 검에 맞게 변경 필요

local humanoid, animation, player

local canDamage = true
local isAttacking = false
```

▼

```
local function onEquipped()
-- 휴머노이드, 애니메이션, 플레이어 변수들 구성
local character = tool.Parent
humanoid = character:WaitForChild("Humanoid")
animation = humanoid:LoadAnimation(tool:WaitForChild("Animation"))
player = Players:GetPlayerFromCharacter(character)
end

local function onDetectHit(otherPart)
local partParent = otherPart.Parent
local otherHumanoid = partParent:FindFirstChildWhichIsA("Humanoid")
-- 검이 들고 있는 플레이어를 해치지 않게 하기
if otherHumanoid and otherHumanoid == humanoid then
return
-- 다른 플레이어의 여부와 공격 쿨다운 체크
elseif otherHumanoid and isAttacking and canDamage then
canDamage = false
otherHumanoid:TakeDamage(DAMAGE)
end
end

local function onAttack()
local waitTime = math.max(animation.Length, COOLDOWN_TIME)
if not isAttacking then
isAttacking = true -- 애니메이션 중에 공격 시도 반복을 비활성화
canDamage = true
animation:Play() -- 애니메이션 재생
wait(waitTime) -- 애니메이션이나 쿨타임 종료 중 더 긴 게 끝날 때까지 대기
isAttacking = false -- 공격 시도 활성화
end
end

tool.Equipped:Connect(onEquipped)
tool.Activated:Connect(onAttack)
swordBlade.Touched:Connect(onDetectHit)
```

게임에 맞게 스크립트 수정하기

본인의 게임 및 특정 무기에서 스크립트를 올바르게 작동시키기 위해서는 몇 가지 단계가 필요하다. 스크립트를 수정하고 나면 Network Simulator를 사용해 다중 플레이어를 시뮬레이션 하면서 테스트할 수 있다.

노트: 이 스크립트는 열여섯 번째 시간 '애니메이션 에디터 사용'에서 만든 것과 같은 공격 애니메이션을 사용하고 있다고 가정한다. 애니메이션 자체를 사용하지 않기로 결정한 경우 animation:이 있는 라인들은 모두 삭제해야 한다. 그렇게 하지 않으면 오류가 발생한다.

애니메이션을 포함하려면 다음을 수행한다.

1. 열여섯 번째 시간 중에 원하는 애니메이션의 ID를 찾는다.

2. Animation 오브젝트를 툴에 삽입한다(그림 17.10).

그림 17.10 삽입된 Animation 오브젝트를 보여주는 계층

3. Properties, AnimationId에서 에셋 ID를 붙여 넣고 Enter 키를 누른다.

Handle

변수 local swordBlade가 무기 중에 데미지를 주는 파트를 참조하도록 수정하는 것을 잊지 말자. 만일 검이 단일 메쉬 또는 파트인 경우 local swordBlade = tool.Handle가 돼야 한다. 그림 17.11과 같이 모델에 여러 파트가 있는 경우 코드는 다음과 비슷할 것이다.

```
local swordBlade = tool.Sword.Blade
```

그림 17.11 Sword 컨테이너

지금까지 진행 상황 테스트

지금쯤이면 다른 플레이어를 공격할 수 있지만, 포인트를 얻을 수는 없다. Network Simulator를 사용해 게임에서 여러 명의 플레이어를 시뮬레이션하고 스크립트를 테스트해볼 수 있다. Test 탭(그림 17.12)으로 이동한 다음 Clients and Servers 섹션에서 시뮬레이션할 플레이어 수를 선택한다. 테스트를 시작하려면 Start를 클릭하고, 멈추고 싶으면 Cleanup을 클릭한다.

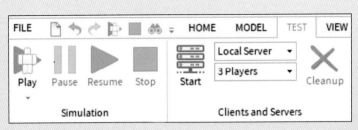

그림 17.12 Network Simulator

그림 17.13은 검을 들고 있는 플레이어를 보여준다.

그림 17.13 완성 모습

추가 속성

툴에는 게임을 더욱 향상시킬 수 있게 동작과 모습을 개선하는 기능이 내장돼 있다.

1. TextureId: 아래 UI 표시줄에 툴 이름을 표시하는 대신 이미지를 설정한다.

2. ToolTip: 게임에서 플레이어가 도구 아이콘 위에 마우스를 올릴 때 나오는 팁을 표시할 수 있다.

3. CanBeDropped: 활성화하면 플레이어는 Backspace를 눌러 백팩에서 툴을 제거할 수 있다.

4. Requires Handle: 도구에서 파트, 메쉬 또는 유니언이 필요하지 않으면 선택을 취소할 수 있다. 이것은 도구를 플레이어의 캐릭터에 물리적으로 연결할 필요가 없는 주문에 유용하다.

5. Tool.ManualActivationOnly: 클라이언트 클릭이 활성화되지 않도록 하는 데 매우 유용한 도구이다.

텔레포트

우리의 격투 게임에서는 전투를 위한 격투장소와 플레이어가 세션 사이에 쉴 수 있는 로비 공간을 만들고 싶다. 이런 지역으로 플레이어를 이동시키기 위해 텔레포트^{teleportation}를 사용한다.

로블록스는 서버들 사이와, 동일한 서버 내 두 가지 유형의 텔레포트를 제공한다. 같은 플레이스^{place} 내에서의 텔레포트는 CFrame을 사용하는 데, 여타 오브젝트들을 이동시키는 것과 비슷하지만 몇 가지가 다르다. 서로 다른 플레이스나 서버 간의 텔레포트는 로블록스의 TeleportService와 관련 API를 사용해 서버와 게임들 사이를 이동한다.

표 17.1은 플레이스에서 CFrame을 사용하는 플레이어 텔레포트와 플레이스 및 서버 간을 이동하기 위한 텔레포트 서비스의 가능한 사용 사례를 보여준다.

표 17.1 게임 디자인 활용 사례

플레이스 내	플레이스와 게임 사이
이벤트 또는 경쟁 기반 게임.	새로운 게임 환경이 필요한 경우
	거대 레이싱처럼 게임이 너무 큰 경우
넓은 영역에서 플레이어를 빠르게 이동.	개인 서버
VIP룸처럼 접근하지 못할 수 있는 영역으로 플레이어를 이동.	
빠른 플레이어 전송이 필요한 경우	

플레이스 내에서 텔레포트하기

장소 내에서 텔레포트를 하면 지도 내에서 플레이어를 쉽게 이동할 수 있다. 이런 방식은 더미 도어를 통과하거나 이벤트로 플레이어를 텔레포트 시킬 때 도움이 된다. 그림 17.14는 포탈을 통해 텔레포트하는 플레이어를 보여준다.

그림 17.14 포탈

플레이어 캐릭터를 텔레포트 할 때 주의해야할 큰 부분 중 하나는 플레이어를 죽이지 않기 위해 한꺼번에 모든 관절을 이동시키는 것이다. 플레이어는 torso/UpperTorso 또는 머리가 신체에서 분리되면 사망한다. 플레이 모드에서 플레이어 조인트의 Move 툴 사용해 움직여보면 알 수 있다.

이 문제를 방지하려면 HumanoidRootPart 속성에 있는 CFrame 속성을 사용한다. HumanoidRootPart는 플레이어 캐릭터의 이동 컨트롤러일 뿐만 아니라 뿌리가 되는 파트이기 때문이다. 따라서 이 위치를 변경하면 연결된 모든 오브젝트에 영향을 미친다.

▼ 직접 해보기

격투 구역으로 텔레포트하기

이 예제는 플레이어가 일정 시간 내에 가능한 한 많은 사람을 죽이는 빠른 페이스의 게임이며, 시간이 끝나면 로비로 텔레포트돼 다음 게임을 기다린다. 다음 코드는 매우 간단하며, 확장도 용이할 것이다.

로비와 격투 구역은 같은 플레이스에 있을 예정이므로 CFrame 방식을 사용할 것이다. 이 코드를 기반으로 원하는 만큼 복잡하거나 간단하게 만들 수 있다. 또한 스크립트가 플레이어를 어디에 생성할지 알 수 있도록 스폰 위치의 CFrame도 필요하다.

하나의 플레이스 안에서 플레이어를 텔레포트하려면 ServerScriptService에 새 스크립트를 삽입하고 다음 코드를 추가하자.

```lua
local Workspace = game:GetService("Workspace")
local Players = game:GetService("Players")

local ARENA_CFRAME = CFrame.new(0, 100, 0)
local LOBBY_CFRAME = CFrame.new(100, 100, 100)

local TELEPORT_COOLDOWN = 0.5
local AREA_COOLDOWN = 30

local newArea

local function TeleportAllCharacters(location)
    for _,player in ipairs(Players:GetChildren())do
        local character = player.Character or player.CharacterAdded:wait()
        local humanoidRootPart = character.HumanoidRootPart
        humanoidRootPart.CFrame = location
        wait(TELEPORT_COOLDOWN)
    end
```

```
end

-- 플레이어를 이곳과 저곳으로 텔레포트한다
while true do
    TeleportAllCharacters(newArea)
    if newArea == ARENA_CFRAME then
        print("Players teleported to Arena")
        newArea = LOBBY_CFRAME
    else
        print("Players teleported to Lobby")
        newArea = ARENA_CFRAME
    end
    wait(AREA_COOLDOWN)
end
```

위 스크립트는 플레이어가 로비로 다시 텔레포트되는 30초가 되기 전에 죽을 때까지 싸우는 게임의 모습이다. 필요한 툴은 StarterPack에 있으므로, 플레이어가 스폰될 때 자동으로 장착된다. 플레이어가 로비로 돌아갈 때 툴을 가지고 있지 않게 만들고 싶다면 스크립트를 통해 툴을 제거하거나, Lobby 팀과 Arena 팀을 생성하는 방법도 있다. 그런 후 Arena 팀 오브젝트 안에 툴을 넣으면 플레이어의 백팩 안에 툴이 들어간다.

팁

파트를 이용해 CFrame 좌표 찾기

올바른 CFrame 좌표를 쉽게 찾으려면 일반 파트를 월드의 원하는 위치에 배치한 다음 파트 위치 값을 ARENA_CFRAME 또는 LOBBY_CFRAME에 복사한다. CFrame.new()를 사용하는 것을 잊지 말자.

스크립트는 변수, TeleportAllCharacter, 루프의 세 가지 섹션으로 구분되며, 각 섹션은 뚜렷한 목적을 가지고 있다.

- ▶ **변수**: 플레이어를 텔레포트할 위치는 물론 스크립트가 사용할 모든 부분에 대한 참조를 설정한다.
- ▶ **TeleportAllCharacter**: 모든 플레이어 캐릭터를 처리하면서 Humanoid Root Part(HRP)의 CFrame을 설정한다.
- ▶ **루프**: 백그라운드에서 지속적으로 실행되면서 30초마다 플레이어를 텔레포트해서 구역을 변경한다.

플레이스 간의 이동

플레이스와 플레이스 사이를 텔레포트하는 것은 같은 플레이스 내의 텔레포트와 비교할 때 매우 다른 시스템을 사용한다. 플레이어를 완전히 새로운 환경에 불러와야 하기 때문에 로블록스의 서비스에 연결해 플레이어를 텔레포트하고 새로운 플레이스에 불러오도록 요청해야 한다.

게임 유니버스

이번 시간 초반에 언급했듯이 로블록스 게임은 하나 혹은 그 이상의 플레이스들로 구성된다. 여기에는 게임을 실행하는 모든 사용자의 시작점 역할을 하는 Start Place도 포함된다. 로블록스의 텔레포트 서비스를 통해 플레이어는 같은 게임 내 어떤 플레이스로도, 혹은 다른 게임의 Start Place로도 이동할 수 있다. 그림 17.15는 게임 A에 있는 플레이어들이 텔레포트 할 수 있는 위치를 보여준다.

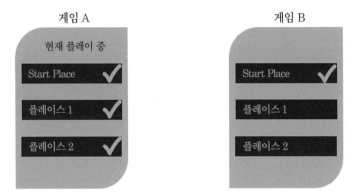

그림 17.15 텔레포트 규칙 – 체크 표시는 텔레포트가 가능한 플레이스를 나타냄

TeleportService

TeleportService는 게임과 게임 사이에서 그리고 그 안의 서버들과 플레이스들 사이에서 플레이어를 이동하기 위해 사용된다. 한 명이나 단체 텔레포트 기능을 포함한 다양한 기능을 제공하며, 같은 게임 내 플레이스 간 플레이어 전송도 담당한다. 이런 기능은 규모가 큰 게임이나 여러 다른 레벨을 가진 게임에 유용하다. TeleportService를 참조하기 위해서는 다음과 같이 서비스 공급자 함수인 GetService()를 사용한다.

```
local TeleportService = game:GetService("TeleportService")
```

> 노트
>
> **스튜디오에서 TeleportService**
> TeleportService는 스튜디오 상에서 작동하지 않으므로 라이브 서버 환경에서 게임을 출시하고 테스트한다.

함수들

다음은 TeleportService에서 가장 흔하게 사용할 함수들이다.

- ▶ Teleport(placeId , player , teleportData , customLoadingScreen)
    - ▷ placeId: 도착할 플레이스 파일의 ID
    - ▷ player: 플레이어 인스턴스 - game.Players.LocalPlayer
    - ▷ teleportData: 이전 placeId와 같이 추가 데이터를 담고 있는 리스트 혹은 어레이
    - ▷ customLoadingScreen: GUI(예: ScreenGui)를 목표 플레이스로 전달해 로딩 화면으로 사용할 수 있다.
- ▶ GetArrivingTeleportGui(): Teleport() 함수와 함께 GUI를 전송하면 새로운 플레이스에서 GUI를 사용하도록 해준다.
- ▶ TeleportPartyAsync(...): Teleport()를 여러 명의 플레이어에게 사용할 수 있다.
- ▶ ReservedServer(placeId): TeleportToPrivateServer에 사용할 액세스 코드를 반환한다.

> **노트**
>
> **함수 리스트**
>
> 포괄적인 함수 목록은 API 문서에서 확인할 수 있다.

TeleportService의 많은 함수들은 클라이언트와 서버 모두에서 사용할 수 있다. 클라이언트용 함수들은 플레이어 인수를 지정할 필요가 없다.

PlaceId 구하기

플레이어를 플레이스로 텔레포트 시키려면 ID가 필요하다. 이미지와 메쉬를 업로드할 때 사용했던 Asset Manager를 연다. 열리면 필요한 플레이스에서 오른쪽 버튼을 클릭하고 Copy ID to Clipboard를 선택한다(그림 17.16).

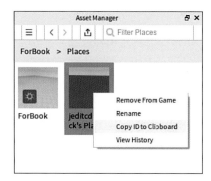

그림 17.16 클립보드에 ID 복사

클라이언트 예제

클라이언트용 텔레포트 함수의 예제를 통해 StarterPlayerScripts의 LocalScript에서 클라이언트를 텔레포트하는 방법을 살펴보겠다.

```lua
local TeleportService = game:GetService("TeleportService")
local PLACEID = 1234567 --본인의 PlaceID로 변경한다.
local WAIT_TIME = 5 -- PLACEID로 이동하는 데 대기하는 시간(초)
wait(5)
TeleportService:Teleport(PLACEID)
```

customLoadingScreen을 지정할 수도 있지만, 대신 :SetTeleportGui(GUI) 함수를 사용하면 텔레포트 함수 전에 UI 요소를 할당할 수 있으므로 이 방식을 권장한다. 그런 다음 도착하는 서버에서 :GetArrivingTeleportGui()를 사용할 수 있다.

```lua
local TeleportService = game:GetService("TeleportService")
local PLACEID = 1234567 --본인의 PlaceID로 변경한다.
local WAIT_TIME = 5 -- PLACEID로 이동하는 데 대기하는 시간(초)
local GUI = game.ReplicatedStorage:WaitForChild("ScreenGui") -- 새로 추가된 코드

wait(5)

TeleportService:SetTeleportGui(GUI) --새로 추가된 코드
TeleportService:Teleport(PLACEID)
```

로블록스 스튜디오에서는 텔레포트가 되지 않으므로 이 스크립트를 테스트하기 위해서는 웹 사이트를 통해 게임을 출시한 후 게임 내에서 시도해 보자(Game Explorer에서 플레이스 파일을 수동으로 열 수 있다).

서버 예제

이제 서버 쪽에서 텔레포트를 하는 방법을 살펴보겠다. 이 방식은 플레이어를 그룹 단위로 텔레포트할 수 있는 것 같이 몇 가지 이점을 제공한다. 또한 보안도 좋아져서 해커가 클라이언트측 스크립트를 제거해서 임의로 텔레포트할 수 있게 되는 것을 막을 수 있다. 이 스크립트는 ServerScriptService 내에 위치해야 한다.

```lua
local TeleportService = game:GetService("TeleportService")
local Players = game:GetService("Players")

local placeId = 000000000 -- 목표 플레이스 ID로 변경
local SESSION_TIME = 30 -- 텔레포트 전 시간

-- 모든 플레이어를 새로운 플레이스로 텔레포트
local function teleportAllCharacters(location)
    for allPlayers, player in ipairs(Players:GetChildren())do
        TeleportService:Teleport(placeId, player)
    end
end

wait(SESSION_TIME)
teleportAllCharacters()
```

팁

텔레포트 함수를 pcall로 래핑하기

이번 시간 뒷부분에서는 여러 가지 이유로 인해 발생할 수 있는 텔레포트 함수가 실패할 경우에 대비해 pcall에 텔레포트 함수를 래핑(wrapping)해야 하는 이유를 설명한다. 이렇게 하면 오류를 안전하게 처리할 수 있고, 함수를 다시 호출할 수도 있다. 이번 시간 뒷부분 '오류 보호 및 대응'에서 pcall를 자세히 설명한다.

위 예제들로 TeleportService의 주요 사용 방법을 다뤘지만, 또 다른 사용법은 프라이빗 매치 등을 구성하는 것이다. TeleportToPrivateServer()와 함께 TeleportService:ReserveServer()를 사용하면 보호된 서버를 열 수 있다. 구매가 가능한 프라이빗 서버와 비슷하게 작동하지만, 서버 쪽에 있는 개발자만 실행할 수 있다.

▼ 직접 해보기

격투 게임 내 다양한 플레이스로 텔레포트

짧게 즐기는 게임은 서버 내에 이동하기 때문에 빠른 로딩이 가능하지만, 대규모 아레나 환경이거나 각 지역의 환경과 기능이 겹치는 부분이 거의 없는 상황에서는 텔레포트를 사용할 수 있다. 지난 번과 마찬가지로 첫 번째 단계는 아레나와 로비 구역을 구성하는 것이지만(그림 17.17), 이번에는 다른 플레이스 파일로 한다.

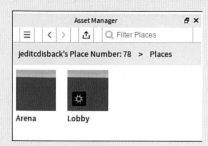

그림 17.17 Asset Manager

로비(lobby)가 Start Place로 설정돼 있는지 확인해보자. 그렇지 않으면 플레이어가 아레나로 로드돼 진행 중인 게임을 방해할 수 있다.

플레이스 구성이 완료되면 각 플레이스 파일에 하나 이상의 플레이어 생성 위치를 배치해야 한다. 또한 아레나 StarterPack에 무기를 담아둬야 하지만, 로비는 전혀 새로운 환경이면서 완전히 다른 서버에 있기 때문에 그럴 필요가 없다. 툴들은 전송되지 않기 때문에 플레이어들이 로비에서 무기를 가지고 있을 위험이 없다.

이 게임은 두 개의 플레이스 파일로 두 개의 분리된 환경(별도의 SeverScriptService, Workspace 등)이 구성되므로 각각 두 개의 스크립트가 필요하다. 각 SeverScriptService 내에 각각 스크립트를 삽입해 어뷰즈를 제한하고, 아래와 같이 플레이스 간(서버 간)에 한 번에 모든 플레이어를 텔레포트할 수 있다.

```lua
local TeleportService = game:GetService("TeleportService")
local Players = game:GetService("Players")


local PLACE_ID = 00000 -- placeId로 교체
local SESSION_TIME = 30 -- 텔레포트 전 시간


-- 플레이스 안의 새로운 위치로 모든 플레이어들을 텔레포트
local function teleportAllCharacters(location)
    for allPlayers, player in ipairs(Players:GetChildren())do
        TeleportService:Teleport(PLACE_ID, player)
    end
end
```

```
wait(SESSION_TIME)

teleportAllCharacters()
```

작업이 완료되면 두 플레이스를 출시하고, PLACEID가 해당 placeID와 일치하는지 확인해보자. 예를 들어 현재 로비에 있다면 placeID 아레나 것이어야 한다. 게임이 지속되기 원하는 시간에 따라 SESSION_TIME을 조정해도 좋다.

테스트하려면 두 플레이스를 모두 출시하고 라이브 서버에서 테스트한다.

영구 데이터 저장소 사용

어떤 게임이든, 특히 격투 게임의 큰 부분을 차지하는 것은 성장이다. 만일 플레이어가 모든 성장 데이터를 잃어버리면 다시는 게임을 하려 들지 것이다. 이와 같은 플레이어 데이터 저장 문제를 해결하기 위해 데이터 저장 서비스Data storeservice라는 데이터를 로드, 저장 및 수정할 수 있는 API가 있다. 플레이어의 점수들을 저장하기에 완벽한 기능이다. 로블록스는 영구 데이터 저장소를 무료로 제공하며, 간단한 구조와 API 기능을 사용해 데이터를 읽고 저장하고 변경한다. 모든 데이터는 키와 연결돼 저장되며, 게임 내 모든 플레이스와 서버에서 접근할 수 있다. 스코어 같은 플레이어 데이터나 스토리 진행 중 특정 포인트를 저장하기 위해 사용할 수 있다.

우리 같은 게임의 경우, 플레이 세션 사이사이에 플레이어 데이터를 저장하는 데 매우 유용하다. 특히 플레이스들 사이를 텔레포트한다면, 게임을 끝내고 로비로 돌아와도 플레이어들의 점수를 저장하고 로드할 수 있게 할 것이다.

데이터 저장소 지원 범위 및 제한

아래는 저장할 수 있는 데이터 타입과 접근 빈도에 대한 일반적인 정보다.

- 문자열string을 지원한다.
- 정수와 소수를 지원한다.
- 키 값/이름/범위의 길이는 50자를 초과하면 안 된다.
- 저장된 문자열은 65,536자를 초과할 수 없다.

- ▶ 같은 게임 내 서버들에서 동일한 키가 너무 자주 호출되면 게임 제한을 초과할 수 있다. 따라서 각 사용자가 동일한 키를 호출하지 않도록 키를 개인화하는 것이 좋다.

- ▶ 쓰기 요청은 6초의 쿨다운이 있다.

- ▶ 분당 요청 제한:

  - ▷ Get(예: GetAsync()) = 60 + numPlayers × 10

  - ▷ Set(예: SetAsync()) = 60 + numPlayers × 10

  - ▷ Get Sorted(예: GetSorterAsync()) = 5 + numPlayers × 2

  - ▷ On Update(예: OnUpdate()) = 30 + numPlayers × 5

데이터 저장소는 딕셔너리와 같이 키-값 형식의 쌍으로 정보를 보관한다. 예를 들어 표 17.2에서 플레이어의 고유한 UserId가 키로 사용되며, 값은 플레이어의 숫자 점수이다. PlayerNames은 변경될 수 있으므로 PlayerNames 대신 UserId를 사용하는 것이 좋다.

표 17.2 기본 플레이어 데이터 저장소

키(UserId)	값(플레이어 점수)
000001	20
000002	62

노트

GetGlobalDataStore()와 GetDataStore()

GetGlobalDataStore()는 둘 다 글로벌이므로 GetDataStore()와 동일하다.

▼ 직접 해보기

격투 게임 데이터 저장

지금까지 게임을 구성하고 실행 가능하게 만들었으니 플레이어가 다시 돌아올 이유를 만들기 위해 성장을 추가하자. 이를 위해 플레이어가 다른 플레이어를 죽일 때마다 점수를 더하고 결과를 저장할 것이다. 경쟁을 장려하기 위해 이 코드를 상위 10명의 플레이어를 담은 공개 리더보드로 확장할 수도 있다.

1. Leaderboard를 만들려면 ServerScriptService에 LeaderBoard라는 새 스크립트를 추가하고 다음 코드를 입력한다.

```
local Players = game:GetService("Players")
```

```
local ServerStorage = game:GetService("ServerStorage")

local PlayerPointUpdater = ServerStorage.PlayerPointUpdater

local function onPlayerAdded(player)
    local leaderstats = Instance.new("Folder")
    leaderstats.Name = "leaderstats"
    local score = Instance.new("IntValue")
    score.Name = "Score"
    score.Parent = leaderstats
    leaderstats.Parent = player
end

local function addScore(player)
    local leaderstats = player:WaitForChild("leaderstats")
    local score = leaderstats.Score
    score.Value += 1
end

Players.PlayerAdded:Connect(onPlayerAdded)
PlayerPointUpdater.Event:Connect(addScore)
```

2. ServerStorage에서 BindableEvent 오브젝트를 추가한다. 이름을 PlayerPointUpdater로 바꾼다. 다음 섹션에서 점수 변경을 알리는 데 사용될 것이다.

3. Game Settings, Security에서 Enable Studio Access to API Services를 켜서 데이터 저장소 사용을 허용한다.

4. 다음 코드를 ServerScriptService 내의 새 스크립트에 복사하고, 스크립트 이름을 PlayerData로 지정한다. 이렇게 하면 GetAsync()를 사용해 플레이어의 저장된 데이터를 로드하고, SetAsync()를 사용해 플레이어의 저장된 데이터를 업데이트한다.

```
local Data storeservice = game:GetService("Data storeservice")
local Players = game:GetService("Players")
local ServerStorage = game:GetService("ServerStorage")
local PlayerPointUpdater = ServerStorage.PlayerPointUpdater
local LeaderboardScore = Data storeservice:GetDataStore("LeaderboardScore")

local function LoadData(player)
```

```
        local key = "Player_" .. player.UserId
        local score = player:WaitForChild("leaderstats").Score
        local success, data = pcall(function()
                return LeaderboardScore:GetAsync(key)
        end)

        if success then
                score.Value = data
        else
                score.Value = 0
        end
    end

    local function SaveData(player)
        local key = "Player_" .. player.UserId
        local score = player:WaitForChild("leaderstats").Score
        local success, data = pcall(function()
                return LeaderboardScore:SetAsync(key, score.Value)
        end)
    end

    Players.PlayerAdded:Connect(LoadData)
    Players.PlayerRemoving:Connect(SaveData)
```

이 스크립트는 플레이어가 조인할 때 플레이어의 모든 데이터를 로드한다. 로드에 실패하면 관련 리더보드 속성이 삭제되고, 이후 데이터는 데이터 손실을 방지를 위해 로드되거나 저장되지 않는다.

이제 이전의 검 스크립트로 돌아가서 플레이어가 누군가를 죽였을 때 PlayerPointUpdater가 발신되도록 수정한다.

강조 표시된 라인을 SwordController 스크립트에 복사한다.

```
-- 스크립트 상단 생략
local Players = game:GetService("Players")
local ServerStorage = game:GetService("ServerStorage")

local PlayerPointUpdater = ServerStorage.PlayerPointUpdater

local tool = script.Parent
local swordBlade = tool.Handle --본인의 검에 맞게 변경
```

```lua
local humanoid, animation, player

local canDamage = true
local isAttacking = false

local function onEquipped()
    -- 함수 내용 생략
end

local function awardPoints(otherHumanoid)
    -- 다른 플레이어의 생명력이 없는 확인하고 그렇다면 포인트 보상
    if otherHumanoid.Health <= 0 then
        PlayerPointUpdater:Fire(player)
    end
end

local function onDetectHit(otherPart)
    local partParent = otherPart.Parent
    local otherHumanoid = partParent:FindFirstChildWhichIsA("Humanoid")
    -- 검이 플레이어를 다치지 않게 한다.
    if otherHumanoid and otherHumanoid == humanoid then
        return
    -- 다른 플레이어의 존재와 공격 쿨다운을 체크
    elseif otherHumanoid and isAttacking and canDamage then
        canDamage = false
        otherHumanoid:TakeDamage(DAMAGE)
        awardPoints(otherHumanoid)
    end
end
-- 스크립트 하단 생략
```

이 시점 게임의 모습은 플레이어가 무기를 지급받고 아레나로 텔레포트한 후 포인트를 위해 전투를 벌이는 기본적인 게임일 것이다. 이 코드를 확장하면 라운드 사이에는 포인트가 재설정되는 게임 루프를 만들고, 하지만 라운드 간 총 킬 수와 사망 수를 플레이어에게 확인시켜 줄 수도 있다. 게임 루프에 추가할 수 있는 다른 유형의 메카닉은 무엇이 있을까?

데이터 저장소 기능

이전 코드는 플레이어 데이터를 추적하기 위해 GetAsync()와 SetAsync()를 사용했지만, 로블록스는 데이터에 접근하고 수정하는 다양한 방법을 가지고 있다. 여기서는 이러한 기능을 사용하는 방법과 이유를 설명한다.

▶ GetAsync()는 키가 지정돼서 저장소에서 가져오려고 하는 데이터가 무엇인지 알 때 사용한다. 변수와 마찬가지로 키를 사용해 여러 유형의 데이터를 식별하고, 레이블을 지정할 수 있다.

```
local Score = LeaderboardScore:GetAsync(userId)
print(Score)
```

▶ SetAsync()는 새 키로 새 데이터를 설정하거나, 기존 키로 이전 데이터를 덮어쓸 때 사용한다. 키와 데이터 모두를 파라미터로 설정해야 한다.

```
LeaderboardScore:SetAsync(userId,10)
```

▶ UpdateAsync()는 다른 데이터 저장소 함수들과는 다르게 동작한다. 키와 함께 업데이트 로직을 가진 함수를 파라미터로 받아들이기 때문이다. 추가적인 로직 없이 필요한 만큼 데이터를 저장하려고 시도한다. 키 안의 이전 데이터가 중요했거나, 다른 서버에서 동시에 데이터에 액세스했을 가능성이 있는 경우 데이터 손상을 줄이기 위해 사용해야 한다.

```
local updatedScore = LeaderboardScore:UpdateAsync(userId,function(oldScore)
        local newScore = oldScore + 1
        return newScore
end)
print("UpdateAsync: "..updatedScore)
```

▶ IncrementAsync()는 UpdateAsync() 코드와 동일한 작업을 훨씬 적은 라인으로 수행하는 방법이다. IncrementAsync는 저장된 정수를 지정된 양만큼 증가시킨다.

```
local score = LeaderboardScore:IncrementAsync(userId,1)
print("IncrementAsync: "..score)
```

▶ RemoveAsync()는 다른 함수를 사용해서 수행할 수 있는 작업을 더 간단한 방법으로 수행할 수 있게 해준다. RemoveAsync를 사용하면 특정 키와 관련된 데이터를 제거할 수 있다.

```
local removedScore = LeaderboardScore:RemoveAsync(userId)
print("RemoveAsync: "..removedScore)
```

UpdateAsync() VS SetAsync()

두 함수 모두 매우 강력하지만, 데이터 업데이트를 위해 많은 경우 SetAsync()보다 Update Async() 사용을 권장한다. 이유는 아래와 같다.

▸ 새 데이터를 생성하거나 변경하지 않고, 기존 값을 업데이트하는 경우(예: data = oldData + 50)

▸ 데이터가 여러 서버에서 동시에, 또는 짧은 시간 내에 변경될 수 있는 경우

▸ 만약 위의 경우가 발생한다면. 실수로 데이터를 덮어쓰지 않도록 UpdateAsync를 다시 호출한다.

반대로 다음 중 하나에 해당하는 경우 SetAsync 사용을 선호할 수도 있다.

▸ 새로운 키와 데이터를 생성하거나, 새로운 데이터가 이전 데이터와 연관이 없는 경우

▸ 여러 서버에서 동시에 접근하거나, 짧은 시간 내에 변경될 여지가 없는 경우

보호 및 오류 대응

성공적인 데이터를 만들려면 플레이어 데이터를 보호하고 오류에 대응하는 것이 매우 중요하다. 때문에 오류가 발생할 경우 pcall을 사용해 코드를 저장한다. 데이터 저장소 서비스가 중단되거나 동일한 함수를 너무 자주 호출하는 등 여러 가지 이유로 오류가 발생할 수 있다. 다음은 pcall을 사용한 예다.

```
local success, data = pcall(function()

end)
```

pcall은 무엇인가?

pcall은 Lua의 특별한 글로벌 보호 함수로서 실행 중에 스크립트의 다른 부분으로부터 보호막 역할을 한다. pcall 내의 모든 코드는 '보호 모드'로 실행되며 오류 여부와 관계없이 코드를 실행한다. 만약 코드가 오류가 있으면 pcall이 그것을 포착하고 문제에 대한 일부 정보와 함께 상태 코드(불리언)를 반환한다.

첫 번째 예제를 확장해서 :GetAsync()를 pcall로 보호한 다음, 오류가 발생하지 않으면 가져온 데이터를 반환한다. 오류가 생기면 오류 정보로 데이터를 덮어쓴다. 이렇게 되면 성공 여부가 false가 되고 스크립트에서 오류를 출력한다.

```
local success,data = pcall(function()
return LeaderboardScore:GetAsync(userId)
end)
if success then
print("Did not error, result: "..data)
else
print("Did error, result: "..data)
end
```

데이터 손실 방지

데이터 손실은 개발자와 플레이어 모두에게 매우 불만스러운 일일 수 있으므로 데이터 손실 위험을 줄이기 위한 적절한 방어를 구축하는 것이 매우 중요하다. 다음 방어책들이 있을 수 있다.

▶ SetAsync 대신 UpdateAsync를 사용한다.

▶ 플레이어 데이터 로드에 실패하면 저장하지 않는다.

▶ 무언가 실패하면 플레이어에게 문제를 알린다.

▶ 이벤트 기반으로 데이터를 저장한다(예를 들어 플레이어가 어딘 가에 도착하거나 플레이어가 무언가를 수행했을 때).

요약

이번 시간에는 기본적인 격투 게임을 만드는 법을 살펴봤다. 로블록스 툴 컨테이너, 단일 서버 내에서는 물론 서버들 간의 텔레포트를 배우고, 세션 간 스코어 데이터를 저장하는 방법도 배웠다.

Q&A

Q 툴바의 툴에 이미지를 어떻게 표시하는가?

A Tool.TextureId.

Q 툴이 작동하려면 모델 또는 파트가 필요한가?

A 아니다. 툴은 3D 오브젝트가 있어도, 없어도 작동할 수 있다. 예를 들어 마법 스펠의 경우에는 아이콘만 있을 수 있다.

Q 플레이어의 오른손에 붙는 툴의 파트는 무엇인가?

A 핸들(handle).

Q 플레이어를 플레이스 간에 텔레포트시키는 데 사용되는 서비스는 무엇인가?

A TeleportService.

Q RemoveAsync의 목적을 설명해보자.

A RemoveAsync는 데이터 항목을 제거한다.

워크샵

이번 시간을 마쳤으니 배운 것을 복습해보자. 시간을 내 다음 질문에 답해보자.

퀴즈

1. tool.Activated은 언제 발신되는가?
2. 플레이스 안에서 플레이어를 텔레포트하기 위해서는 어떤 캐릭터 속성을 사용하는가?
3. CFrames는 무엇을 조종하는가?
4. 어떻게 한 무리의 사람들을 다른 곳으로 텔레포트시키는가?
5. 데이터 손실을 방지할 수 있는 두 가지 방법을 말해보자.
6. pcall의 목적은 무엇인가?

답

1. tool.Activated은 툴이 활성화된 상태에서 플레이어가 클릭하면 발신된다.

2. HumanoidRootPart는 플레이스 안에서 플레이어를 텔레포트시킬 때 사용되는 캐릭터 속성이다.

3. CFrames는 위치와 회전, 방향을 조종한다.

4. TelportPartyAsync()를 사용해 한 무리의 사람들을 플레이스 간에 텔레포트한다.

5. UpdateAsync()를 사용하는 것과 정기적으로 저장하는 것이 데이터 손실을 방지하는 방법 중 두 가지이다.

6. 보호 모드에서 코드를 실행하고, 오류 때문에 코드가 중지되거나 영향을 미치지 않고 대신 오류를 포착하고 상태 코드를 반환하는 것이 목적이다.

연습

이 연습은 여러분이 이번 시간 동안 배운 것들을 활용한다. 혹시 막히면 앞으로 돌아가 내용을 다시 살펴보길 바란다.

게임을 향상시킬 수 있는 방법은 언제나 존재하는 데, 그중 하나는 더 많은 경쟁을 만드는 것이다. 첫 번째 연습은 글로벌 탑 플레이어 기록을 만드는 것이다. 새로운 점수를 얻을 때 마다 기록과 대조해 확인해야 한다. 플레이어가 최고 점수를 넘어서면 새 값과 플레이어를 고유한 데이터 저장소에 저장한다.

두 번째 연습에서는 플레이어가 조인할 때마다 플레이어 포인트를 지정하는 새 스크립트와 데이터 저장소를 만든다. 하지만 한 가지 조건이 있다. GetAsync 또는 SetAsync를 사용할 수 없다. 이 포인트들은 출력 창 또는 리더보드에 표시돼야 한다.

HOUR 18
멀티플레이어 코드와 클라이언트-서버 모델

이번 시간에 배울 내용:

▶ 클라이언트-서버 모델이란 무엇인가

▶ RemoteEvent 및 RemoteFunction의 정의

▶ 게임에서 RemoteEvent 및 RemoteFunction을 사용하는 방법

▶ 서버측 검증이란 무엇인가?

▶ Teams 사용 방법

▶ 네트워크 소유권을 설정하는 방법

로블록스는 친구들과 함께 대규모 멀티플레이어 경험을 즐기는데 초점이 맞춰져 있다. 상호작용이 있는 소셜 게임을 원한다면 여러 명의 플레이어와 함께 즐길 수 있도록 게임을 설계하는 것이 필수적이다. 이를 위해서는 코드가 플레이어의 기기, 곧 로컬에서 실행되는 것과 로블록스 서버에서 실행되는 차이의 기본적인 이해와 이것이 게임의 성능과 보안에 어떤 영향을 미치는지 알아야 한다.

이번 시간에서는 클라이언트-서버 모델client-server model의 기본 사항을 알아볼 것이다. 또한 팀으로 구성된 플레이어들을 사용하는 멀티플레이어 경험을 디자인하는 방법과 RemoteEvent 및 RemoteFunction을 사용해 클라이언트(플레이어)와 서버 간에 데이터를 전송하는 방법도 알아볼 예정이다.

클라이언트-서버 모델

로블록스의 게임들은 여느 다른 멀티플레이어 게임과 마찬가지로 클라이언트-서버 모델이라고 알려진 네트워크 구조를 사용한다(그림 18.1). 플레이어가 게임에 접속하면 플레이어의 기기와 상관없이 플레이어는 클라이언트로 인식된다. 클라이언트는 플레이 중

인 게임의 인스턴스를 호스팅하는 서버에 연결돼 있다. 다음 섹션에서는 로블록스 게임의 두 가지 스크립트 유형 및 복제, 그리고 클라이언트-서버 모델의 중요성을 자세히 알아보자.

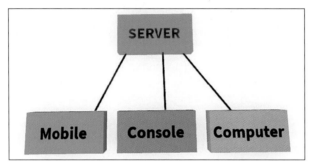

그림 18.1   서버, 모바일, 콘솔, 컴퓨터

클라이언트와 서버가 연결하는 방법을 보여주는 다이어그램

Scripts와 LocalScripts

스크립트에는 서버에서 실행되는 Script와 클라이언트에서 실행되는 LocalScript의 두 가지 유형이 있다(그림 18.2). 이러한 스크립트를 이벤트(예: 후반에 설명할 RemoteEvent 등)와 함께 사용하면 클라이언트와 서버가 서로 통신할 수 있다. 예를 들어 버튼을 눌러 파트 위치를 변경하는 등 게임 내의 모든 상호 작용에 꼭 필요하다.

그림 18.2   로블록스의 두 가지 스크립트 유형

복제

클라이언트에서 변경한 내용의 대부분은 다른 플레이어에게 자동으로 복제replication되지 않는다. 다시 말해 LocalScript를 사용해 파트 위치를 변경하면 사용자만 변경 내용을 볼 수 있다. 다른 플레이어들과 서버는 이러한 변화를 볼 수가 없다.

이 현상은 꽤 많은 시나리오에서 유용하게 사용할 수 있기 때문에 기억해둘 필요가 있다. 예를 들어 게임에서 튜토리얼을 진행하는 동안 플레이어에게 무언가를 표시하려는 경우,

클라이언트에서 LocalScript를 사용해 특정 항목을 표시하면 해당 플레이어만 볼 수 있다. 그러나 모든 플레이어가 볼 수 있도록 변경하려면 다음 섹션에 설명된 RemoteEvent 또는 RemoteFunction을 사용해 서버에 요청을 보내야 한다.

노트

자동 복제

클라이언트 변경사항 중 일부는 서버와 다른 플레이어에게 자동으로 복제된다.

여기에는 애니메이션, 사운드, ClickDetector, 휴머노이드 변경(예: 앉거나 점프 등) 및 파트 관련 물리가 포함된다.

RemoteFunction과 RemoteEvent란?

RemoteFunction과 RemoteEvent는 서버와 대화하기 위해 게임에 삽입하는 오브젝트이다. 클라이언트가 무언가를 요청하거나 서버와 대화하기를 원할 때마다 그림 18.3에 표시된 오브젝트 중 하나를 사용해 메시지가 서버로 발신된다.

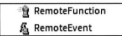

그림 18.3 RemoteFunction과및 RemoteEvent 인스턴스

RemoteEvent는 단방향 통신에 사용된다. RemoteEvent는 클라이언트에서 서버로 발신하거나, 서버가 개별 클라이언트 또는 게임의 모든 클라이언트에 발신할 수 있다. RemoveEvent에 대한 세 가지 옵션은 FireServer(), FireClient()와 FireAllClients()이다. FireServer()의 사용 예제는 다음과 같다.

RemoteEvent:FireServer()

FireServer 함수에서 문자열과 같은 데이터를 추가해 다음 예제와 같이 서버에 정보를 전달할 수 있다. CFrame 위치, Color3 RGB 값, 데이터 테이블 등 서버에 많은 것을 전달할 수 있다.

RemoteEvent:FireServer("Hello")

서버는 메시지를 수신하고 필요한 작업을 수행한다.

반면에 RemoteFunction은 양방향 통신을 위해 사용된다. 이벤트가 발생하거나 호출되면 수신하는 쪽은 회신과 함께 응답한다. RemoteFunction의 두 가지 옵션은 InvokeServer()와 InvokeClient()이다. 예를 들어 클라이언트가 다음과 같이 메시지를 서버로 보낼 경우 다음과 같은 모습이 된다.

```
local reply = RemoteFunction:InvokeServer("Hello")
```

서버는 이것을 받은 후 아래와 같이 응답할 것이다.

```
local function anyfunction(player)
    return 5
end
```

```
RemoteFunction.OnServerInvoke(anyfunction)
-- RemoteFunction 서버에서 호출되면 anyfunction이라는 이름의 함수를 실행한다.
```

그러면 5의 값이 클라이언트에게 다시 보내질 것이다. 클라이언트가 reply의 값을 출력했다면 5가 될 것이다. 이 기능은 위치, 데이터 테이블 또는 모델 값 등을 반환할 때 유용하다. 예를 들면 아이템을 배치하기 위해 서버에 있는 모델을 복제해 전송하는 RemoteFunction이 있을 수 있다.

노트

최소로 사용하기

InvokeClient()는 최대한 적게 사용해야 한다. 서버는 클라이언트의 답변을 기다리고 있기 때문에 클라이언트에 랙(lag)이 생기면 오래 기다려야 할 수도 있다! 클라이언트 연결이 끊어지거나 게임을 종료하면 함수에 오류가 발생한다. InvokeClient를 사용하는 경우에는 열일곱 번째 시간에서 언급한 대로 pcall에서 함수를 랩핑 해야 한다.

RemoteEvent 및 RemoteFunction의 사용 방법

두 가지 인스턴스에 관련해서 기억해야 할 한 가지 중요한 점은 서버와 클라이언트가 모두 접근할 수 있는 위치에 있어야 한다는 것이다. ReplicatedStorage에 저장하는 것이 좋으며, Workplace에도 저장해도 좋다. 그림 18.4에 표시된 것처럼 ReplicatedStorage 폴더에 저장해보자.

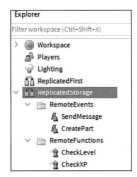

그림 18.4 ReplicatedStorage 폴더에 RemoteEvent와 RemoteFunction 저장하기

RemoteEvent 생성하기

클라이언트와 서버 간의 통신이 가능하도록 RemoteEvent를 만드는 것부터 시작하자. 먼저 그림 18.5와 같이 ReplicatedStorage를 클릭하고 새 RemoteEvent 인스턴스를 삽입한다.

그림 18.5 새 RemoteEvent 삽입

워크스페이스에 새 파트를 만들 것을 서버에 요청하는 이벤트를 만들 것이다. 일단은 SendMessage로 이름을 변경한다(그림 18.6).

그림 18.6 이벤트 이름 변경

다음은 LocalScript를 만들고 StarterPlayerScripts에 넣는다(그림 18.7).

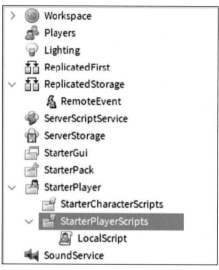

그림 18.7 StarterPlayerScripts에 LocalScript 삽입

이제 이벤트를 발생시키는 코드를 작성한다. LocalScript 내에 다음을 입력한다.

```
local remoteEvent = game:GetService("ReplicatedStorage"):WaitForChild("SendMessage")
remoteEvent:FireServer()
-- 서버에 이벤트 발신하기
```

이제 클라이언트에서 서버로 메시지를 발신할 수 있으니, 서버에서 메시지에 응답할 스크립트를 작성해야 한다. 스크립트를 생성하고 ServerScriptService에 넣는다(그림 18.8).

이 스크립트 안에 SendMessage 이벤트를 수신하는 코드를 작성하고, 클라이언트로부터 메시지를 수신할 때마다 새 파트를 만든다.

```
local remoteEvent = game:GetService("ReplicatedStorage"):WaitForChild("SendMessage")

local function createPart(player)
    -- 파트를 생성하고 플레이어 이름으로 이름을 변경
    local part = Instance.new("Part")
    part.Parent = game.Workspace
    part.Name = player.Name
end
```

```
remoteEvent.OnServerEvent:Connect(createPart)
-- 서버에 의해 remoteEvent가 트리거되면 createPart 함수를 호출
```

클라이언트가 이 이벤트를 실행할 때마다 서버는 파트를 만들고, 파트의 이름을 해당 이
벤트를 실행한 클라이언트(플레이어)의 이름으로 변경한다. 어서 테스트해보자!

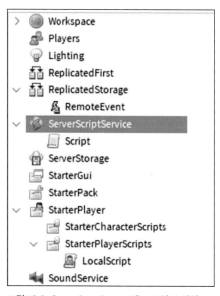

그림 18.8 ServerScriptService에 스크립트 삽입

직접 해보기

RemoteEvent와 RemoteFunction 가지고 놀기

파트의 색상 변경, 다른 플레이어에게 메시지 보내기, 파트 삭제 또는 폭발 발생까지 원하는 대로 함수를 변
경할 수 있다. RemoteFunction도 실험해 보자. 서버가 클라이언트로 값이나 오브젝트를 반환하도록 해보자.
이와 함께 서버측 검증도 중요하니 다음 섹션에서 다뤄보자.

서버측 검증

"PurchaseItem"이라는 RemoteEvent가 있고, 두 개의 파라미터를 통해 물건의 이름과 가격을 전달한다고 가정해보자.

```
remoteEvent:FireServer("PetDog", 100)
```

이는 좋지 않은 방식이다. 왜 그럴까?

해커들이 가격을 0으로 변경하고 이벤트를 발신하면 게임에서 아이템을 무료로 얻을 수 있다. 때문에 서버측 검증^{Server-Side Validation}이 매우 중요해진다. 서버측 검증이란 클라이언트에서 오는 값을 서버에서 체크하고, 검증하는 것을 말한다. 예를 들면 서버는 ServerStorage에 Value 오브젝트를 저장할 수 있다. 그림 18.9에 표시된 NumberValue 오브젝트는 수치 데이터를 담고 있으며, 상점 가격을 저장하는 편리한 방법이다.

그림 18.9 ServerStorage에 있는 아이템 가격을 담은 NumberValue 오브젝트

서버가 이벤트를 받으면 Pet Dog의 가격을 확인하고, 해커가 발신한 것처럼 0이 아니라 사실은 100 캐시인 것을 확인한다. 그러면 해커에게는 100이 부과되거나 구매가 거부될 것이다. 해커들은 종종 그들이 가진 돈의 양이나 그들의 레벨을 바꾸려고 하지만, 해커가 적용한 변경은 클라이언트에서 일어난다. 따라서 서버에서 항상 유효성을 검사하면 변경 사항들이 문제가 되지 않는다.

Teams

경쟁 중심의 멀티플레이어 게임을 만들었다고 하자. 근데 이 게임은 모두가 한 팀이라 경쟁이 없는 게 문제다. 그렇다면 팀을 만들어야 할 것 같다. 이 섹션에서는 게임에 팀을 추가하고 플레이어를 팀에 할당하는 방법을 알아보자.

Teams 추가

먼저 Model 탭을 열고 Advanced 섹션에서 Service 버튼을 클릭해 Insert Service 창을 연다 (그림 18.10).

그림 18.10 Model 탭을 열고 Advanced 섹션을 찾은 다음 Service 버튼을 클릭한다.

Teams를 선택하고 Insert를 클릭한다(그림 18.11). 이렇게 하면 필요한 팀들을 저장할 수 있는 특수 폴더가 생성된다.

그림 18.11 Insert Service를 사용해 Teams 폴더 추가

Teams 폴더를 선택하고 새 팀을 삽입한다(그림 18.12). 속성에서 이 팀의 이름과 색상을 변경할 수 있다.

그림 18.12 팀 삽입

노트

Nil

Player.Neutral을 true로 설정하면 팀이 nil로 바뀐다. LocalScript에서 game.Players.LocalPlayer.Neutral을 출력해 보면 알 수 있다.

팀에 플레이어 자동 할당

플레이어가 게임에 조인할 때 자동으로 팀에 소속되도록 하려면 Properties에서 Auto Assignable 박스에 체크하면 된다(그림 18.13). 예를 들어 원할 경우 Spectator와 Lobby 팀으로 설정할 수 있다.

그림 18.13 Properties 탭에서 AutoAssignable을 선택해 자동으로 플레이어를 팀에 할당

수동으로 팀에 플레이어 할당

이 예제는 게임에 있는 모든 플레이어를 WinningTeam이라는 팀에 넣는 방법을 보여준다. 이렇게 하려면 모든 플레이어에 루프를 돌려서 Team 값을 다음과 같이 변경한다.

```lua
-- 게임에 있는 모든 플레이어를 루프해서 팀을 변경
for _, player in pairs(game.Players:GetChildren()) do
    player.Team = game.Teams.WinningTeam
end
```

다음과 같이 TeamService를 사용할 수도 있다.

```lua
-- TeamService
local Teams = game:GetService("Teams")

-- 게임에 있는 모든 플레이어를 루프해서 팀을 변경
for _, player in pairs(game.Players:GetChildren()) do
    player.Team = Teams["WinningTeam"]
end
```

이 방법은 게임 도중 팀을 만들거나 삭제할 때 더욱 유용하다. GetTeams()는 현재 게임에 있는 모든 팀의 테이블을 만든다. 이것을 사용하면 팀을 무작위화 하기가 쉬워진다.

```lua
-- TeamService
-- GetTeams()는 현재 게임에 있는 모든 팀을 테이블로 반환
local Teams = game:GetService("Teams"):GetTeams()

-- 게임에 있는 모든 플레이어를 루프해서 팀을 변경
for _, player in pairs(game.Players:GetChildren()) do
    player.Team = Teams[math.random(1, #Teams)]
        -- 가능한 팀 중에 무작위 팀을 선정
end
```

직접 해보기 ▼

플레이어를 배정하는 다른 방법들도 시도해 보자!

플레이어를 팀에 배정하는 더 복잡한 방법도 있다. 예를 들어 isFriendsWith() 메서드를 사용해서 친구를 그룹화하고 해당 그룹을 특정 팀으로 이동하는 것이 그중 하나이다. 이 책의 범위 밖의 주제이긴 하지만 직접 시도해보면 좋다!

네트워크 소유권

로블록스 게임에서 오브젝트(예를 들어 차량이나 파트)가 움직일 때마다 로블록스가 물리를 계산한다. 게임의 모든 오브젝트에 대해 서버가 물리를 계산할 필요가 없도록 자신과 가까운 오브젝트에 대해서는 일부 클라이언트가 물리를 계산할 수 있도록 한다. 오브젝트의 물리를 계산하는 클라이언트는 '소유자Owner'로 불리며, 그래서 '네트워크 소유권Network Ownership'이라는 용어가 있는 것이다.

대부분의 경우 네트워크 소유권은 제대로 작동한다. 그러나 클라이언트가 관리하는 모든 물리 업데이트는 서버로 전송돼야 한다. 예를 들어 파트가 허공을 날아 여러 명의 플레이어를 지나치면 각 플레이어가 차례대로 소유자가 된다. 이로 인해 파트가 네트워크 소유권을 변경할 때 느낄 수 있을 정도의 지연lag이 발생할 수 있다. 이런 문제를 피하고 파트가 원활하게 이동하도록 네트워크 소유자를 특정해서 수동으로 할당할 수 있다.

다음과 같이 (서버에서) 파트의 네트워크 소유권을 설정할 수 있다.

`game.Workspace.Part:SetNetworkOwner(player)`

`GetNetworkOwner()`를 출력해 파트의 현재 네트워크 소유자를 볼 수도 있다.

> **노트**
>
> **네트워크 소유권 및 고정 파트**
>
> 고정된(anchored) 파트에 대해서는 네트워크 소유권을 설정할 수 없다. 만일 설정하려고 하면 출력 창에 경고가 나올 것이다.

요약

이번 시간에서는 클라이언트-서버 모델의 기본 사항과, 클라이언트와 서버 간의 통신을 위해 로블록스에서 사용하는 방법을 배웠다. RemoteEvent와 RemoteFunction이 무엇인지, 게임에서 어떻게 사용하는지도 배웠다. 이들은 게임 개발 과정에서 가장 중요한 두 가지 툴이다! 다음은 서버측 검증이 무엇이고 왜 중요한지 설명했다. 마지막으로 재미있는 멀티플레이어 게임을 만들기 위해 팀을 만드는 방법을 배웠고, 네트워크 소유권과 이를 사용하는 방법을 알아봤다.

Q&A

Q 실행된 RemoteEvent/RemoteFunction은 순서대로 실행되는가?

A 그렇다. 순서대로 도착하지 않더라도 올바른 순서로 실행된다.

Q 내 스크립트가 RemoteFunction 응답을 기다리는가?

A 그렇다. RemoteFunction은 회신이 수신될 때까지 스크립트를 대기한다. 이 때문에 클라이언트를 호출하는 것이 나쁜 방법인 것이다. 하지만 RemoteEvent는 대기하지 않는다.

워크샵

이번 시간을 마쳤으니 배운 것을 복습해보자. 시간을 내 다음 질문에 답해보자.

퀴즈

1. 참/거짓: 클라이언트에서 변경한 모든 내용은 서버에 복제된다.

2. 참/거짓: 스크립트에는 두 가지 유형이 있다.

3. RemoteEvent 또는 RemoteFunction을 보호하려면 항상 서버측 _____를 사용해야 한다.

4. 참/거짓: RemoteEvent는 단방향 통신을 위한 것이다.

5. 참/거짓: Player.Neutral은 플레이어의 팀을 변화시키지 않는다.

6. InvokeClient()의 기능은 무엇인가?

7. 로블록스는 게임 서버에 어떤 네트워킹 모델을 사용하는가?

8. 네트워크 소유권은 파트의 _____를 계산하는 사람을 결정한다.

답

1. 거짓. 휴머노이드나 사운드와 같은 일부 변화만이 복제된다.

2. 참. LocalScript는 클라이언트에서 실행되고 Script는 서버에서 실행된다.

3. 검증

4. 참. RemoteEvent는 단방향 통신이다. 반대로 RemoteFunction은 응답을 기다린다.

5. 거짓. 플레이어의 팀은 nil로 설정될 것이다.

6. InvokeClient()는 RemoteFunction과 함께 클라이언트에게 메시지를 보내는 데 사용된다. 클라이언트는 이것을 받고 회신한다.

7. 클라이언트–서버 모델

8. 물리

연습

이 연습은 여러분이 이번 시간 동안 배운 것들을 활용한다. 혹시 막히면 앞으로 돌아가 내용을 다시 살펴보길 바란다. 클릭하면 플레이어의 팀을 변경하기 위한 RemoteEvent 메시지를 보내는 GUI 버튼을 만들어 보자. FireServer() 이벤트에는 플레이어가 변경하고자 하는 팀 이름이 포함돼야 한다. 서버에서 팀의 존재 여부를 확인하는 것을 잊지 말자.

1. ScreenGui를 만들고 TextButton을 삽입한다.

2. TextButton 안에 LocalScript를 추가한다.

3. ReplicatedStorage에 RemoteEvent를 생성하고, 적절한 이름으로 이름을 변경한다.

4. 스크립트를 ServerScriptService에 삽입하고, 플레이어에 의해 RemoteEvent가 발생했을 때 실행되게 한다. 실행되면 발생시킨 플레이어의 팀을 바꾼다. 팀 이름을 검증하는 것 잊지 말자!

5. LocalScript로 돌아가서 플레이어가 버튼을 클릭하면 RemoteEvent를 실행한다. MouseButtonClick1 이벤트를 사용해 TextButton의 사라짐 여부를 감지할 수 있다. FireServer()를 팀 이름 인수와 함께 사용해야 한다.

6. 스크립트에서 작성한 두 가지 함수를 사용해 다른 애니메이션으로 전환한다. 다시 말해 MoveLeft 애니메이션이 완료되면 MoveRight를 시작하고, 그 반대의 경우도 처리한다.

7. 테스트 해보자.

8. **보너스**: 플레이어가 가입하고 싶은 팀의 이름을 입력할 수 있는 TextBox를 만든다. FireServer()를 사용할 때 이 인수를 보낸다. 팀이 서버에 존재하는지 꼭 확인하자.

보너스 연습: 플레이어로부터 다른 파트나 위치로 발사되는 레이저 파트를 만든다. 레이저 파트의 네트워크 소유자를 설정해 네트워크 소유권을 사용한다.

1. 새 파트를 생성하고 workspace의 자식으로 만든다.

2. 원한다면 Color3와 Material을 변경한다.

3. 파트의 CFrame을 설정한다. player.Character.Head.Position가 좋은 예다.

4. 파트의 속도를 설정해 파트를 움직이게 한다! Velocity는 Vector3를 사용한다.

5. 네트워크 소유자를 설정한다. SetNetworkOwner(nil)를 사용해 서버가 소유권을 가지도록 하거나, SetNetworkOwner(player)를 사용할 수 있다.

6. local direction = player.Character.Head.CFrame.lookVector를 사용해 플레이어가 바라보고 있는 방향을 파악한다. 이 값을 다음과 같이 Velocity 값에 추가할 수 있다.

   part.Velocity = direction * 20 + Vector3.new(0,20,0)

7. **보너스**: 다른 네트워크 소유자들도 테스트해(스튜디오가 아닌 라이브 서버에서) 차이를 확인할 수 있는지 시도해보자.

HOUR 19
모듈 스크립트

이번 시간에 배울 내용

▶ 모듈 스크립트란 무엇인가

▶ 클라이언트와 서버 측에서 모듈 스크립트가 어떻게 다른가

▶ 모듈 스크립트를 사용해 정보를 저장하는 방법

▶ 모듈 스크립트를 사용해 게임 루프를 코딩하는 방법

게임을 코딩할 때 여러 곳에 흩어져 있는 코드 부분을 사용해야 하거나, 다수의 스크립트들이 접근할 수 있게끔 해야 하는 경우가 있다. 예를 들어 퀘스트를 완료했을 때나 플레이어가 상자를 열었을 때 플레이어에게 아이템을 제공하고 싶을 수 있다.

코드를 복사해서 20개의 각각의 보물 상자에 붙여 넣을 수도 있지만, 나중에 업데이트하려면 골치 아플 것이다. 코드를 정리하는 동시에 스스로를 반복하지 않도록 하는 좋은 방법은 모듈 스크립트^{module script}를 사용하는 것이다. 이번 시간에는 모듈 스크립트가 무엇인지, 사용하는 방법 그리고 게임 루프를 만들어 실제로 적용하는 방법을 알아보자.

모듈 스크립트

모듈 스크립트는 특별한 동작을 가진 특수한 타입의 스크립트로 함수와 변수가 여러 스크립트에서 참조할 수 있도록 허용해준다. 모듈 스크립트는 클라이언트와 서버 모두 사용할 수 있으며, 양쪽 모두 접근할 수 있는 영역에 있으면 된다.

시작하려면 그림 19.1과 같이 ServerStorage 내에 모듈 스크립트를 생성한다.

그림 19.1 ServerStorage 안에 있는 모듈 스크립트

ServerStorage 내부에 있는 스크립트는 게임이 실행될 때 실행되지 않기 때문에 모듈 스크립트를 저장하는 가장 일반적인 영역이다. 하지만 클라이언트와 서버가 모두 사용할 수 있는 변수와 함수를 담고 싶다면 모듈 스크립트를 ReplicatedStorage 내부에 배치하면 좋다.

모듈 스크립트 구조 이해

다른 스크립트 타입들과 달리 모듈 스크립트는 자동으로 print("Hello world!")를 포함하지 않는다. 대신 생성된 코드는 로컬 테이블을 만들고, 호출하는 스크립트로 반환(또는 전송)된다. 모듈 테이블에 존재하는 모든 코드(값, 함수, 다른 테이블 및 코드 조각)는 모듈 테이블 내에서 전송된다.

```
local module = {} -- 로컬 테이블
```

```
return module -- 스크립트가 호출된 곳으로 테이블을 반환
```

모듈 스크립트에서 가장 먼저 해야 할 일은 스크립트 이름을 변경하는 것이다. 그런 후 다음 예제처럼 테이블도 매치되도록 업데이트하는 것이다.

1. 스크립트 이름을 코드의 용도를 설명하는 이름으로 바꾼다. 이 예제는 Treasure Manager를 사용했다(그림 19.2).

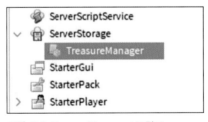

그림 19.2 TreasureManager 스크립트

2. 이름이 일치하도록 테이블 이름을 변경한다.

```
local TreasureManager = {}
```

```
return TreasureManager
```

3. 만일 변수와 함수가 모듈 스크립트에서만 사용하는 경우에는 평소처럼 local 키워드를 사용해 설정한다.

4. goldToGive라는 로컬 값을 추가한다.

```
local TreasureManager = {}
local goldToGive = 500 -- 모듈 스크립트에서만 사용할 로컬 변수

return TreasureManager
```

어디서나 사용할 수 있는 코드 추가

코드를 다른 스크립트에서도 접근할 수 있도록 하려면, 평소처럼 단순히 변수와 함수를 선언하는 대신 다른 스크립트에서 사용할 수 있도록 테이블에 추가해야 한다. 이렇게 하려면 ModuleName.InsertNameHere 사용해 표를 참조하면 된다.

변수 예제

```
ModuleName.VariableName = 100
```

함수 예제

```
function ModuleName.FunctionName()
end
```

앞서 시작한 예제를 계속 진행하려면, 게임의 모든 보물 상자에서 호출할 수 있는 함수인 giveGold 함수를 테이블에 추가해야 한다. 로컬로 만들면 안 된다.

```
local TreasureManager = {}
local goldToGive = 500

function TreasureManager.giveGold() -- 어디서나 호출할 수 있다.
        print(goldToGive .. "gold was added to inventory" )
end

return TreasureManager
```

모듈 스크립트 사용

이제 모듈 스크립트의 내용을 채웠으니 사용할 시간이다. LocalScript 또는 일반 스크립트에서 모듈 스크립트에 접근하려면, Explorer에서 모듈 스크립트의 위치 인수를 사용하는 require()를 사용해야 한다. 또한 다음 코드처럼 함수 결과를 담을 변수를 할당한다(모듈 스크립트가 테이블을 반환하기 때문에).

```
-- 모듈 스크립트 가져오기
local ServerStorage = game:GetService("ServerStorage")
local ModuleExample = require(ServerStorage.ModuleExampleMyModule)
```

모듈 내부에서 함수와 변수를 사용하려면 점^{dot} 표기법을 사용한다.

```
-- 함수 예제
ModuleExample.exampleFunction()
```

보물상자에서 모듈 스크립트를 호출하려면 코드가 필요하다. 이 코드를 최대한 가볍게 만들면 나중에 업데이트해야 할 가능성도 낮아지고, 코드를 해킹으로부터 더 안전하게 만들 수 있다. 플레이어가 보물 상자를 터치할 때마다 giveGold()를 호출한다. 다음 단계를 진행하자.

1. 보물 상자 역할을 할 간단한 파트나 모델을 사용한다. 스크립트를 삽입한다. 모델을 사용할 경우 스크립트는 파트에 들어가야 한다.

2. require()를 사용해 TreasureManager 모듈 스크립트를 가져온다.

3. 플레이어가 보물상자를 건드리면 giveGold()를 호출하는 코드를 추가한다.

```
local ServerStorage = game:GetService("ServerStorage")
local TreasureManager = require(ServerStorage.TreasureManager) -- Gets module
script

local treasureChest = script.Parent


-- 플레이어가 터치하면 골드를 준다.
local function onPartTouch(otherPart)
     local partParent = otherPart.Parent
     local humanoid = partParent:FindFirstChildWhichIsA("Humanoid")
     if humanoid then
          TreasureManager.giveGold() --모듈 스크립트의 함수를 호출
     end
end

treasureChest.Touched:Connect(onPartTouch)
```

직접 해보기 ▼

리더보드에 연결하기

print문을 사용하는 대신 플레이어가 골드를 획득할 때 리더보드의 변경을 트리거할 수 있다. 리더보드의 사용법은 열두 번째 시간을 참조하자.

스튜디오에서 점 뒤에 변수나 함수를 자동으로 제안할 수도 있지만, 수동으로 입력해야 하는 경우도 있다. 그럴 때는 모듈 스크립트에 나와 있는 철자와 정확히 일치하는지 확인하자.

노트

점 표기법 대신 :WaitForChild() 사용하기

점 표기법을 사용하면 모듈 스크립트가 로드되기 전에 스크립트가 모듈 스크립트를 사용하려고 하면 오류가 발생할 수 있다. 하지만 스크립트가 ServerScriptService 또는 ServerStorage에 있는 경우에는 필요 없다(이전 스크립트가 먼저 온다).

직접 해보기 ▼

모듈 스크립트 생성

파트 생성과 제거, 캐릭터 조작, 출력 등 원하는 작업을 하는 함수를 뭐든지 추가할 수 있다. 염두에 둘 것은 모듈 스크립트의 위치가 결과를 볼 수 있는 위치에 영향을 미친다. 다음 섹션에서는 이 부분을 설명할 것이다.

클라이언트 vs 서버 모듈 스크립트 이해

모듈 스크립트는 로컬 스크립트와 서버 스크립트에서 모두 접근하고 사용할 수 있지만, 실행할 수 있는 작업은 클라이언트-서버 모델 구조 중에 어느 쪽에서 실행되는지에 따라 달라진다. 열여덟 번째 시간 '멀티플레이어 코드와 클라이언트-서버 모델'은 클라이언트-서버 모델 뿐만 아니라 클라이언트 측에서 코드가 실행될 때 복제되는 것과 복제되지 않는 것도 설명한다. 마찬가지로, 모듈 스크립트가 스크립트에서 실행될 때, 스크립트의 상호 작용은 실행 중인 스크립트가 무엇과 상호 작용할 수 있는지에 따라 달라진다. 예를 들어 ModuleScript 함수를 실행하는 LocalScript는 ServerStorage, ServerScriptService 또는 서버에만 볼 수 있는 다른 영역에 접근할 수 없다. 그러나 일반 스크립트 내에서 같은 모듈스크립트 함수를 실행하면 가능하다. 이를 통해 해커가 남용할 수 있는 잠재적인 취약점이 없이 클라이언트-서버 모델의 양쪽에서 모듈 스크립트를 사용할 수 있다. 예제를 보면서 서버와 클라이언트 모두에서 스크립트를 실행할 수 있는 경우를 살펴보겠다.

1. ServerStorage에서 Secret이라는 `NumberValue` 오브젝트를 추가한다(그림 19.3). 원하는 숫자로 값을 설정한다. ServerStorage는 서버에서만 접근할 수 있다.

그림 19.3 ServerStorage 안에 오브젝트 배치

2. 클라이언트와 서버가 모두 접근할 수 있는 ReplicatedStorage(그림 19.4) 내부에 `ModuleScript`를 배치한다.

그림 19.4 ReplicatedStorage 내부의 ModuleScript

3. 모듈 스크립트 이름을 ReplicatedModuleScript로 변경한다.

4. 모듈 스크립트의 이름과 일치하도록 테이블 이름을 변경한다.

```
local ReplicatedModuleScript = {}
return ReplicatedModuleScript
```

5. 변수를 사용해 ModuleScript 함수에 Secret을 추가한다.

```
local ReplicatedModuleScript = {}
ReplicatedModuleScript.Secret = game.ServerStorage.Secret
return ReplicatedModuleScript

local ReplicatedModuleScript = {}
ReplicatedModuleScript.Secret = game.ServerStorage.Secret
return ReplicatedModuleScript
```

LocalScript와 일반 스크립트 모두 ReplicatedStorage 내에 있는 모듈 스크립트에 접근할 수 있으므로 동일한 코드를 사용한다. 그런 다음 테이블을 얻은 후 Secret 값을 출력하려고 시도한다.

1. 스크립트를 ServerScriptService에 배치하고, LocalScript를 StarterPlayerScript에 배치한다.

2. 다음 코드를 두 스크립트에 모두 복사한다.

```
-- 필요한 모듈 스크립트 구하기
local ReplicatedModuleScript = require(game.ReplicatedStorage:WaitForChild
    ("ReplicatedModuleScript"))

-- 변수의 값을 구하고 출력
print(ReplicatedModuleScript.Secret.Value)
```

구성이 끝나면 테스트를 하고 결과를 볼 수 있다. 클라이언트 측의 출력된 값과 서버 측에서 오류 메시지를 모두 볼 수 있을 것이다. 그림 19.5에서 서버(상단의 녹색 줄)는 SecretKey의 값을 출력하는 반면, 클라이언트(하단의 파란색 줄)는 오류를 생성한다.

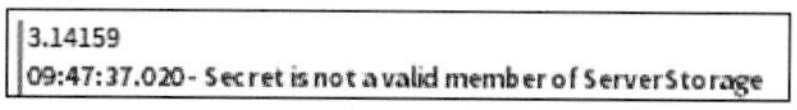

```
3.14159
09:47:37.020 - Secret is not a valid member of ServerStorage
```

그림 19.5 출력 결과

보다시피 서버는 Secret 값에 접근하고 출력하는 데 문제가 없었지만, 클라이언트는 Secret 값을 찾지 못하고 대신 Secret is not a valid member of ServerStorage(Secret은 ServerStorage의 올바른 멤버가 아님)라고 표시한다. 이러한 모듈 스크립트의 기능 구분은 클라이언트-서버 모델 양쪽 모두에서 접근할 수 있는 것을 다룰 때 특히 유용하다. 해커가 비공개 ServerStorage에 있는 내용을 확인하는 것을 원치 않기 때문이다.

모듈 스크립트 사용하기: 게임 루프

이제 모듈 스크립트의 개념과 사용 방법, 모듈 스크립트의 클라이언트와 서버 간의 기능 차이 등에 조금 더 익숙해졌으니 이 지식을 이용해 게임 루프를 만들 수 있다. 게임 루프란 플레이어가 게임을 할 때마다 경험하게 되는 사이클이다. 예를 들어 라운드 기반의 멀티플레이어 게임이라는 게임 루프가 있다고 가정하면 플레이어는 그 루프 안에서 경기에 이기기 위해 어떤 방식으로든 경쟁하게 된다. 이러한 유형의 게임 루프에서는 다음과 같은 세 가지 주요 상태를 고려해야 한다(그림 19.6).

▶ **휴식**: 플레이어의 조인이나 라운드가 시작되기를 기다리는 상황

▶ **경쟁**: 액션이 일어나는 상황

▶ **정리**: 모든 것이 처음의 상태로 리셋 되는 상황

그림 19.6 라운드 기반 게임 루프의 세 가지 주요 구성 요소

설정을 통해 제어 구성

먼저 각 단계에 대한 정보가 필요할 때 다른 스크립트가 참조할 수 있는 오브젝트를 만든다.

1. ServerStorage 내부에 모듈 스크립트를 생성한다. 원하는 대로 이름을 지정할 수 있지만 GameSettings 또는 GameInformation과 같이 쉽게 기억할 만한 것이면 좋다(그림 19.7).

그림 19.7 ServerStorage 내에 모듈 스크립트 생성

2. 모듈 스크립트 상단에서 게임 루프의 각 부분이 지속되는 시간을 제어하는 변수를 설정해야 한다. 하지만 그 전에 스스로에게 다음과 같은 질문을 해보자.

   ▶ 휴식은 어느 정도 시간이어야 하는가?

   ▶ 각 경기/라운드는 얼마나 지속돼야 하는가?

   ▶ 게임이 제대로 작동하려면 최소 몇 명의 플레이어가 필요한가?

   ▶ 각 단계 사이에 어느 정도의 시간을 둬야 하는가?

3. 모듈 스크립트 내에서 각각의 변수를 추가한다.

다음 코드에서는 앞의 질문에 대한 답을 모듈 스크립트로 작성하고, 적절한 이름을 지정했다. 모든 시간은 초 단위다.

```
local GameSettings = {}

GameSettings.IntermissionTime = 5
GameSettings.RoundTime = 30
GameSettings.MinimumPlayers = 2
GameSettings.TransitionTime = 3

return GameSettings
```

재사용할 수 있는 라운드 함수 작성

다음은 매치를 관리하는 스크립트를 작성한다.

1. ServerStorage 내에 RoundManager라는 또 하나의 모듈 스크립트를 생성한다(그림 19.8).

그림 19.8 ServerStorage에 RoundManager 모듈 스크립트 추가

2. RoundManager 모듈 스크립트에 다음과 같이 플레이어를 경기에 보내고 경기가 끝나면 모든 것을 리셋할 변수와 함수를 추가한다. 아래 코드에서 print 문은 자리 표시용으로 사용하며, 실제 기능은 나중에 추가할 것이다.

```
local RoundManager = {}

local ServerStorage = game:GetService("ServerStorage")
local GameSettings = require(ServerStorage:WaitForChild("GameSettings"))
local RoundManager = {}

function RoundManager.PreparePlayers()
  print("The match is beginning...")
  wait(GameSettings.TransitionTime)
end

function RoundManager.Cleanup()
  print("The match is over. Cleaning up...")
  wait(GameSettings.TransitionTime)
end

return RoundManager
```

메인 엔진 만들기: 게임 루프

이제 시스템의 메인 엔진, 즉 루프 자체에 대한 작업을 수행할 차례다.

1. 게임이 시작되자마자 실행되도록 ServerScriptService(그림 19.9) 내에 일반 스크립트를 만든다.

그림 19.9 ServerScriptService 내부에 있는 스크립트(GameLoop로 이름 변경)

2. 필요한 모든 것들을 가져와서 환경을 구성한다. ServerStorage에 있는 두 모듈 스크립트뿐만 아니라 Players 및 RunService와 같은 다른 로블록스 서비스도 가져온다.

다음은 메인 루프 스크립트의 첫 번째 구성이다. require() 함수 내에 WaitForChild()가 있는데, 이는 이 스크립트의 나머지 코드가 실행되기 전에 모듈 스크립트가 로드됐는지 확인하기 위한 것이다.

```
-- 서비스
local RunService = game:GetService("RunService")
local ServerStorage = game:GetService("ServerStorage")
local Players = game:GetService("Players")


-- 모듈 스크립트
local GameSettings = require(ServerStorage:WaitForChild("GameSettings"))
local RoundManager = require(ServerStorage:WaitForChild("RoundManager"))
Create the infinite loop using while true do:
-- 메인 루프
while true do
    -- 여기 있는 코드는 매 프레임마다 반복
end
```

3. 경기를 시작하기 전에 플레이어 숫자가 충분한지 확인한다.

현재 플레이어 수와 시작하는 데 필요한 최소 플레이어 수를 비교하는 if 문을 사용해 수행할 수 있다.

테이블의 길이를 반환하는 # 기호를 눈여겨보자. 이 경우에 #는 Players:GetPlayers()를 사용해서 얻은 플레이어 리스트의 길이를 얻는다.

```
-- 메인 루프
while true do
-- 여기 있는 코드는 매 프레임마다 반복
    if #Players:GetPlayers() < GameSettings.MinimumPlayers then
        wait()
    end
end
```

4. 인원이 충분하면 라운드를 시작하고 라운드가 끝날 때까지 기다린다.

```
-- 메인 루프
while true do
-- 여기 있는 코드는 매 프레임마다 반복
    if #Players:GetPlayers() < GameSettings.MinimumPlayers then
        wait()
    end

    wait(GameSettings.IntermissionTime)

    RoundManager.PreparePlayers()

    wait(GameSettings.RoundTime)

    RoundManager.Cleanup()
end
```

이제 게임 루프의 기반이 생겼다. 친구와 함께 라이브 서버에서 테스트하거나, 상단의 Test 탭에서 최소로 필요한 플레이어보다 더 많은 플레이어로 설정하고 테스트해본다 (그림 19.10).

그림 19.10 테스트 도구를 사용해 최대 8명의 플레이어로 로컬 서버 시작

직접 해보기 ▼

게임 루프 완료하기

기반이 갖춰졌으니 이제 라운드 매니저가 플레이어들을 준비시키거나 정리하기 위해 하는 일을 이렇게 저렇게 추가해볼 수 있다. 경기가 시작되기 전에 플레이어들이 어울릴 수 있는 로비를 만들거나, 플레이어들에게 무기를 주거나, 생각나는 무엇이든 해보자! 또한 BindableEvents를 사용해 라운드의 시작과 끝을 발신해서 게임 루프를 개선할 수 있다(예: 플레이어가 특정 조건을 갖추면 대기 시간을 기다릴 필요가 없게 만들기).

요약

이번 시간에서는 모듈 스크립트에 대해 배우고, 이 스크립트가 함수의 반복을 피하고 코드를 더 잘 구성하는 데 어떻게 도움이 되는지 살펴봤다. 클라이언트–서버 모델에 대한 사전 지식을 적용해 모델에 따라 모듈 스크립트가 어떤 작업을 수행할 수 있는지도 배웠다. 마지막으로 게임 루프 예제를 사용해 모듈 스크립트의 개념을 적용하는 방법을 배웠다.

Q&A

Q 모듈 스크립트가 서로를 필요로 할 수 있는가?

A 그렇다. 흔히 두 개의 모듈 스크립트가 서로를 필요로 하는 것은 괜찮지만, 그 이상이면 서로 로드되기를 기다리는 문제가 발생할 수 있다.

Q 모듈 스크립트는 어디에 둬야 하는가?

A 서버 쪽의 일반 스크립트에서만 사용하는 경우에는 ServerStorage에 배치하고, LocalScript와 서버 스크립트에서 모두 사용하는 경우에는 ReplicatedStorage에 배치하는 것이 좋다.

워크샵

이번 시간을 마쳤으니 배운 것을 복습해보자. 시간을 내 다음 질문에 답해보자.

퀴즈

1. 참/거짓: 모듈 스크립트가 자체적으로 실행된다.

2. 참/거짓: 모듈 스크립트는 ServerStorage 내에서만 배치할 수 있다.

3. 모듈 스크립트를 사용하려면 ___를 사용해야 한다.

4. 참/거짓: 모듈 스크립트 외부에서 로컬 변수 또는 함수에 접근할 수 있다.

5. 참/거짓: 클라이언트 측에서 실행되는 모듈 스크립트는 서버가 보는 모든 것을 볼 수 있다.

6. 참/거짓: 모듈 스크립트 코드는 여러 스크립트에서 사용할 수 있다.

7. 모듈 스크립트는 변수와 함수들을 담고 있는 ___를 반환한다.

8. 모듈 스크립트를 사용해 코드의 _____를 개선한다.

답

1. 거짓. 모듈 스크립트는 다른 스크립트(예: LocalScript 또는 스크립트)에 의해 실행되거나 접근돼야 한다.

2. 거짓. 모듈 스크립트는 사용하려는 스크립트가 접근할 수 있는 한 어디에나 배치할 수 있다. 모범 사례는 Q&A 섹션을 참조하자.

3. 모듈 스크립트를 사용하려면 require를 사용해야 한다.

4. 거짓. 로컬 변수 또는 함수는 모듈 스크립트 자체 내에서만 접근할 수 있다.

5. 거짓. 클라이언트 측의 모듈 스크립트는 클라이언트가 보는 내용만 볼 수 있으며 ServerStorage는 볼 수 없다.

6. 참. 모듈 스크립트는 다수의 스크립트가 사용할 수 있다.

7. 모듈 스크립트는 테이블을 반환한다.

8. 모듈 스크립트를 사용해 코드의 구성을 개선한다.

연습

이 연습은 여러분이 이번 시간 동안 배운 것들을 활용한다. 혹시 막히면 앞으로 돌아가 내용을 다시 살펴보길 바란다. 벽돌을 만질 때마다 각각 다른 액수의 화폐를 얻을 수 있는 벽돌들을 만들어보자. 하지만 모두 동일한 모듈 스크립트를 사용해야 한다.

1. 화폐의 Leaderstat를 생성하는 스크립트를 ServerScriptService 내에 생성한다.

2. 플레이어가 터치하면 실행되는 스크립트를 담은 여러 개의 파트를 만든다.

3. ServerStorage 내에 모듈 스크립트를 만들고 적절한 이름으로 변경한다.

4. 모듈 스크립트 내부에 플레이어가 터치한 파트에 따라 화폐를 주는 함수를 만든다 (힌트: if 문을 사용해서 체크한다).

5. require 키워드를 사용해 스크립트 내부의 함수를 호출하고, Character와 Part를 인수로 전달한다.

6. 추가: 파트에 여러 개의 스크립트를 사용하는 대신 for 루프를 사용해 스크립트를 사용해보자.

보너스 연습: 하나의 모듈 스크립트와 하나의 함수를 사용해서 클라이언트 측에서 호출하는 것인지 서버 측에서 호출하는 것인지에 따라 다른 내용을 출력하는 버튼을 만들어보자.

1. ReplicatedStorage 내에 모듈 스크립트를 만든다.

2. 모듈 스크립트 내에 `RunService:IsClient`와 `RunService:IsServer` 함수를 사용해서 코드를 실행하는 쪽이 클라이언트인지 서버인지 판단해서 텍스트를 출력하는 함수를 만든다(변수를 생성하고 서비스를 지정해서 `RunService`를 삽입해야 한다).

3. ServerScriptService 내부에 스크립트를 작성한다.

4. 스크립트 내에서 `required`를 사용해 모듈 스크립트 함수를 호출한다.

5. ScreenGui와 TextButton을 만든다. 이름과 텍스트는 자유롭게 변경한다.

6. TextButton 내부에 LocalScript를 생성한다. 이 스크립트도 `require`를 사용해서 `ModuleScript` 함수를 호출한다.

7. **보너스:** 이전 시간에서 다뤘던 `RemoteEvent`를 사용해 LocalScript가 서버 측 모듈 스크립트를 호출할 수 있다.

HOUR 20
카메라 이동 코딩

이번 시간에 배울 내용

▶ 카메라란 무엇인가

▶ 카메라 스크립팅 방법

▶ 렌더 스텝 사용 방법

▶ 카메라 회전 및 오프셋 방법

플레이어의 눈이 게임을 경험하는 데 매우 중요한 것처럼 카메라도 게임에 매우 중요한 부분을 차지한다. 투박하고 다루기 힘든 카메라는 플레이어의 경험을 망치는 반면, 정교하게 구성된 카메라 시스템은 플레이어로 하여금 액션과 함께 하는 느낌을 줄 수 있다. 플레이어가 NPC에 말을 걸 때 카메라가 NPC를 확대하거나 더 나은 시야를 제공하기 위해 카메라를 이동할 수 있으며, 이러한 움직임이 플레이어가 인지하지 못할 정도로 자연스러워야 한다.

이번 시간에는 카메라를 소개하고, 카메라의 애니메이션과 부드러운 회전을 사용해서 빠른 카메라 액션, 시네마틱 카메라 스핀, 카메라 쉐이크 등을 연출할 수 있는 방법을 알아본다.

카메라 소개

카메라는 플레이어가 게임을 즐기고 있는 무드에 영향을 준다. 게임 디자이너들이 게임의 특정 시점에서 플레이어가 어떤 느낌을 가져야 할지 전달하려 할 때 카메라를 바꾸곤 한다. 예를 들어 디자이너가 플레이어들이 두려움과 약간의 폐소공포증을 느끼기 원한다면 카메라를 가까이 가져간다. 그림 20.1은 디자이너가 카메라를 이용해 분위기를 연출하는 장면이다.

그림 20.1 플레이어 뒤에 카메라를 바짝 붙여서 긴장감 조성

만약 디자이너가 플레이어가 모험심을 높이고 평온함을 느끼길 원한다면, 그림 20.2와 같이 더 많은 세상을 볼 수 있도록 카메라를 더 뒤로 옮겨 놓는다.

그림 20.2 오픈 월드 게임 플레이를 강조하는 와이드 샷

로블록스에서 각 플레이어 또는 클라이언트는 로컬 카메라 오브젝트를 가지고 있다. 카메라 오브젝트는 스마트폰, 태블릿, PC, Mac 또는 Xbox 등 플레이어가 로컬 장치에서 3D로 렌더링된 월드를 보는 방법이다. 기본 카메라 오브젝트는 Workspace에 위치한다 (그림 20.3).

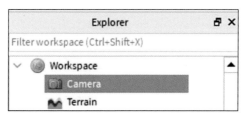

그림 20.3 Camera 예시

카메라 속성

이제 카메라가 어디에 있고 어떻게 접근할 수 있는지 알게 됐으니, 카메라로 무엇을 할 수 있는지 알아보자. 먼저 여러 가지 카메라 속성들을 알아본 다음 몇 가지 예를 살펴보 겠다. 표 20.1은 카메라 오브젝트와 함께 제공되는 기본 카메라 속성 중 일부를 보여준 다. 다음 섹션에서는 플레이어의 경험을 개선하기 위해 속성을 수정하는 방법에 대한 예 제들을 제공할 것이다.

속성들은 다음과 같이 접근할 수 있다.

```
local currentCamera = workspace.CurrentCamera
currentCamera.FieldOfView = 100
```

표 20.1 카메라 속성

속성	설명	예제
CFrame	카메라 프레임의 좌표(열네 번째 시간 '애니 메이션 코딩"에서 다루는 위치 및 회전)	컷신
		카메라 트윈
		뷰티샷
Focus	렌더링 우선 순위를 가질 3D 영역을 포함하 는 CFrame 속성을 말하며, 기본 설정은 플 레이어의 Humanoid다.	컷신과 같이 플레이어 캐릭터에서 벗어난 영역에서 시각적 퀄리티를 향상시킨다.
FieldOfView	FOV라고도 하며 카메라가 세상을 보는 각 도를 말한다. 일반적으로 각도 단위다.	스나이퍼 스코프-Phantom Forces와 같은 FPS 게임
		Jailbreak에서 사용하는 쌍안경
		폐쇄 공포증 또는 자신감 등 감정적인 느낌 을 만들 때

카메라 조작 기본

플레이어 개인이 보는 것은 당연히 다른 플레이어들이 보는 것과 다르다. 이 사실이 카메라 코드를 처리하는 방법에 영향을 미친다. 각 플레이어가 보는 것에 영향을 미치는 코드와 같이 카메라에 영향을 미치는 코드는 일반적으로 LocalScript 내에 있어야 하며, 카메라를 다루는 LocalScripts는 StarterPlayerScripts 내에 저장돼야 한다.

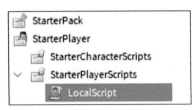

그림 20.4 StarterPlayerScripts에 저장된 카메라를 변경하는 데 사용되는 LocalScript

카메라를 조작하려면 먼저 변경을 허용하는 카메라 유형으로 바꿔야 한다.

```
local camera = workspace.CurrentCamera
camera.CameraType = Enum.CameraType.Scriptable
```

다음과 같이 속성에 접근할 수 있다.

```
local camera = workspace.CurrentCamera
camera.CameraType = Enum.CameraType.Scriptable
camera.FieldOfView = 30
```

카메라 이동 코딩

이 섹션에서는 환경 내의 새로운 지점으로 트윈을 사용해 이동한 후 다시 정상적인 카메라 위치로 돌아오는 카메라를 만드는 방법을 설명한다. 이러한 움직임은 플레이어들에게 방금 풀린 퍼즐이나 열린 문 같이 근처에서 일어나고 있는 사건들을 보여주는 데 사용될 수 있다. 다음 단계를 진행하자.

1. 카메라가 이동할 위치를 표시하기 위해 EndGoal이라는 웨지wedge 파트를 만든다. 웨지는 어느 방향을 가리키는지 쉽게 알 수 있기 때문에 좋다(그림 20.5).

2. StarterPlayerScripts에 LocalScript를 추가하고 이름을 지정한다(그림 20.6).

그림 20.5 카메라가 어디를 가리킬지 보여주는 데 사용할 웨지

그림 20.6 CameraMove라는 이름의 LocalScript

3. TweenService, `CurrentCamera` 오브젝트, 방금 만든 웨지를 가져온다.

```
local TweenService = game:GetService("TweenService")

local currentCamera = workspace.CurrentCamera -- 카메라
local endGoal = workspace.EndGoal -- 웨지
```

4. `wait()`을 추가해 스폰될 시간을 주고, 카메라를 스크립팅할 수 있게 만든다.

```
wait(3) -- 이 예제에서 캐릭터가 로드될 시간을 준다.
currentCamera.CameraType = Enum.CameraType.Scriptable
```

5. 트윈을 구성해 카메라를 이동시킨다. 트윈에 추가적인 인수를 추가하려면 열네 번째 시간을 참조하자. 이렇게 하면 카메라의 현재 위치부터 웨지의 위치까지 트위닝한다.

```
-- 카메라 트윈 구성
local tweenInfo = TweenInfo.new(10)

local goal = {}
goal.CFrame = endGoal.CFrame
```

```
    local CameraAnim = TweenService:Create(currentCamera,tweenInfo,goal)
```

6. 트윈이 완료되면 카메라를 정상으로 되돌리는 함수를 구성한다.

```
-- 잠시 멈춘 후 정산 카메라로 회기
local function returnCamera()
    wait(3) -- 플레이어가 볼 시간을 주기
    currentCamera.CameraType = Enum.CameraType.Custom
end

CameraAnim:Play()
CameraAnim.Completed:Connect(returnCamera)
```

움직임이 완료되면 항상 카메라를 정상으로 되돌리자. 그렇지 않으면 플레이어가 제대로 볼 수가 없다.

렌더 스텝 사용

위 방법은 트윈을 사용했지만, 미리 설정된 애니메이션 없이 또는 특정 시간 동안만 카메라를 이동해야 하는 경우가 꽤 있다. 이럴 때는 루프loop를 사용해 카메라를 이동하는 대신 렌더 스텝render step을 사용하면 된다. 플레이어가 화면에서 게임을 볼 때 표시되는 이미지는 매우 빠르게 새로고침refresh이 되면서 게임 환경에서 부드럽게 움직이는 듯한 착각을 불러일으킨다. 표시할 사항을 구성하기 위해 필요한 모든 계산이 수행되는 시간을 렌더 스텝이라고 한다. 실제로 표시되는 각 이미지는 프레임frame이다.

카메라 동작을 코딩할 때 렌더 스텝과 함께 카메라를 업데이트하면 for 루프를 사용해 동일한 작업을 수행하는 것보다 더 부드러운 애니메이션이 만들어진다.

각 렌더 스텝을 함수와 함께 바인드하려면 RunService를 가져온 후 BindToRenderStep()을 사용하면 된다.

```
local RunService = game:GetService("RunService")
RunService:BindToRenderStep("Binding Name", 1, functionToBind)
```

파라미터 설명은 순서대로 다음과 같다.

▶ **이름**: 이 바인딩의 이름이다. 이름이 있어야 멈추고 싶을 때 함수의 바인딩을 풀 수 있다.

▶ **우선순위**: 렌더 스텝 안에서 얼마나 빨리 발생하는지 정한다. 일반적으로 플레이어 입력은 100번대, 카메라 컨트롤은 200번대가 기준이다. 확실하지 않은 경우, Enum `RenderPriority`를 enum화 시킬 수 있다(예제 스크립트 참조).

▶ **함수**: 바인딩하고자 하는 함수의 이름이다.

카메라 오프셋

플레이어와 연관돼 움직이는 카메라는 휴머노이드^{Humanoid}가 가지고 있는 매우 유용한 속성인 `CameraOffset`을 사용해 구현할 수 있다. 이것을 수정하면 플레이어가 걸어갈 때 흔들리는 효과를 만들거나 플레이어가 위험한 것을 만졌을 때 카메라가 쉐이크되는 효과를 만들 수 있다.

`CameraOffset`은 `Vector3`를 사용하며, 일반적으로 클라이언트에서 호출한다.

```
humanoid.CameraOffset = Vector3.new(x, y, z)
```

카메라 속성을 다루는 다른 코드와 마찬가지로 `CameraOffset`은 클라이언트 측에서만 사용할 수 있다. 여기서는 서버에서 클라이언트로 신호를 보내 카메라 쉐이크를 생성하는 방법을 보여준다. 카메라 쉐이크는 흔히 플레이어가 위험한 물건을 만지거나, 거대한 몬스터의 무게를 느끼게 해주거나, 플레이어가 무언가와 충돌했을 때 사용된다. 우리 예제는 간단한 해저드 파트를 만들고, 카메라 쉐이크를 이용해 플레이어에게 위험한 것을 만졌다는 피드백을 준다.

1. ReplicatedStorage에 HazardEvent라는 RemoteEvent를 추가한다.

2. Hazard라는 새 파트를 만들고 코드를 추가한다. 다음은 보여주기 위한 기본적 코드이지만, 열아홉 번째 시간에서 배운 모듈 스크립트에 대한 내용을 사용해 미래를 대비한 버전을 만들 수도 있다.

```
-- 플레이어의 터치 체크. True라면 생명력 20 감소
local hazard = script.Parent

local function onTouch(otherPart)
    local character = otherPart.Parent
    local humanoid = character:FindFirstChildWhichIsA("Humanoid")
```

```
        if humanoid then
                local currentHealth = humanoid.Health
                humanoid.Health = currentHealth - 20
                hazard:Destroy()
        end
    end
```

```
    hazard.Touched:Connect(onTouch)
```

3. 필요한 서비스를 가져오고, RemoteEvent와 FireClient()를 가져온다.

```
-- 플레이어의 터치 체크. True라면 생명력 20 감소
local Players = game:GetService("Players")
local ReplicatedStorage = game:GetService("ReplicatedStorage")

local hazardEvent = ReplicatedStorage:WaitForChild("HazardEvent")
local hazard = script.Parent

local function onTouch(otherPart)
    local character = otherPart.Parent
    local humanoid = character:FindFirstChildWhichIsA("Humanoid")
    local player = Players:GetPlayerFromCharacter(character)


    if humanoid then
            hazardEvent:FireClient(player)
            local currentHealth = humanoid.Health
            humanoid.Health = currentHealth - 20
            hazard:Destroy()
    end
end



hazard.Touched:Connect(onTouch)
```

4. StarterPlayerScripts에 LocalScript와 다음 변수들을 추가한다. 캐릭터를 체크하는 방법을 눈여겨보자. 플레이어의 캐릭터가 완전히 로드되지 않은 상태에서 코드가 실행되지 않게 해야 한다.

```lua
-- 서비스
local ReplicatedStorage = game:GetService("ReplicatedStorage")
local RunService = game:GetService("RunService")
local Players = game:GetService("Players")

local hazardEvent = ReplicatedStorage:WaitForChild("HazardEvent")
local player = Players.LocalPlayer

local character = player.Character
if not character or not character.Parent then -- 캐릭터 체크
    character = player.CharacterAdded:wait()
end
local humanoid = character:WaitForChild("Humanoid")
local random = Random.new()

local SHAKE_DURATION = 0.3 -- 쉐이크가 얼마동안 유지되는지
```

5. CameraOffset에서 사용할 무작위 x, y, z 값을 생성하는 기능을 구성한다.

```lua
-- CameraOffset을 위한 무작위 값 생성
local function onUpdate()
    local x = random:NextNumber(-1, 1)
    local y = random:NextNumber(-1, 1)
    local z = random:NextNumber(-1, 1)
    humanoid.CameraOffset = Vector3.new(x,y,z)
end
```

6. SHAKE_DURATION 시간 동안 렌더 스텝에 Update()를 바인딩할 새 함수를 추가한 다음 바인딩을 해제한다.

```lua
-- 연결한 후에 렌더 스텝에서 연결을 해제한다.
local function shakeCamera()
    RunService:BindToRenderStep("CameraShake", Enum.RenderPriority.Camera.
        Value, onUpdate)
    wait(SHAKE_DURATION)
    RunService:UnbindFromRenderStep("CameraShake")
end
hazardEvent.OnClientEvent:Connect(shakeCamera)
```

렌더 스텝에 무한하게 연결

렌더 스텝에서 코드가 실행되는 시기를 제어할 필요가 없고 렌더 스텝에서 연결을 끊을 필요도 없는 경우 코드를 RenderStepped 이벤트에 연결할 수 있다. 프레임이 렌더링되기 전에 RenderStepped 이벤트가 발생한다. 게임 성능에 영향을 주지 않으려면 RenderStepped 이벤트에 너무 많은 것을 연결하지 않도록 주의하자. 다른 이벤트 연결과 동일한 방식으로 연결할 수 있다.

```
local RunService = game:GetService("RunService")
-- 코드
RunService.RenderStepped:Connect(functionName)
```

트윈서비스^{tweenservice}와 함께 런서비스^{runservice}를 사용해 로딩 화면이나 게임 트레일러에서 볼 수 있는 카메라 스핀을 만들 수 있다(그림 20.7).

그림 20.7 분홍색 구를 중심으로 회전하는 카메라 뷰를 사용해 수평선을 보여줌

다음 단계를 진행하자.

1. 중심이 돼 카메라가 주위를 회전할 수 있는 파트를 만든다.

2. StarterPlayerScripts에 새 로컬 스크립트와 다음 변수들을 추가한다.

```
-- 오브젝트 주위로 카메라를 회전
local RunService = game:GetService("RunService")

local focus = workspace.Focus -- 파트로 변경
```

```
      local focalPoint = focus.Position
      local camera = workspace.CurrentCamera
      camera.CameraType = Enum.CameraType.Scriptable
      local angle = 0
```

3. 다음 함수를 추가해 파트를 중심으로 카메라를 회전시킨다.

```
      local function onRenderStep()
         local cameraPosition = focalPoint + Vector3.new(50 * math.cos(angle), 20,
                50 * math.sin(angle))
         camera.CFrame = CFrame.new(cameraPosition, focalPoint)
         angle = angle + math.rad(.25)
      end
```

4. 함수를 RenderStepped 이벤트에 연결한다.

```
      RunService.RenderStepped:Connect(onRenderStep)
```

직접 해보기

시간 변경

카메라가 파트를 중심으로 한바퀴 온전히 회전하는 데 걸리는 시간을 변경할 수 있는지 시도해보자.

델타타임(deltaTime)

렌더 스텝을 완료하는 데 걸리는 시간은 기계마다 다르다는 것을 기억해야 한다. 속도가 빠른 기기는 보급형 기기보다 보다 자주 갱신할 수 있다.

각 프레임이 얼마나 걸릴지 정확히 알 수 없으므로 deltaTime을 사용해 함수가 원하는 시간 동안 실행되는지 확인할 수 있다. deltaTime은 이벤트 사이에 경과한 시간을 체크한다.

```
local RunService = game:GetService("RunService")

local function checkDelta(deltaTime)
        -- 마지막 렌더 스텝 이후 지난 시간을 출력
print("Time since last render step:", deltaTime)
end

RunService:BindToRenderStep("Check delta", Enum.RenderPriority.First.Value, checkDelta)
```

▼ 직접 해보기

deltaTime 사용하기

deltaTime을 사용해 이전 스크립트를 특정 시간 동안 실행할 수 있는지 시도해보자.

팁

문제 해결

코드가 작동하지 않는 경우 렌더 스텝에서 코드가 처리되는 우선순위를 변경해야 할 수 있다. 또 다른 가능성은 스크립트에 필요한 모든 것이 올바르게 로드되지 않았다는 것이다.

요약

카메라의 기본 설정 동작을 변경하면 플레이어의 게임 경험이 바뀔 수 있다. 카메라 조작은 플레이어가 오브젝트와 상호작용하거나 피드백을 줄 수 있고, 영화같은 순간을 만들수도 있다. 카메라에는 FieldofView와 같이 수정할 수 있는 속성이 있지만, 대부분의 수정은 코드를 통해 이뤄진다.

카메라 코드는 일반적으로 LocalScript를 사용해 클라이언트 측에서 실행된다. 카메라는 CurrentCamera 오브젝트를 가져와 스크립팅이 가능하도록 만들어 제어할 수 있다. 원격 이벤트remote event를 사용해 서버 측에서 클라이언트 측으로 신호를 보낼 수 있다. 스크립트가 완료되면 CurrentCamera를 커스텀 상태로 되돌리는 것을 잊지 말자.

일정 시간동안 실행해야 하는 코드의 경우 루프loop 대신 렌더 스텝을 사용한다. 이 방법은 더 안정적이며 일반적으로 카메라 모션이 더 부드러워진다.

렌더 스텝은 기기마다 서로 다른 시간이 걸린다. 이를 해결하기 위해 deltaTime을 사용해 렌더 스텝에 걸리는 시간을 체크할 수 있다.

Q&A

Q 카메라가 3D 상에서 보이는가?

A 아니다. 하지만 3D 위치는 있다(Camera.CFrame).

Q 카메라는 무엇을 렌더링하는가?

A 3D 월드

Q 기본 CameraSubject는 무엇인가?

A Humanoid

Q 카메라에 기본 설정된 동작을 제거하려면 어떻게 해야 하는가?

A CameraType을 스크립트 가능(scriptable)으로 설정한다.

워크샵

이번 시간을 마쳤으니 배운 것을 복습해보자. 시간을 내 다음 질문에 답해보자.

퀴즈

1. CameraType의 용도는 무엇인가?

2. 세 가지 카메라 속성을 나열한다.

3. 화면을 새로 고치기 위한 계산을 수행하는 시간을 무엇이라 하는가?

4. BindToRenderStep()의 세 가지 매개 변수는 순서대로 무엇인가?

답

1. CameraType은 카메라의 동작, 즉 카메라가 월드 및 오브젝트와 상호 작용하는 방식을 제어한다.

2. CFrame, CameraType 및 Focus는 카메라의 세 가지 속성이다.

3. 렌더 스텝은 화면을 새로 고치기 위해 계산되는 시간이다.

4. BindToRenderStep의 세 가지 매개변수는 Name, Priority, Function이다.

연습

카메라 움직임에 대해 알고 있는 것들을 사용해 게임을 보여주고, 게임 페이지와 소셜 미디어에 올릴 수 매력적인 트레일러를 만들어보자. 다음 팁을 참고하자.

▶ 녹화하는 데 방해가 되는 경우 Properties(그림 20.8)에서 스크립트를 비활성화할 수 있다.

그림 20.8 LocalScript의 Properties 창에서 Disabled 선택

▶ 마지막 트윈이 완료됐을 때를 감지해 트윈을 하나씩 연속으로 트리거할 수 있다.

```
tween1.Completed:Connect(functionName)
```

▶ 카메라 스핀을 사용해 당신이 가장 자랑스러워 하는 영역을 자랑해보자.

▶ 비싼 편집 프로그램 세트를 가지고 있지 않더라도 OBS와 같은 무료 화면 캡처 소프트웨어를 사용할 수 있다.

이 두 번째 연습에서는 약간의 카메라 움직임으로 게임 내에서 개선할 수 있는 위치를 찾는다.

▶ 나무를 자를 때 쉐이크 사용

▶ 말하는 NPC를 향해 카메라 겨냥

▶ 플레이어가 처음 로드될 때 월드를 보여주는 카메라 모션 추가

HOUR 21
크로스 플랫폼 구성

이번 시간에 배울 내용

▶ 성능 최적화를 위한 모범 사례는 무엇인가?

▶ 게임을 모바일과 호환되도록 하는 방법

▶ 로블록스 스튜디오 툴을 사용해 모바일 호환성을 테스트하는 방법

▶ Xbox/VR 호환성을 위해 수행해야 할 추가 과정

플레이어가 없는 게임은 아무 의미가 없다. 때문에 최대한 많은 사람들이 본인의 게임을 플레이하고 게임의 경험이 더욱 즐거울 수 있도록 염두에 둬야 할 것들이 있다. 이번 시간에서는 게임 성능을 최적화하기 위한 모범 사례들을 알아보고, 모바일 호환성을 위해 게임을 구성하는 방법, 콘솔 및 가상 현실VR 지원을 위해 고려해야 할 사항에 대해 알아보자.

게임 성능 향상시키기

로블록스의 좋은 점 중 하나는 플레이어가 컴퓨터에서 게임을 시작한 다음에 모바일 기기에서도 매끄럽게 전환해 게임을 계속할 수 있다는 것이다. 다만 게임이 제대로 최적화돼 있지 않으면 기기 간 하드웨어의 차이가 게임의 경험을 크게 저해할 수 있다. 최대한 많은 수의 장치에서 문제없이 실행할 수 있도록 게임에서 해볼 수 있는 몇 가지 작업이 있다.

메모리 사용량

성능에서 주로 문제가 되는 부분은 메모리 사용량이다. 개발자 콘솔은 플레이어들에게 얼마나 많은 메모리(메가바이트 또는 MB 단위로 측정)가 사용되고 있는지를 알려준다.

개발자 콘솔에 접근하려면(그림 21.1) 키보드에서 **F9** 키를 누르거나 왼쪽 상단 모서리에 있는 로블록스 로고를 클릭하면 된다. **Settings**로 이동한 후 아래로 스크롤해 콘솔을 연다.

Developer Console   🌐 0 ⚠ 2 Client Memory Usage: 997 MB Avg. Ping: 42 ms   — ✕

그림 21.1 개발자 콘솔

시간이 흐르면서 기기는 점점 고성능이 돼 가고 있지만 저가형 모바일 기기를 고려하기 위해 메모리 사용량 목표는 700~800MB 정도가 좋다. PC와 콘솔 플랫폼에서만 즐기게 할 계획이라면 더 많이 사용할 수도 있지만, 추후에 왜 모바일도 고려할 가치가 있는지 살펴볼 예정이다.

빌드 최적화

게임에 배치하는 모든 파트가 일정량의 메모리를 사용한다. 플레이어의 장치에 존재하는 메모리에서 게임이 차지하는 메모리 양을 최소화하기 위해 각 파트들이 어떻게 사용되는지 신경 써야 한다.

파트 개수

파트 개수는 간단하다. 가능한 낮게 유지해야 한다. 게임에 더 많은 파트를 추가할수록 로블록스는 각 파트를 렌더링해야 하며 물리까지 처리해야 한다. **Workspace**에 삽입하는 파트 수를 제한하는 것 외에도, 유니언Union을 만들거나 파트를 메쉬mesh로 교체해 파트를 최적화할 수도 있다(다음 섹션에서 더 자세히 읽어보자). 유니언과 메쉬는 로블록스가 처리해야 할 물리 계산을 줄여주고, 게임 내 파트 개수에 대한 성능 부담도 줄어든다.

유니언과 메쉬

유니언은 로블록스 스튜디오 내에서 만들 수 있으므로 만들기가 더 간단하다. 다음 단계에 따라 유니언을 만든다.

1. 결합할 모든 파트를 하이라이트한다.

2. Model 탭의 Solid Modeling 아래 Union을 클릭한다(그림 21.2).

그림 21.2 Model 탭의 Solid Modeling 툴

3. 나중에 실행을 취소하려면 Separate를 클릭하면 된다.

메쉬 제작은 블렌더^{Blender}와 같은 외부 3D 모델링 소프트웨어가 필요하기 때문에 조금
더 복잡하다. 과정은 대체로 비슷하다.

1. 결합할 모든 파트를 하이라이트한다.

2. Explorer를 오른 클릭하고 Export Selection을 선택한다.

3. 컴퓨터 어딘 가에 .obj 파일로 저장한다.

4. 본인의 모델링 소프트웨어에서 파일을 연다.

5. 모델링 소프트웨어에서 .obj 파일을 내보내고 나면 스튜디오로 다시 가져오기 위
해 MeshPart를 추가하고 MeshId 속성 옆의 작은 폴더 아이콘을 클릭한 다음 파일
을 연다.

그림 21.3 MeshId 속성 및 .obj 파일을 가져오기 위한 아이콘

유니언과 메쉬가 메모리 사용을 왜 줄여줄까? 로블록스가 특정 오브젝트들을 렌더링하
고 물리를 계산하는 대신 오브젝트의 물리를 한 번한 계산하면 되기 때문이다. 한 단계
더 최적화하려면 유니언 또는 메쉬 파트의 RenderFidelity 속성을 Automatic으로 변경
하면 된다. 이렇게 하면 로블록스는 플레이어가 멀리 떨어져 있을 때 파트의 디테일을 렌
더링하지 않기 때문에 메모리를 줄일 수 있다.

노트

모든 것을 유니언/메쉬화하지 말라

파트와 마찬가지로 유니언과 메쉬도 메모리를 사용하므로 과도하게 사용하지는 말자. 또한 삼각형 수가 많으면(보
통 5,000개 이상) 유니언이나 메쉬가 실제로 성능에 더 좋지 않을 수 있다. 모델링 소프트웨어 또는 로블록스 스튜
디오(유니언은 TriangleCount 속성이 있음)에서 유니언 또는 메쉬가 적합한지 확인해보자.

메쉬 및 텍스처 재사용

메쉬 성능을 최적화하기 위해 할 수 있는 몇 가지 다른 작업이 있다. 로블록스 엔진의 작동 방식 때문에 재사용하는(변경 사항이 없는) 메쉬는 서로 다른 메쉬를 사용하는 것에 비해 성능에 상당한 이점이 있다. 따라서 하나의 메쉬를 만들고 게임 내에서 여러 번 재사용하면 로블록스의 메모리 사용량을 줄일 수 있다. 예를 들어 집집마다 독특한 문을 만드는 대신에 몇 가지를 만들어서 돌려서 사용하면 된다.

텍스처도 마찬가지다. 모든 메쉬마다 전용 텍스처 파일을 갖는 대신, 집의 벽돌 벽, 창문 광택, 나무 무늬 같은 동일한 텍스처를 서로 다른 적절한 장소에서 사용하는 것이 좋다.

물리 계산 감소시키기

파트가 많은 메모리를 차지하는 이유 중 하나는 파트에 필요한 물리가 모든 프레임마다 계산되기 때문이다. 파트의 몇몇 속성들을 변경해서 물리 엔진이 처리해야 할 일을 줄일 수 있다.

그중 하나의 속성이 Anchored이다. 간단히 말해서 고정된 파트는 해당 위치에서 움직이지 않을 것이고, 따라서 물리를 계산할 필요가 없다. 물리 계산을 줄이는 또 다른 방법은 파트의 CanCollide와 CollisionFidelity(가능한 경우에) 속성을 변경하는 것이다. CanCollide는 파트가 다른 파트와 충돌할 수 있는지 여부를 결정한다. 이것을 비활성화하면 파트가 충돌해도 아무 일도 일어나지 않는다. CollisionFidelity는 파트의 충돌 상자를 오브젝트 전체를 감싸는 상자 모양으로 만들거나, 오브젝트 모양과 정확하게 일치하게 만든다. 그림 21.4와 같이 Box와 같은 옵션을 사용하면 디테일한 CollisionFidelity 옵션보다 더 빠르게 물리를 계산할 수 있다.

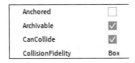

그림 21.4 MeshParts와 Unions를 보면 Anchored, CanCollide, CollisionFidelity 속성을 찾을 수 있음

콘텐츠 스트리밍

게임을 최적화하는 쉬운 방법은 로블록스의 콘텐츠 스트리밍 기능을 사용하는 것이다. 모든 것을 한 번에 로드하고 렌더링하는 대신 로블록스는 플레이어에게 가장 가까운 것만을 보여줘서 메모리 비용을 줄일 수 있다.

그러나 이 옵션을 모든 게임에 적용할 수 있는 것은 아니다. 콘텐츠를 언로딩시키는 경우 특정 스크립트가 로드되지 않은 특정 파트가 필요할 때 오류가 발생한다. 스트리밍은 플레이어를 텔레포트시켜 영역을 빠르게 로드하고 언로드할 필요가 있는 게임에서는 최적이 아닐 수도 있다. 주의하지 않으면 플레이어들이 레벨 아래로 떨어질 수 있다! 따라서 스트리밍 옵션을 사용하려면 게임을 스트리밍할 구조인지 확인해보자. 준비가 됐으면 **Workspace**에서 StreamingEnabled 속성을 활성화한다(그림 21.5).

StreamingEnabled	☑
StreamingMinRadius	64
StreamingPauseMode	Default
StreamingTargetRadius	1024

그림 21.5 StreamingEnabled 및 콘텐츠 스트리밍과 관련된 일부 속성

기타 조절 가능한 부분

파트 외에도 성능을 높이기 위해 시도할 수 있는 부분이 있다. 아래 리스트 순서는 중요도가 아닌 무작위다.

▸ 라이팅을 ShadowMap에서 Voxel로 변경(Explorer에서 Lighting 오브젝트의 Technology 속성에서 찾을 수 있음)한다. Voxel은 일반적으로 ShadowMap보다 그림자를 적게 만들어 전체적인 성능을 향상시킨다.

▸ 파트에서 CastShadow 속성을 사용하지 않도록 설정해 파트가 그림자를 드리우는 기능을 제거한다. 이 속성이 비활성화 돼 있으면 게임의 라이팅 모드에 관계없이 파트가 그림자를 만들지 않으므로 렌더링 부하가 줄어든다.

▸ 플레이어가 볼 수 없는 부분을 제거해 지연을 줄인다. 예를 들어 지형의 아래 부분이나 건물의 뒷면 등을 말한다. 안이 채워져 있는 지형은 괜찮다. 따라서 산이나 화산 같은 것을 파낼 필요는 없다. 동굴과 터널이 있는 큰 지형의 경우 구성에 필요한 오브젝트가 같이 계산되므로 게임이 느려진다.

▸ 0.1과 0.9 사이의 Transparency 값의 사용을 피한다. 완전히 투명하지 않거나 완전히 불투명하지 않은 오브젝트에서는 로블록스가 내부적으로 적용하는 일부 최적화 기술을 사용할 수 없다.

▸ 같은 맥락에서 얘기하면 파트 투명도를 0보다 높게 설정하는 것을 최소화한다. 완전히 투명한 파트는 전혀 렌더링되지 않지만, 부분적으로 투명한 오브젝트는 상당

한 렌더링 비용이 든다. 따라서 반투명 파트가 많으면 게임 진행 속도가 느려질 수 있다. 하지만 수많은 창문과 같이 투명도를 반드시 사용해야 하는 경우도 있다. 이럴 때는 창문들을 개별 파트로 만드는 것보다 큰 유리 한 장을 사용하는 것이 좋다. 반투명한 파트를 최대한 줄이면 게임 성능이 향상될 것이다.

▼ 직접 해보기

파트를 최적화해보자

유니언을 사용하든, 고정하든, StreamingEnabled를 활성화하든, 본인의 게임에서 사용하는 파트들을 최적화해 사용하는 메모리 양을 줄일 수 있는지 확인해보자. 최적화 전과 후의 사용량을 비교해보자.

스크립트 개선

게임의 외형 외에도 게임의 동작 방식이 얼마나 많은 메모리를 사용하는지 결정하는 데 큰 역할을 할 수 있다. 동작을 스크립팅하고 완료하는 것이 간단해 보일 수 있지만, 목록 정렬과 같은 가장 사소한 작업도 복잡하게 만들어지면 많은 시간과 메모리가 필요하게 될 수도 있다.

오브젝트의 부모 설정

심지어 오브젝트의 부모를 너무 일찍 설정하는 것과 같은 간단한 것조차도 게임을 느리게 할 수 있다. Instance.new()를 사용해 오브젝트를 만들 때 기본 부모 설정은 nil 혹은 nothing이다(그림 21.6).

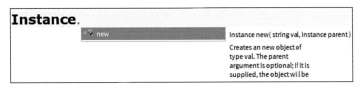

그림 21.6 Instance.new 기본 부모는 nil

무언가를 타이핑해서 입력할 때 로블록스가 제공하는 설명을 읽어봤다면 이 함수가 두 번째 인수로 새로운 오브젝트의 부모를 받아들임을 알 수 있다. 아이템의 부모가 설정되면 로블록스는 특정 속성들의 변경 사항을 추적하기 시작한다. 따라서 새로운 파트를 매개변수를 사용해 workspace를 부모로 만들기 보다는 위치나 색상 같은 변화가 업데이트된 뒤 부모로 지정한다. 다음 코드는 앞에서 설명한 두 가지 방법을 모두 사용해 파트를 만들고 부모로 만든다. 그림 21.7를 보면 FasterPart에 대한 코드를 실행할 때 경과된 시간이 NewPart에 경과된 시간보다 적음을 확인할 수 있다.

```
local NewPart = Instance.new("Part", game.workspace)
NewPart.Size = Vector3.new(3,3,3)

local FasterPart = Instance.new("Part")
FasterPart.Size = Vector3.new(3,3,3)
```

```
Time elapsed (NewPart): 4.6099999963189e-05
Time elapsed (FasterPart): 2.9300000278454e-05
```

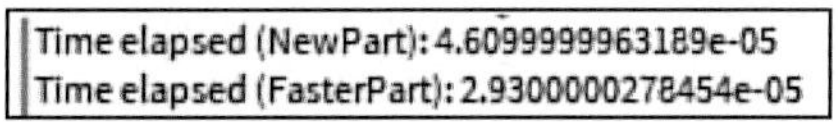

그림 21.7 각 파트를 만드는 데 경과한 시간

서버/클라이언트에 지나치게 의존

좋은 멀티플레이어 경험을 만들기 위해서는 서버 측에 무엇을 넣어야 하는지, 클라이언트 측에 무엇을 넣어야 하는지에 대한 균형감각이 필요하다. 로직을 위해 클라이언트에 너무 많이 의존하면, 게임은 해커들의 쉬운 목표가 될 수 있다. 서버에 너무 많이 의존하면 인터넷 연결이 좋지 않은 플레이어들의 게임 경험을 망칠 수 있다. 더 나아가 서버에 과부하가 걸리면 한 사람이 아닌 모든 사람에게 영향을 줄 수 있다.

일반적으로 서버는 게임 서버의 로직을 실행하는데 전념한다. 상점에서부터 데미지까지 무엇이든 될 수 있고, 한 마디로 플레이어로부터 들어오는 정보가 정확한지 확인하는 것이다.

반면에 클라이언트는 게임의 모습과 느낌을 구현하는 데 전념한다. 여기에는 애니메이션, 사운드는 물론 사용자 인터페이스에 이르기까지 다양하다. 물론 해커들이 이러한 것들을 조작하기 쉬워지지만, 서버의 부하가 줄어드는 장점이 더 크다.

루프 사용 줄이기

게임 로직을 다룰 때 루프loop를 이용해 특정 그룹을 한 번 검토하거나 매 프레임마다 검토해 꽤 많은 것들을 확인할 수 있지만 많은 시간과 메모리가 필요하다. 다음은 루프 대신 사용할 수 있는 방법, 혹은 반드시 필요한 경우 비용을 절감하는 방법에 대한 몇 가지 제안 사항이다.

▸ 오브젝트를 사용한다(예: 캐릭터, 파트 등). 지속적으로 확인할 필요 없이 GetProperty
ChangedSignal 이벤트를 사용해 특정 속성이 변경될 때 함수를 실행하는 것을 고려
해보자. 이런 경우라면 이벤트는 매우 유용하며, 로블록스는 본인이 감지할 필요가
있는 거의 모든 이벤트를 감지하는 기능을 제공하고 있다. 루프를 구성하기 전에
위키를 반드시 확인해보자.

▸ 목록의 모든 항목을 확인하는 대신 특정 항목을 확인해보자.

▸ 루프를 사용해 RemoteEvents 또는 RemoteFunctions를 발생시키지 않도록 한다.
너무 많은 정보를 보내면 요청이 밀리게 돼 게임의 동작이 느려질 수 있다.

▸ 루프를 사용해 많은 수의 새 오브젝트, 특히 파트를 생성하지 않도록 한다. 특히
workspace에 짧은 시간 내에 많은 변화가 발생하면 속도가 느려질 수 있다.

모바일 친화적인 게임 만들기

로블록스 개발자로서 본인의 게임을 모바일 친화적으로 만들지 않는 것은 잠재적인
플레이어들을 놓치게 되는 일일 수 있다. 실제로 로블록스 개발자 관계부서 부사장인
맷 커티스가 나온 기사에 따르면 로블록스 플레이어의 51% 이상이 모바일을 사용하
며 44%는 PC, 5%는 콘솔(https://venturebeat.com/2020/05/02/roblox-believes-user-
generated-content-will-bring-us-the-metaverse/)을 사용한다. 모바일 기기용으로 출시
를 고려하는 것뿐만 아니라, 해당 기기에서 플레이하는 사람들이 좋은 경험을 할 수 있도
록 하는 것도 중요하다.

겉모습

모바일로 디자인할 때 큰 골칫거리는 UI 사이즈를 올바르게 변화시키는 것이다. 대부분
의 최신 장치들은 1920x1080 해상도를 가지고 있기 때문에 스케일과 오프셋만 가지고
조절할 수 있다. 하지만 모든 장치가 지원되지는 않는다. 거의 모든 화면에서 UI를 맞출
수 있는 방법 중 하나는 UIAspectRatioConstraint(그림 21.8)를 사용하는 것이다. 이 오
브젝트는 지정된 화면 비율을 기준으로 UI 오브젝트의 크기를 자동으로 변경한다. 이 비
율은 UI 오브젝트의 너비를 높이로 나누면 얻을 수 있다.

그림 21.8 프레임 내에 위치한 UIAspectRatioConstraint

컨트롤

데스크톱 플레이어들은 마우스와 키보드를 가지고 있는 반면 모바일 플레이어들은 화면의 가상 버튼을 사용해야 한다. 다시 말해 당연하게 여기는 많은 컨트롤 방법들을 이용할 수 없다는 것을 의미한다. 모바일 플레이어가 게임을 더 쉽게 할 수 있게 만드는 몇 가지 방법이 있다.

이러한 문제 해결 방법 중 하나는 ContextActionService를 사용하는 것이다. 이미 UserInputService에 익숙하겠지만, 액션을 바인딩하면 무엇을 눌러야 할(탭해야 할)지 무엇이 수행돼야 할지를 효과적으로 제어할 수 있다. 사용하고자 하면 평소대로 서비스를 구하고, BindAction_함수를 사용해 함수의 이름, 액션의 동작, 터치 장치용 화면 버튼 생성 여부 및 키보드/컨트롤러 버튼 입력을 지정하기만 하면 된다. 그림 21.9는 이 기능을 위해 화면상의 기능이 추가된 게임을 보여준다.

그림 21.9 ROLVe가 개발한 Arsenal의 스크린샷. 이모티콘, 재장전, 무기 교환, 발사를 위해 추가된 버튼을 주목하자.

다음은 ContextActionService 사용의 코드 예제다. True 또는 세 번째 인수가 터치 스크린 버튼의 생성 여부를 결정한다.

```
Local ContextActionService = game:GetService("ContextActionsService")
Local function ActionFunction()
End
```

```
ContextActionService:BindAction("Action", ActionFunction, true, Enum.KeyCode.H,
    Enum.KeyCode.ButtonX)
```

버튼이 만들어지면 ContextActionGui 화면 GUI 오브젝트 아래에 있는 PlayerGui 컨테이너 안에 배치된다(그림 21.10). 여기에서 원하는 대로 버튼을 커스텀할 수 있다.

노트

기기 시뮬레이터를 사용해야 한다.

시뮬레이션된 모바일 기기로 테스트하는 경우에만 기능이 표시되며, 다음 섹션에서 살펴보겠다.

그림 21.10 ContextActionService를 통해 새로 만든 버튼의 위치

모바일 장치 시뮬레이션

다행스럽게도 실제 모바일 기기가 없어도 로블록스 스튜디오를 통해 모바일 기기를 쉽게 테스트할 수 있다. Test 탭의 Emulation 아래 Device(그림 21.11)를 클릭해 다른 기기에서 에뮬레이션된 본인의 게임을 볼 수 있다.

그림 21.11 Test 탭의 Emulation 아래에 있는 Device 테스트

Workspace 바로 위 화면 가운데에 기기의 이름, 해상도 및 메모리가 보일 것이다. 그림 21.12에서 보이는 것처럼 Manage Devices를 선택하고 Emulation Device Manager을 열어 에뮬레이션되는 기기를 변경하거나 본인 기기를 구성할 수도 있다.

그림 21.12 Emulation Device Manager

다양한 기기에서 게임을 보기 좋게 하려면 여러 해상도에서 테스트하는 것이 중요하다. 시뮬레이션된 메모리를 보면서 게임이 얼마나 잘 돌아가는지도 알 수 있다.

노트

기기 시뮬레이션을 위해 탭 전환

기기 에뮬레이션 옵션이 회색으로 표시되는 경우 현재 스크립트에 접근하고 있기 때문일 수 있다. 게임의 모든 파트와 오브젝트를 볼 수 있는 Workspace 탭으로 전환하면 진행할 수 있을 것이다.

직접 해보기 ▼

게임을 모바일 친화적으로 만들기

게임을 모바일 친화적으로 만들려면 다음 팁을 사용한다.

▶ 터치 스크린에 사용할 수 있도록 버튼들을 추가한다.

▶ 모든 화면에 맞게 UI 크기를 조정한다.

▶ 모바일에서 플레이하는 플레이어가 최상의 경험을 할 수 있도록 기기 에뮬레이션을 통해 모든 사항들을 테스트한다.

▶ 다양한 기기에서 테스트해보고, 대부분의 장치에서 잘 작동하는지 확인해보자.

마지막으로 모든 것이 잘 작동하는지 확인하기 위해 본인의 모바일 기기에서 직접 게임을 해본다. 에뮬레이션은 좋은 기능이지만 실제 기기보다 우수하지는 않다.

콘솔 및 VR

비록 로블록스의 현재 플레이어 기반에서 큰 부분을 차지하지는 않지만, 보다 많은 플레이어가 콘솔과 VR 플랫폼에서 로블록스를 접할 수록 게임 설계를 콘솔 친화적이고 VR과 호환되도록 하는 것이 점점 더 중요해질 것이다.

Xbox 가이드라인

데스크톱 및 모바일 플랫폼에는 게임을 즉시 출시할 수 있지만 콘솔에 출시하려면 먼저 게임이 Xbox에 출시하기 위한 가이드라인을 따르고 있음을 확인해야 한다. 예를 들어 도박, 욕설 금지 등 일반적으로 로블록스에 게임을 출시하는 가이드라인과 비슷하다. 이러한 지침 중 하나라도 어길 경우 Xbox 플레이어들이 게임에 접근하지 못할 수 있다. 그림 21.13은 Xbox에 게시하기 위한 가이드라인을 보여준다.

Guideline	Passed?
No blood / gore	
No intense violence	
No profanity / offensive language	
No gambling of any kind (or encouragement thereof)	
No alcohol / tobacco / drug reference or usage	
No in-game messaging (text chat)	

그림 21.13 Xbox에서 게임을 출시하기 위한 가이드라인

여기에 더해 엑스박스 특집^{featured} 타이틀에 들고자 한다면 개발자들이 따라야 할 또 다른 가이드라인들이 있다. 이 목록은 훨씬 더 많고 강력하며, 기존 요구 사항들 외에도 게임의 경험이 어떻게 느껴지는지에 대한 요구 사항도 포함하고 있다. 몇 가지 예를 들면, 게임이 로딩되는 상황이 아닌 이상 컨트롤은 항상 반응해야 하며, 핵심 게임 루프는 플레이어가 원하는 경우 또는 실패 상태에 도달하는 경우에만 종료돼야 한다. 확인해야 할 항목 수가 너무 많기 때문에 Xbox 특집 타이틀이 되고 싶다면 Developer Hub(https://developer.roblox.com/en-us/articles/xbox-guidelines)의 기사를 확인해 보는 것을 강력히 추천한다.

VR 모범 사례

가상 현실은 여전히 틈새 분야이지만 세계적으로 점점 더 인기를 얻고 있으며, 로블록스도 예외는 아니다. VR 게임 개발은 나름대로의 과제가 존재하지만 제대로만 한다면 VR은 플레이어에게 깊은 몰입감과 편안한 경험을 선사할 수 있다.

캐릭터를 움직이는 것은 게임을 할 때 기본적인 부분이며 잘못 할 경우 플레이어가 실제로 메스꺼움을 느낄 수 있다. 보통 플레이어가 보고 있지 않은 방향으로 갑자기 흔들리거나 움직이는 것보다는 느리고 일정한 움직임이 더 나은 경험을 가져다 준다. 이동을 전혀 하지 않고 대신 플레이어가 이곳저곳으로 텔레포트하는 옵션도 있다.

특히 VR에서는 비주얼과 오디오가 플레이어의 즐거움에 큰 역할을 한다. 플레이어 주변에 사운드를 배치하고 예상될 때 재생하는 것(예를 들어 문이 열릴 때 삐걱거리는 사운드)은 몰입도를 크게 높일 수 있다. 손목 시계에 플레이어 생명력을 만드는 등 3D 공간에 존재하는 UI는 단순히 화면에 존재하는 평면 2D UI보다 더 편안한 경험을 할 수 있게 해준다. 플레이어는 주변의 오브젝트의 크기가 실제 크기와 비례할 경우 더 편안함을 느낄 수 있으므로 캐릭터 사이즈에 따라 오브젝트를 올바른 크기로 스케일링하는 것이 좋을 수도 있다.

직접 해보기 ▼

게임을 콘솔 또는 VR에 적합하게
모바일만큼 큰 시장은 아니지만 많은 수의 플레이어가 다양한 기기에서 게임을 즐길 수 있도록 만드는 것은 훌륭한 개발자가 되기 위한 중요한 단계이다. Xbox에 대한 체크리스트를 적용해보거나, 직접 뛰어들 수 있는 게임을 만들어 테스트해보자!

요약

이번 시간에는 다양한 기기에 맞게 게임을 최적화하는 방법을 살펴봤다. 게임 구성과 스크립팅을 통해 게임의 메모리 사용량을 줄이는 방법을 배웠고, 향후 프로젝트에 적용해볼 수 있는 StreamingEnabled를 고려해서 게임을 디자인하는 방법도 알아봤다. 또한 스크린 버튼과 적절한 UI 스케일링을 통해 모바일 플레이어들을 수용하는 방법도 배웠다. 마지막으로 엑스박스로 개발하는 가이드라인과, 가상 현실을 통해 몰입도를 한 단계 높이기 위한 모범 사례를 배웠다.

Q&A

Q 게임이 지원하는 기기를 출시한 후 변경할 수 있는가?

A 그렇다! Home 탭의 Settings에서 설정할 수 있다. Basic Info를 보면 게임이 지원하는 장치를 기기를 언제든지 변경할 수 있다.

워크샵

이번 시간을 마쳤으니 배운 것을 복습해보자. 시간을 내 다음 질문에 답해보자.

퀴즈

1. 참/거짓: 개발자의 주요 목표는 메모리 사용량을 줄이는 것이다.

2. 로블록스가 파트를 처리하는 부하를 줄이기 위해 ___ 및 ____로 결합할 수 있다.

3. 성능을 향상시키는 한 가지 쉬운 방법(위험할 수도 있지만)은 ___ 속성을 활성화하고 콘텐츠를 스트리밍하는 것이다.

4. 참/거짓: 오브젝트의 속성을 설정하기 전에 오브젝트의 부모를 먼저 설정하는 것이 좋다.

5. 참/거짓: 로블록스의 플레이어 기반 중 50% 이상이 모바일 기기에서 즐긴다.

6. 모바일 기기에서 버튼을 생성하는 한 가지 방법은 _____를 사용하는 것이다.

7. 참/거짓: 엑스박스에 게임이 특집으로 소개되기 위해서는 적은 숫자의 가이드라인이 있다.

8. 모바일 장치의 UI를 적절하게 확장하는 한 가지 방법은 _____를 추가하는 것이다.

답

1. 참. 메모리 사용량은 어떤 기기에서 게임을 실행할 수 있는지에 큰 역할을 한다.

2. 로블록스가 파트를 처리하는 부하를 줄이기 위해 파트들을 유니언과 메쉬로 결합할 수 있다.

3. 성능을 향상시키는 한 가지 쉬운 방법(위험할 수도 있지만)은 StreamingEnabled 속성을 사용하도록 설정하고 콘텐츠를 스트리밍하는 것이다.

4. 거짓. 속성을 설정하기 전에 오브젝트의 부모를 설정하면 성능 문제가 발생할 수 있다.

5. 참. 플레이어의 약 51%가 모바일 기기에서 즐긴다.

6. 모바일 기기용 버튼을 만드는 한 가지 방법은 ContextActionService를 사용하는 것이다.

7. 거짓. 엑스박스에 게임이 특집으로 소개되기 위해서는 따라야 할 많은 지침이 있다.

8. 모바일 장치의 UI를 적절하게 확장하는 한 가지 방법은 UIAspectRatioConstraint를 추가하는 것이다.

연습

이 연습은 여러분이 이번 시간 동안 배운 것들을 활용한다. 혹시 막히면 앞으로 돌아가 내용을 다시 살펴보길 바란다. 데스크톱과 모바일 모두에서 호환이 되는 버튼을 만든다.

1. StarterPlayerScripts 내에 LocalScript를 만든다.

2. 스크립트 안에 원하는 기능을 가진 함수를 만든다.

3. ContextActionService를 가져와 액션에 함수를 바인딩한다. 서비스를 통해 버튼을 생성하려면 세 번째 인수를 true로 설정해야 한다.

4. 원하는 모바일 기기를 에뮬레이션해 게임을 테스트한다. 버튼을 눌러 작동되는지 확인한다.

5. 보너스: 스크립트에서 버튼 속성을 변경해 버튼을 커스터마이즈해보자. Explorer 안에서의 버튼 위치를 잘 모를 경우 모바일 UI 섹션을 확인한다.

추가 연습: 게임을 최적화하고, 모바일도 지원하고, 콘솔을 포함한 모든 기기에 출시할 수 있는 궁극의 게임을 출시해보자.

1. 파트들을 확인한다. 모두 제대로 고정anchored돼 있는가? 메쉬나 유니언을 사용해서 메모리 사용량을 줄일 수 있는가? Developer Console, Memory, Place Memory를 체크해서 메모리를 너무 많이 차지하는 영역이 없는지 확인한다.

2. 스크립트를 확인한다. 모두 최적화돼 있는가? 루프를 사용하지 않고 동일한 결과를 얻을 수 있는가?

3. 기기 에뮬레이터를 사용해 게임을 테스트한다. PC 플레이어가 할 수 있는 모든 행동을 모바일에서도 할 수 있는가? UI 스케일이 제대로 되는가?

4. 실제 모바일 기기를 사용해 게임을 테스트한다. 컨트롤이 직관적인가? 환경을 개선하기 위해 수정이 필요한가?

5. Roblox Developer Wiki의 엑스박스 릴리스 가이드라인을 검토하고 게임이 모두 통과하는지 확인한다.

6. 게임 설정으로 이동해 가능한 모든 플랫폼에 게임을 출시한다.

7. **보너스**: 엑스박스의 특집 가이드라인을 검토하고 게임이 해당 가이드라인을 통과하는지 확인한다. 행운을 빈다!

HOUR 22
글로벌 커뮤니티 만들기

이번 시간에 배울 내용

▶ 로컬라이제이션이란 무엇인가?

▶ 글로벌 게이머들을 위해 게임을 수정하는 방법

▶ 글로벌 규정 준수 시스템에 맞게 게임을 수정하는 방법

▶ 데이터 개인 정보 보호법을 준수하는 방법

로블록스 플레이어들은 세계 각국에서 온 플레이어들이며 배경과 문화, 기대치가 모두 다르다. 이번 시간에는 여러 플레이어에 맞게 게임을 조정하는 방법과, 게임이 글로벌 규정 준수 시스템 및 전 세계적으로 증가하고 있는 데이터 개인 정보 보호법을 준수하기 위한 방법을 알아보자.

로컬라이제이션

로컬라이제이션(현지화)의 핵심은 게임을 하는 모든 플레이어에게 환영받는 느낌을 주는 것이다. 게임을 그들의 모국어로 번역하는 것과 같은 간단한 것에서부터, 특정 문화에 더 잘 맞도록 게임의 특정 부분을 수정하는 같은 복잡한 것까지 있다. 비록 이 과정이 게임의 핵심에 변화를 주지 않는 추가적인 단계일 수 있지만, 로컬라이제이션은 본인이 만든 게임을 더 많은 플레이어가 즐길 수 있도록 해주기 때문에 플레이어뿐만 아니라 게임 자체에도 중요한 부분이다.

번역할 텍스트 캡처

수동으로 자신의 게임을 번역해서 업로드하거나, 다른 사람이 본인의 게임 번역을 돕기를 원하는 개발자를 위해 번역 도구가 제공된다. 먼저 게임의 모든 텍스트를 번역하는 방법을 살펴보겠다. 다음 단계에 따라 게임 번역 작업을 시작해보자.

1. 로블록스 웹 사이트의 본인의 게임으로 이동해 오른쪽 상단에 있는 줄임표 버튼을 클릭한다(그림 22.1).

그림 22.1 Roblox Resources의 Beat the Scammers! 홈페이지

2. Configure Localization을 클릭한다(그림 22.2).

그림 22.2 Configure Localization 버튼을 포함한 드롭다운 메뉴

3. 왼쪽의 Settings 탭으로 이동해 Automatic Text Capture(그림 22.3)를 활성화하면 게임 화면에 있거나 월드에 있는 텍스트를 로블록스가 자동으로 수집할 수 있다.

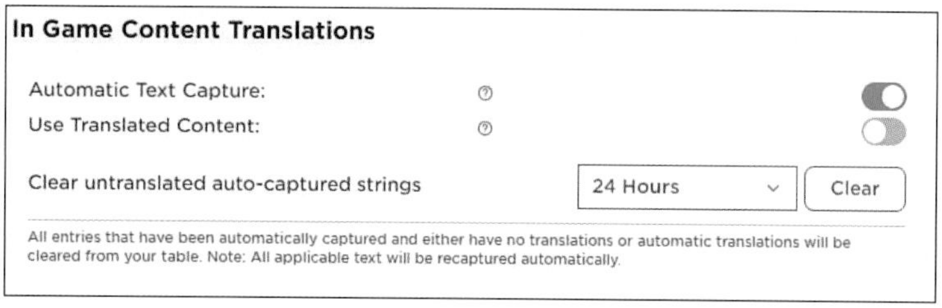

In Game Content Translations

Automatic Text Capture:	⑦	
Use Translated Content:	⑦	
Clear untranslated auto-captured strings		24 Hours ∨ ｜ Clear

All entries that have been automatically captured and either have no translations or automatic translations will be cleared from your table. Note: All applicable text will be recaptured automatically.

그림 22.3 In Game Content Translations 화면

4. 게임의 라이브 버전(스튜디오 파일이 아닌)을 1~2분 동안 플레이한다.

5. 캡처된 텍스트를 보려면 1단계에서 나온 Configure Localization 페이지로 돌아가서 AddLanguage 상자에 지원할 언어 이름을 입력해 새 언어를 추가한다(그림 22.4).

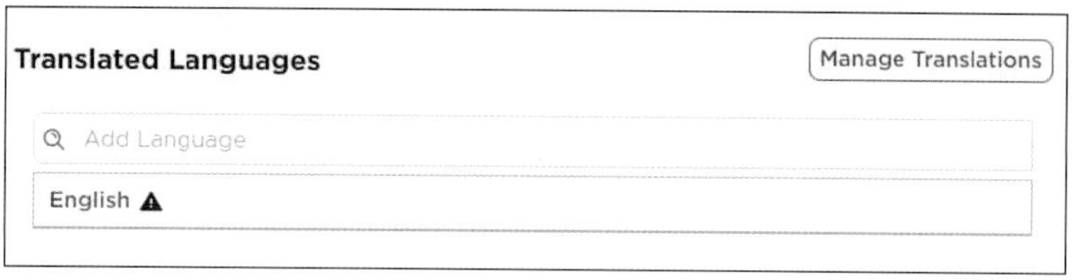

Translated Languages　　　　　　　　　Manage Translations

Ｑ Add Language

English ⚠

그림 22.4 Configure Localization을 클릭한 후 표시되는 메인 화면

캡처한 텍스트 번역

이제 게임의 모든 텍스트를 캡처했으므로 웹 사이트에서 해당 텍스트를 번역하는 방법을 살펴보겠다. 먼저 이전 섹션에서 추가한 새 언어를 클릭하면 Manage Translations 페이지가 나타난다(그림 22.5).

그림 22.5 Manage Translations 메인 페이지

여기에는 몇 가지 주요 섹션이 있다.

▶ 원본 텍스트 목록은 Add New Entry 버튼 아래에 있다. 여기에 캡처된 모든 텍스트의 목록이 나열된다.

▶ 오른쪽에 있는 Enter Translation Here 박스는 텍스트의 번역을 입력할 수 있는 텍스트 박스가 있다.

▶ 번역 텍스트 박스 아래에는 텍스트의 게임 내 위치[Locations in Game]와 이전 번역 히스토리[Translation History]를 알려주는 여러 탭이 있다.

번역 배포

텍스트 번역이 끝나고 해외 플레이어들이 볼 수 있도록 준비를 끝냈으면 Configure Localization 페이지의 Settings 탭으로 돌아가서 Use Translated Content 옵션을 활성화한다(그림 22.6). 활성화되면 게임할 때뿐만 아니라 로블록스 스튜디오에서 테스트하는 동안에도 번역된 콘텐츠를 볼 수 있다.

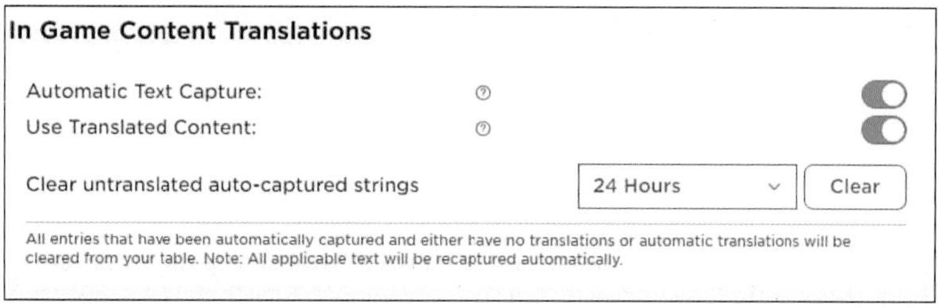

그림 22.6 Use Translated Content를 활성화하면 해외 플레이어들이 번역된 텍스트를 볼 수 있음

번역 작업이 간단해 보일 수 있지만, 몇 가지 명심해야 할 사항이 있다.

▶ 번역된 텍스트가 원본보다 길 수 있으므로 텍스트 자리에 충분한 여백이 있어야 한다.

▶ 재화나 수명 같은 매개 변수는 번역이 복잡해질 수 있으므로 사용을 피하자. 매개 변수는 Manage Translations 탭에서 중괄호({})로 표시된다.

▶ 상점의 ImageButton 같이 'Shop'이라는 텍스트가 이미지로 사용된 아이콘이나 UI 요소를 사용하는 경우 주의해야 한다. 로블록스는 UI 요소의 이미지 안에 있는 텍스트를 캡처하거나 번역하지 않으므로 수동으로 교체해야 한다.

팁

번역가 고용하기

본인의 게임을 다른 언어로 번역할 때 구글 번역기와 같은 번역 소프트웨어를 사용하는 것이 매력적일 수 있지만, 일반적인 경우 필요로 하는 언어를 구사하는 사람을 고용하는 것이 더 낫다. 로블록스에서 자동 번역 기능이 발표되긴 했지만 일반 대중은 아직 이용할 수 없다. 만일 일반 대중의 이용이 가능했더라도 자동화 과정에서 많은 것을 잃을 수 있다. 본인의 게임을 번역하기 위해 누군가를 고용하는 것이 더 나은 경험을 제공할 수 있고, 특정 문화를 알아야만 이해할 수 있는 요소들을 적당한 표현으로 대체할 수 있다.

글로벌 규정 준수

로블록스가 해외로 진출하면서 각기 다른 문화와 현지 법률로 인해 개발자들이 따라야 할 글로벌 규정 준수 시스템을 적용하게 됐다. 특히 특정 지역에 게임을 출시하고 싶다면 더더욱 필요하다. 따라서 로블록스는 플레이어가 따라야 할 정책 목록을 반환하는 GetPolicyInfoForPlayerAsync(그림 22.7)라는 함수를 도입했다.

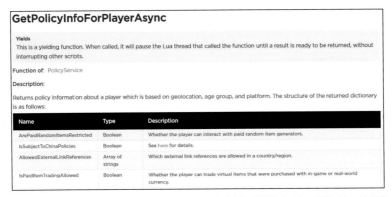

그림 22.7 GetPolicyInfoForPlayerAsync 함수는 플레이어를 제한할 수 있는 정책 리스트를 반환

여러 정책들을 게임 내에 구현하는 것은 궁극적으로 개발자에게 달려 있지만, 구현하지 않을 경우 게임이 플랫폼에서 일시적으로 또는 영구적으로 삭제되는 결과를 초래할 수 있다. 이러한 정책은 다음과 같다.

▶ ArePaidRandomItemsRestricted: '랜덤 상자^loot box'로 흔히 알려진 이 정책은 특정 지역에 거주하는 플레이어가 현금 재화^Robux를 사용해 박스를 열 수 있는지 여부를 결정한다.

▶ IsSubjectToChinaPolicies: 조금 추상적이다. 이에 대한 정보는 많지 않지만 중국에 출시하고 싶은 로블록스 게임들은 따라야만 한다고 인식되는 것들이다. 여기에는 모든 콘텐츠를 중국어 간체로 번역하고, 랜덤 상자의 아이템 획득 확률을 명시적으로 표시하며, 잔인함/피를 제한적으로 보여주거나 아예 포함하지 않는 것들이 포함된다.

▶ AllowedExternalLinkReferences: 이 정책은 플레이어가 로블록스에서 외부로 방문할 수 있는 웹 사이트를 제한한다. 예를 들어 트위터가 자국 내에서 금지돼 있다면 플레이어는 로블록스를 통해서는 개발자의 트위터 프로필을 방문하지 못할 수 있다.

▶ IsPaidItemTradingAllowed: 이 정책은 플레이어가 게임 내에서 얻은 아이템을 게임 재화 혹은 현금 재화^Robux로 거래할 수 있는지를 결정한다.

여러 정책을 한 방에 설명하는 방법은 없지만, 게임에 다음과 같은 요소가 있다면 가이드라인을 따라야 한다.

▶ 랜덤 박스/유료 랜덤 아이템

▶ 외부 웹 사이트로 링크

- ▶ 아이템 거래
- ▶ 잔인함/피
- ▶ 도박

개인 정보 보호 정책: GDPR, CCPA 및 사용자

더 많은 나라들이 점차 소비자/플레이어에게 데이터에 대한 더 많은 통제권을 부여하는 법을 채택하기 시작함에 따라, 개발자도 이러한 요구에 부응하고 준수해야 할 때가 왔다. 개발자들은 이러한 요구를 수용하기 위해 해당 시스템을 게임에 구축해야 할 수도 있다. 일반 데이터 보호 규정GDPR, General Data Protection Regulation과 캘리포니아 소비자 개인 정보 보호법CCPA, California Consumer Privacy Act에 따르면 로블록스 및 개발자는 특정 유형의 정보를 저장할 수 없으며, 당사자가 공식적으로 요청을 할 경우 해당 정보를 삭제해야 한다.

일반적 가이드라인

두 법률은 서로 다른 지역(GDPR은 유럽연합, CCPA는 캘리포니아)에 영향을 미치지만, 어떤 유형의 정보를 저장할 수 없는지에 대해서는 비슷한 점을 가지고 있다. 개발자는 생년월일, 개인 사진, 이메일 주소 등과 같은 플레이어의 개인 정보를 수집하는 것을 피해야 한다. 이미 저장한 경우라면 추후에 해당 정보를 저장하지 않도록 시스템을 변경해야 한다.

데이터 삭제 요청이 있는 경우 로블록스 공식 채널을 통해 요청됐는지 확인한다(roblox.com 도메인으로 끝나는 이메일을 보낼 수 있다). 플레이어가 게임에서 자신의 데이터를 삭제하도록 요청하면, 먼저 로블록스 지원팀(https://www.roblox.com/support)으로 데이터 삭제 요청을 보내도록 요청한다.

플레이어 데이터 삭제

게임에서 플레이어 데이터를 제거해야 할 수 있는 상황을 대비해서 미리 시스템을 갖추는 것이 좋다. 이 예제에서 플레이어가 가진 모든 데이터는 'Player_'라는 레이블 뒤에 유저 ID가 붙은 하나의 키에 저장된다. 이 키를 제거하면 모든 데이터가 게임에서 한 번에 제거된다. 다음 단계를 진행하자.

1. 먼저 ServerStorage에 BindableEvent를 배치한다(그림 22.8). 로블록스에게 플레이어의 데이터를 제거하라는 신호를 보내는 방식이다.

그림 22.8 ServerStorage 내의 BindableEvent

2. ServerScriptService 내부에 스크립트를 배치한다(그림 22.9). 해당 플레이어의 데이터를 삭제하기 위한 신호를 받았을 때 삭제하는 함수를 가지고 있다.

그림 22.9 ServerScriptService 내부의 스크립트

3. 아래 스크립트의 내용을 삽입한다. 일단 신호를 받으면 함수는 DataStoreService에서 Player_UserID 형식으로 플레이어 데이터를 가져오려고 시도한다. 발견된 경우 데이터는 삭제된다. 삭제하지 못하면 잘못된 부분의 오류 메시지를 출력한다. 여기에는 로블록스 데이터 저장소가 다운됐거나 플레이어 데이터가 존재하지 않는 경우까지 다양하다.

```lua
local ServerStorage = game:GetService("ServerStorage")
local DataStoreService = game:GetService("DataStoreService")
local removePlayerDataEvent = ServerStorage:WaitForChild("RemovePlayerData")

-- 플레이어 데이터 저장소 참조("PlayerData"를 본인은 데이터 저장소로 변경)
local playerData = DataStoreService:GetDataStore("PlayerData")

local function onRemovePlayerDataEvent(userId)
    -- Pattern for data store player key, for instance "Player_12345678"
    local dataStoreKey = "Player_" .. userID

    local success, err = pcall(function()
        return playerData:RemoveAsync(dataStor eKey)
    end)

    if success then
        warn("Removed player data for user ID '" .. userID .. "'")
    else
        warn(err)
```

```
        end
    end
```

removePlayerDataEvent.Event:Connect(onRemovePlayerDataEvent)

이 스크립트를 실행하고 플레이어의 데이터를 삭제하려면

1. 스튜디오의 **View** 탭에서 **Command Bar**를 연다(그림 22.10).

그림 22.10 Command Bar를 사용해 서버에 명령을 실행

2. 모든 것이 구성됐다면 **Home** 탭의 **Play** 아래에 있는 작은 파란색 화살표를 클릭해 0 명의 플레이어로 스튜디오를 실행할 수 있다(그림 22.11).

그림 22.11 Play를 사용해 플레이어 없이 스튜디오 실행

이렇게 하면 게임이 서버 쪽에서 실행된다.

3. 게임이 실행되는 상태에서 콘솔을 꺼내면 (창 하단에 텍스트 상자가 보임), 그림 22.12에 있는 명령을 입력하고 **Enter** 키를 눌러 실행할 수 있다. 해당 플레이어에 대한 데이터가 데이터 저장소에 있다면 제거될 것이다.

그림 22.12 이 명령은 콘솔에서 실행됨

요약

이번 시간에는 해외 플레이어들을 포함할 수 있게 커뮤니티를 확장하고, 번역을 통해 게임을 로컬라이제이션하는 방법을 살펴봤다. 또한 특정 국가에 게임을 출시할 때 따라야 할 몇 가지 가이드라인을 알아보았다. 마지막으로 새로운 개인 정보 보호 지침과, 데이터 삭제 요청이 올 경우를 대비해 게임을 구성하는 방법에 대해 배웠다.

Q&A

Q 다른 국가의 데이터 지침을 따라야 하는 이유는 무엇인가?

A 간단하게 대답하자면 EU 국가나 캘리포니아에서 사업을 하려면 기업 및 개발자는 현지 규정을 따라야 한다. 물론 본인은 두 지역 밖에 살 수도 있지만, 그 지역 플레이어들이 본인의 게임을 즐기기 원한다면 해당 지침을 따라야 한다.

워크샵

이번 시간을 마쳤으니 배운 것을 복습해보자. 시간을 내 다음 질문에 답해보자.

퀴즈

1. 참/거짓: 번역은 로컬에서 하거나 클라우드를 통해 할 수 있다.

2. 플레이어가 어떤 정책을 가지고 있는지 개발자가 확인할 수 있는 함수를 _____ 라고 한다.

3. 랜덤 아이템 생성자를 뜻하는 다른 이름(더 일반적으로 알려진)은 _____이다.

4. 참/거짓: 특정 국가에서 게임을 출시하려면 해당 국가의 규정을 준수해야 한다.

5. 참/거짓: 본인이 EU나 캘리포니아 이외의 지역에 거주하면 데이터 보호 정책 적용을 피할 수 있다.

6. _____를 통해 로블록스 스튜디오에서 함수를 실행할 수 있다.

7. 참/거짓: 일반적으로 수동 번역이 자동 번역보다 낫다.

8. 저장된 플레이어 정보를 _____에서 지워서 삭제할 수 있다.

답

1. 참. 스프레드시트를 수동으로 수정하거나, 로블록스 웹 사이트 번역 포털을 사용해 게임을 번역할 수 있다.

2. 플레이어가 어떤 정책을 가지고 있는지 개발자가 확인할 수 있는 함수를 GetPolicy InfoForPlayerAsync라고 한다.

3. 랜덤 아이템 생성자를 뜻하는 다른 이름(더 일반적으로 알려진)은 랜덤 박스다.

4. 참. 규제가 더 엄격한 국가의 경우, 게임을 그곳에 출시하기 위한 지침을 따라야 한다.

5. 거짓. 만약 EU나 캘리포니아에서 사업을 하고 싶다면 GDPR/CCPA를 적용해야 한다.

6. Command Bar를 통해 로블록스 스튜디오에서 함수를 실행할 수 있다.

7. 참. 문법, 문화적 표현, 은어는 종종 자동 번역 소프트웨어에서 번역되지 않을 수 있다.

8. 저장된 플레이어 정보를 데이터 저장소에서 지워 제거할 수 있다.

연습

이 연습은 여러분이 이번 시간 동안 배운 것들을 활용한다. 혹시 막히면 앞으로 돌아가 내용을 다시 살펴보길 바란다. 이 연습에서는 번역, 정책 검토, 시스템을 결합해 게임이 해외에 출시될 준비가 됐는지 확인한다.

1. 게임이 자동으로 또는 수동적인 방법을 통해 다른 언어로 번역돼 있는가?

2. 게임에 실제 돈이나 거래를 통해 랜덤 박스를 구매하는 것이 제한된 플레이어를 체크하는 시스템이 있는가?

3. 플레이어의 개인 정보를 수집할 수 있는 어떤 요소도 없는가?

4. 로블록스의 요청에 따라 플레이어 데이터를 삭제할 수 있는 시스템이 있는가?

5. **보너스**: 본인 게임의 커뮤니티에 있는 해외 플레이어들에게 주고 싶은 피드백이 있는지 물어보자! 그들은 그들의 지역에 맞는 로컬라이제이션를 위해 무엇이 필요한지 최상의 정보를 제공할 것이다.

유료화

이번 시간에 배울 내용

▶ 게임 패스를 사용해 일회성 구매를 구현하는 방법

▶ Developer Product란 무엇이며, 이를 통해 소모품을 만드는 방법

▶ 로블록스 프리미엄의 정의와 유료화 방법

▶ Developer Exchange 프로그램 정의 및 사용 방법

멋진 게임 아이디어가 생각났는가? 거의 완성된 게임이 있는데 게임을 통해 로벅스를 벌고 싶은가? 이번 시간에는 게임을 유료화해 로벅스를 획득하는 방법을 알아보고, Developer Exchange 프로그램을 사용해 어렵게 번 로벅스를 실제 돈으로 전환하는 방법도 알아보자! 게임 패스^{Game Pass}를 이용한 일회성 구매 개발 방법, 소모품으로 인한 수익 증대 방법, 로블록스 프리미엄이 무엇이고 수익 창출에 어떻게 활용하는지 등을 배우게 된다. 마지막으로 Developer Exchange 프로그램에 대한 설명으로 이번 시간을 마무리한다.

게임 패스: 일회성 구매

로블록스에서 게임 패스^{Game Pass}란 VIP 차량이나 더블 XP와 같은 특전과 같은 플레이어가 게임에서 단 한 번만 구매할 수 있는 아이템을 위한 시스템이다. 게임 패스로 획득하는 아이템은 영구적으로 해당 플레이어의 소유가 된다.

일회성 구매는 다른 형태의 유료화 유형과 차별화되는 몇 가지 이점을 제공한다. 첫 번째는 특히나 저렴한 비용으로 일회성 구매를 유도하면 플레이어가 게임에서 첫 지출을 하게 할 수 있다. 다시 말해 플레이어가 하나의 제품을 구매하면서 게임에 투자하게 되면, 향후 더 많은 제품을 구매할 가능성이 높다(그런 후 소모품을 구입하면서 반복적으로 구매한

다면 금상첨화다!) 두 번째는 플레이어가 게임에 투자하면 더 길게 게임을 할 가능성이 높으며, 본인의 게임이 전면에 노출될 가능성이 높아진다!

이제 일회성 제품을 만들어 볼 시간이다. 로블록스 웹사이트에서 게임패스를 만드는 것으로 시작하자. 웹 사이트에서 Create 탭을 클릭한 다음, My Creations나 Group Creations 탭에서 본인의 게임을 찾은 후 Games를 클릭한다(그림 23.1).

그림 23.1 Games 탭 클릭

화면 오른쪽에서 Settings 버튼을 클릭하고 Create Game Pass를 선택한다(그림 23.2).

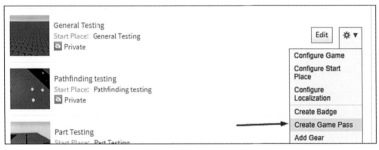

그림 23.2 Create Game Pass 버튼을 클릭

게임 패스에 사용할 사진을 업로드할 수 있는 옵션이 있다(그림 23.3). 사진은 원형의 150 x 150 크기여야 한다. 이미지 크기를 조절하기 위한 템플릿을 온라인에서 찾을 수 있다. 또한 게임 패스에 이름(예: 'Double XP' 또는 'VIP')과 설명도 제공해야 한다. 정보를 모두 입력했으면 Preview 버튼(그림 23.3)를 클릭한다.

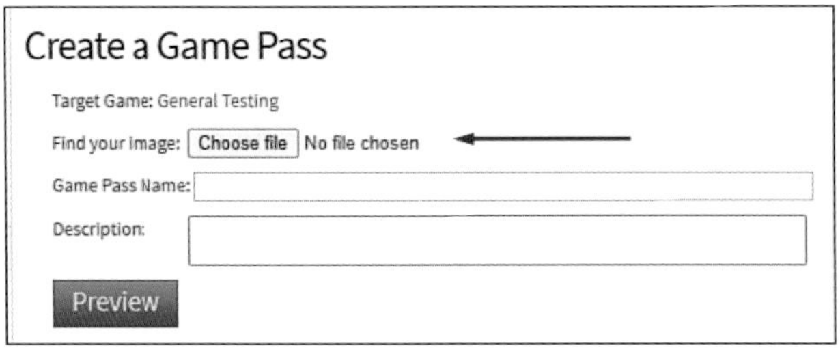

Create a Game Pass

Target Game: General Testing

Find your image: Choose file No file chosen ←

Game Pass Name:

Description:

Preview

그림 23.3 이미지 업로드

그런 다음 Verify Upload를 클릭하기 전에 게임 패스의 모양을 살펴보고 만족하는지 확인할 수 있다.

게임 패스가 만들어지면 Game Passes 탭에 표시된다. Settings 버튼을 클릭한 다음 Configure를 클릭한다. Configure Game Pass 창이(그림 23.4 참조) 열리고 가격을 선택할 수 있다. 로벅스의 구매 가격을 생각해보고, 본인이 판매하고 있는 다른 제품과 비교해 그 물건이 얼마만큼 가치가 있는지 생각해보자. 본인의 게임을 비슷한 장르의 다른 게임들과 비교하면서 그들의 제품을 확인해보면 다른 개발자들이 그 아이템들을 얼마에 팔고 있는지 알 수 있을 것이다. 게임패스의 가격을 입력했으면 Save 버튼을 클릭한다.

그림 23.4 게임 패스 가격 설정

게임에서 게임 패스 판매

이제 게임 패스를 판매할 수 있다. 게임 패스는 웹 사이트(Game Passes 탭)에서 구입할 수 있다. 하지만 게임 내에서 제품 구매를 광고한다면 플레이어에게 훨씬 편리할 것이다(그리고 더 많은 게임 패스를 판매할 수 있을 것이다). 다행히 로블록스에 그런 기능이 있다! MarketPlaceService를 사용하면 게임 패스의 구매를 아래와 같이 PromptGamePassPurchase를 사용해 게임 패스 구매를 요청할 수 있다.

```
:PromptGamePassPurchase(player, ID)
```

예를 들어 플레이어가 TextButton을 클릭할 때 구매를 요청할 수 있다. 다음 코드는 게임 패스 구매를 요청하는 데 사용된다.

```
local MarketplaceService = game:GetService("MarketplaceService")
local ID = 12345678 - URL에서 게임 패스의 ID를 가져온다

MarketplaceService:PromptGamePassPurchase(game.Players.LocalPlayer, ID)
-- LocalPlayer(클라이언트)에게 게임 패스 구매를 요청
```

이 함수를 호출할 때 게임 패스의 ID가 필요하다. 그림 23.5와 같이 홈페이지의 Game Pass를 클릭하면 페이지의 URL에서 ID를 얻을 수 있다.

https://www.roblox.com/game-pass/2596252/VIP-

그림 23.5 URL에서 볼 수 있는 게임 패스 ID

게임 패스 특전 활성화

게임 패스 구매를 처음 구성할 때, 플레이어가 게임 패스를 구입했더라도 게임 패스에 해당하는 특전을 주기 전까지는 게임에서 아무것도 변경되지 않는다. 플레이어가 게임 패스를 소유하고 있는지 확인하려면 UserOwnsGamePassAsync를 사용하면 된다. 그런 다음 아래와 같은 코드를 사용해 광고한 특전을 제공할 수 있다.

```
local userID = game.Players.LocalPlayer.UserId
local ID = 1234567 -- 게임 패스 ID

if MarketplaceService:UserOwnsGamePassAsync(userID, ID) then
    -- 플레이어가 이 게임 패스를 가지고 있음
end
```

플레이어가 게임에 조인하면 게임패스 구매 여부를 확인할 수 있다. 하지만 게임을 하는 동안 플레이어가 게임 패스를 구입했는지 여부를 지속적으로 확인하는 것은 원하지 않는다. 이 문제를 해결하려면 플레이어가 프롬프트를 닫거나 게임 패스를 구입할 때 발생하는 PromptGamePassPurchaseFinished를 사용할 수 있다. 플레이어가 게임 중에 게임 패스를 구입하면 아래와 같은 방법으로 특전을 부여할 수 있다.

```
function FinishedGamePassPrompt(player, purchaseID, purchased)
    if purchased == true and purchaseID == ID then
        -- 플레이어가 게임 패스를 구매하고 ID도 체크
    end
end

-- 플레이어가 게임 패스를 구매하거나 프롬프트를 닫으면 "FinishedGamePassPrompt" 함수가 호출된다.
MarketplaceService.PromptGamePassPurchaseFinished:Connect(FinishedGamePassPrompt)
```

노트

판매 보류하기

게임에서 무언가가 판매되면 해당 제품의 매출이 본인의 계정(또는 그룹)으로 들어오기 전 3일 동안 판매 보류 (Pending)(그림 23.6) 상태가 된다. 이 과정은 사기를 방지하기 위한 일반적인 과정이다.

그림 23.6 Pending Sales 표시

Developer Product: 소모품

게임 패스는 게임을 유료화하는 좋은 방법이지만, 반복 구매(소모품이라고도 함)는 게임 에서 플레이어들이 여러 번 돈을 쓰도록 장려함으로써 수익을 더욱 증가시킬 수 있다! 여기서 Developer Products가 매우 유용하다. Developer Products(일반적으로는 'dev products'로 더 잘 알려져 있다)은 소모품^{consumable}을 반복 구매 형태로 구현하는 데 사용된 다. 예를 들어 제한된 시간 동안 파워업이나 추가적인 게임 내 재화를 판매하기 위해 사 용할 수 있다. 게임 패스 특정과 비슷한 제품은 절대 만들면 안 된다. 예를 들어 만약 이 동속도 2배를 15분 동안 제공하는 Developer Product와 영구적으로 이동속도 2배를 제공하는 게임 패스를 만든다면, 아무도 Developer Product를 사지 않을 것이다.

Developer Product를 만들려면 게임 페이지로 이동해 점 세 개 버튼을 클릭한 다음 Configure This Game을 클릭한다(그림 23.7).

그림 23.7 Configure This Game을 클릭

Configure Game 페이지에서 Create New(그림 23.8)를 클릭하고 제품의 가격과 이름을 입력한다. Developer Product의 아이콘도 업로드할 수 있다.

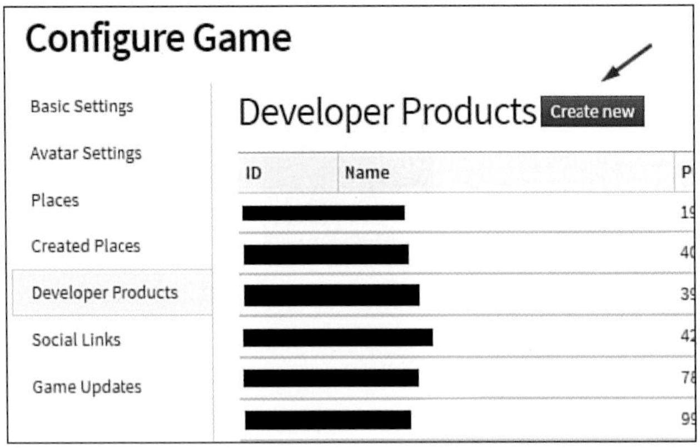

그림 23.8 새 Developer Product 생성

게임 패스와 마찬가지로 Developer Product을 구매하라는 게임 내 프롬프트를 플레이어에게 제공할 수 있다. 이를 위해 `PromptProductPurchase`를 사용하면 되며, 프롬프트를 만들려면 다음 코드에 표시된 대로 웹 사이트에서 Developer Product의 ID를 복사해야 한다.

```lua
local productid = 1234567

local player = game.Players.LocalPlayer
MarketplaceService:PromptProductPurchase(player, productid)
```

이제 좀 까다로워질 텐데 걱정할 필요는 없다. 이해하기 쉽게 구분해서 설명해보겠다. 플레이어가 Developer Product를 구매할 때마다 process receipt 콜백이라는 것을 사용해 거래를 처리해야 한다. 플레이어가 게임에서 Developer Product을 구매할 때마다 이 콜백이 호출된다.

```lua
local MarketplaceService = game:GetService("MarketplaceService")

function processReceipt(receiptInfo)
    -- 구매를 처리
end

-- 게임에서 구매가 일어날 때 마다 processReceipt 함수가 호출됨
MarketplaceService.ProcessReceipt = processReceipt
```

processReceipt 함수 안에서 구매한 아이템 혹은 특전을 플레이어에게 부여해야 한다. 하지만 먼저 해당 플레이어가 아직 게임 안에 있는지 확인한다. 게임을 떠난 경우 Enum. ProductPurchaseDecision.NotProcessedYet을 반환해서 로블록스가 자동으로 로벅스를 플레이어에게 환불하거나, 다음 번에 플레이어가 조인했을 때 특전을 줄 수 있다. 후자 방식으로 처리하고 싶다면 다음 번에 플레이어가 조인했을 때 processReceipt 콜백이 다시 호출되며, 만일 3일 이내에 조인하지 않으면 자동으로 로벅스가 반환된다.

가장 중요한 부분은 아래 코드와 같이 Enum.ProductPurchaseDecision.PurchaseGranted 반환하는 것이다. processReceipt 함수 끝에 반환하지 않으면 판매로 인해 얻은 로벅스를 받을 수 없게 된다.

```lua
local MarketplaceService = game:GetService("MarketplaceService")

function processReceipt(receiptInfo)
    local player = game:GetService("Players"):GetPlayerByUserId(receiptInfo.PlayerId)
    if not player then
        -- 플레이어가 게임을 떠남
        -- 돌아오면 콜백이 다시 호출됨
        return Enum.ProductPurchaseDecision.NotProcessedYet
    else
        -- 문제없이 처리되면 제품을 부여하고, PurchaseGranted를 호출할 수 있다.
    end

    -- 아래가 호출되지 않으면 로벅스를 받지 못함
    -- 하지만 구매가 성공적일 때만 호출된다.
    return Enum.ProductPurchaseDecision.PurchaseGranted
end

-- processReceipt 함수는 게임에서 구매가 일어날 때 마다 호출됨
MarketplaceService.ProcessReceipt = processReceipt
```

노트

마켓플레이스 수수료

Developer Product나 게임패스를 판매할 때마다 로블록스는 수익의 30%를 가져간다. 흔히 이것을 '마켓플레이스 수수료'라 부른다.

로블록스 프리미엄

로블록스 플레이어나 개발자라면 이미 로블록스 프리미엄^{Roblox Premium}을 들어봤을 것이다. 매월 플레이어에게 추가 로벅스를 제공하고, 로블록스 카탈로그에 있는 아이템들을 거래할 수 있는 구독 서비스다. 게임을 유료화하는 독특한 방법 중 하나는 프리미엄 멤버 플레이어에게 특전을 주는 것이며, 이로 인해 플레이어들은 로블록스 프리미엄을 구매할 고려를 하게 된다. 그러면 "로블록스만 좋은 거 아니야?"라고 생각할 것이다. 하지만 로블록스는 최근 Premium Payout(그림 23.9)이라는 프로그램을 공개했다. 이 프로그램은 게임을 플레이하는 프리미엄 플레이어 수와 플레이 시간에 따라 로벅스를 개발자에게 지급한다. 따라서 게임에서 플레이어에게 특전을 부여해 프리미엄을 구매하도록 유도하면 받는 Premium Payout을 늘릴 수 있다.

노트

로블록스 프리미엄

로블록스 프리미엄은 다음 섹션에서 이야기할 Developer Exchange에서도 필요하다.

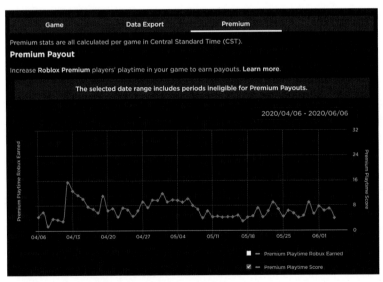

그림 23.9 개발자 통계 페이지의 Premium Payout 그래프

특전을 부여하기 전에, 플레이어의 프리미엄 멤버십 상태를 다음 코드를 사용해 확인할 수 있다.

```
local player = game.Players.LocalPlayer
if player.MembershipType == Enum.MembershipType.Premium then
        -- 이 플레이어는 로블록스 프리미엄을 가지고 있다.
end
```

플레이어에게 프리미엄을 구매하라는 메시지를 표시하려면 PromptPremiumPurchase를 사용하면 된다.

```
local player = game.Players.LocalPlayer
if player.MembershipType == Enum.MembershipType.Premium then
        -- 이 플레이어는 로블록스 프리미엄을 가지고 있다.
else
        MarketplaceService:PromptPremiumPurchase(player)
end
```

게임 패스와 마찬가지로 플레이어가 게임을 하는 동안 프리미엄을 구입하는 상황을 처리하려면 PlayerMembershipChanged 이벤트를 사용해 관련 보상을 활성화하도록 설정해야 한다.

```
local Players = game:GetService("Players")

-- 플레이어의 멤버십이 변경되는 이벤트가 발생함
Players.PlayerMembershipChanged:Connect(function(player)
    if player.MembershipType == Enum.MembershipType.Premium then
            -- 플레이어가 프리미엄을 구매했다!
    end
end)
```

서버는 클라이언트의 답변을 기다리고 있을 것이다. 클라이언트가 지연되면 서버는 오래 기다려야 할 수도 있다. 클라이언트가 게임을 끊거나 종료하면 함수에 오류가 발생한다. 만일 InvokeClient를 사용하는 경우에는 pcall에 함수를 래핑하자.

> 팁
>
> **게임을 '페이 투 윈'으로 만들면 안 된다.**
>
> '페이 투 윈(Pay to Win)'은 게임에서 판매되는 제품이 돈을 지불하는 플레이어에게 불공평한 이점을 주는 것을 말한다 이 모델은 로벅스를 가지고 있는 않은 플레이어들이 게임이 불공평하다고 여기며 재미없다고 생각해 게임을 그만하게 만들 것이다.

Developer Exchange: 게임을 통해 현실 재화를 얻자

DevEx^{Developer Exchange}는 개발자가 로벅스를 실제 돈으로 환전할 수 있도록 해준다. 2013년 도입된 이후 개발자들은 수백만 달러를 받아갔고, 게임에서 창출된 수익을 이용해 회사를 설립하기도 했다. 이론적으로 DevEx는 모든 사람이 사용할 수 있지만, 다음과 같은 몇 가지 요구 사항을 알 필요가 있다.

- ▶ 로블록스 프리미엄 회원이어야 한다.

- ▶ 계좌에 최소 100,000개의 로벅스가 있어야 한다.

- ▶ 확인된 이메일 주소가 있어야 한다.

- ▶ 13세 이상이어야 한다.

- ▶ 서비스 약관^{TOS, Terms Of Service}을 준수하는 좋은 커뮤니티 구성원이어야 한다. 로블록스는 이전에 경고 또는 금지 조치를 받았는지 여부를 확인하기 위해 관리 이력을 확인하며, 깨끗한 관리 이력을 가지고 있고 로블록스 커뮤니티의 좋은 구성원이라면 아무 문제가 없을 것이다.

모든 요구 사항을 충족한다 DevEx를 통해 매달 실제 금액의 요청을 제출할 수 있다. 이 책이 쓰여지는 현재 요금은 100,000 로벅스에 미화 350불이며, 이 금액은 해당 국가에 적합한 통화로 환산된다. 페이팔, 계좌이체, 또는 경우에 따라 수표로 금액을 받을 수 있다.

DevEx로 현금화하려면 Create 탭으로 이동한 후 Developer Exchange를 선택한다. 오른쪽의 커다란 Cash Out 버튼(그림 23.10)을 클릭하고, 모든 관련 내용을 입력한다. 만일 DevEx가 처음이라면 Tipalti 포털 초대장을 받을 것이다. 이게 로블록스가 돈을 주는 방식이다. 이 방식을 거치지 않으면 최대 2주가 걸릴 수 있지만, 대부분의 경우 금액은 2주보다 더 빨리 지불된다.

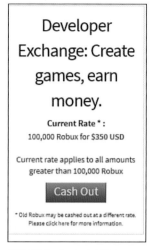

그림 23.10 Cash Out 버튼

한 번에 현금화할 수 있는 로벅스 수에는 제한이 없다(그림 23.11).

그림 23.11 DevEx 페이지에서 얼마나 많은 로벅스를 현금으로 바꾸고 싶은지 입력할 수 있음

노트

현금화할 수 있는 것 – 현금화할 수 없는 것

현금화한 로벅스는 본인의 게임이나 옷을 통해서 얻었을 것이다. 로블록스 카탈로그에 있는 Limited를 판매해서 얻을 수 없다.

요약

이번 시간에는 로블록스에서 게임을 유료화하는 기본에 대해 살펴봤다. 게임에서 일회성 구매를 창출하기 위해 게임패스를 만들고 구현하는 방법과 여러 번 구매할 수 있는 소모품을 만들기 위해 Developer Product를 사용하는 방법을 배웠다. 또한 로블록스 프리미엄과 프리미엄을 사용해 매출을 높이는 방법도 알아봤다. 마지막으로 Developer Exchange 프로그램과 이를 사용해 로벅스를 실제 현금으로 전환하는 방법을 알아봤다.

Q&A

Q DevEx 섹션에서 언급한 Tipalti는 무엇인가?

A Tipalti는 로블록스가 사람들에게 돈을 지불하기 위해 사용하는 결제 처리 포탈이다. 온라인 포털에 로그인해 지급 세부사항 및 지급 히스토리 등을 볼 수 있고, 세금 양식 등을 제출할 수 있다.

Q 게임을 유료화하려면 게임 패스를 사용해야 하는가, 아니면 Developer Product를 사용해야 하는가?

A 두 가지 모두 사용해야 한다. 일회성 구매와 반복 구매가 혼합되면 다양한 유형의 플레이어들의 소비를 장려하는 동시에 반복 구매로부터 지속적인 수익 흐름을 만들어 낼 수 있다. 또한 플레이어를 고래 (게임에서 큰 돈을 쓰는 사람)로 전환하게 유도해 더 많은 수익을 창출할 수 있다.

> **노트**
>
> **더 많은 것을 얻기 위해 더 적은 것을 제공하기**
>
> 게임에 유료화를 구현할 때 너무 많은 상품을 추가하는 것을 주의해야 한다. 선택할 수 있는 제품이 많으면 플레이어들이 압도당할 수밖에 없다. 플레이어들이 구매하고 싶어할 상품의 종류를 생각하고 적절한 가격을 붙이자. 다양한 가격 정책을 사용해서 다양한 플레이어와 소비자를 노려보자.

워크샵

이번 시간을 마쳤으니 배운 것을 복습해보자. 시간을 내 다음 질문에 답해보자.

퀴즈

1. DevEx를 사용해 현금화할 수 있는 로벅스의 최소 금액은 얼마인가?

2. ___는 게임에서 가장 많은 돈을 쓰는 플레이어다.

3. 게임 패스는 ___ 구매의 예다.

4. 참/거짓: Developer Product는 한 번만 구매할 수 있다.

5. 참/거짓: 게임에서 로블록스 프리미엄 구매를 통해 수익을 얻을 수 있다.

6. 참/거짓: 플레이어가 게임에서 Developer Product를 구매하면 자동으로 로벅스를 받게 된다.

7. 참/거짓: 게임 수익은 본인의 계정이나 그룹으로 도착하는 데 3일이 걸린다.

답

1. DevEx를 사용해 현금화할 수 있는 최소 로벅스는 100,000이다.

2. 고래는 당신의 게임에서 가장 많은 돈을 쓰는 플레이어다.

3. 게임 패스는 일회성 구매의 한 예다.

4. 거짓. 반복 구매에 사용된다.

5. 거짓. 하지만 프리미엄 플레이어들의 참여 시간에 대한 프리미엄 지급은 받을 수 있다.

6. 거짓. 금액을 받으려면 ProcessReceipt 함수에서 PurchaseDecision을 반환해야 한다.

7. 참. 로벅스 수익은 본인의 계정이나 그룹에 지급되기 전에 3일 동안 판매 보류 상태에 있다.

연습

이 연습은 여러분이 이번 시간 동안 배운 것들을 활용한다. 혹시 막히면 앞으로 돌아가 내용을 다시 살펴보길 바란다. 플레이어에게 추가 이동속도를 부여하는 게임 패스를 만든다. 게임 패스는 영원히 소유하기 때문에 영구적인 특전임을 잊지 말자.

1. 간단한 UI를 사용해서 게임 패스 이미지를 보여주는 ImageLabel, 가격과 함께 플레이어가 받게 될 특전을 설명하는 TextLabel, 플레이어가 구매를 하도록 유도하는 TextButton을 만든다.

2. TextButton에 플레이어에게 게임 패스를 구입하도록 요청하는 LocalScript를 추가한다. 게임 패스 URL에서 얻은 올바른 ID를 사용하는 것을 잊지 말자.

3. ServerScriptService에 PromptGamePassPrizeFinished 이벤트를 사용해 플레이어가 게임 패스를 구입했는지 확인하는 스크립트를 만든다. 구입했다면 플레이어의 이동 속도를 증가시킨다(5단계로 이동).

4. 동일한 스크립트에 플레이어가 조인할 때마다 게임 패스를 소유하고 있는지 확인하는 PlayerAdded 이벤트를 추가한다. 소유하고 있다면 플레이어의 이동 속도를 증가시킨다. 이 작업은 PromptGamePassPurchaseFinished 이벤트와 PlayerAdded 이벤트에서 모두 사용할 수 있도록 함수를 호출해 수행할 수 있다.

5. 플레이어를 매개 변수로 받아들이는 함수 increaseWalkspeed를 생성한다. Player. Character.Humanoid.Walkspeed = 50을 사용해 이동 속도를 증가시킨다. 원하는 값으로 속도를 설정해도 좋다.

추가 연습: 플레이어가 구매할 때마다 이동 속도를 높여주는 Developer Product를 만든다(예제의 간결함을 위해 데이터 저장소를 사용해 이 값을 저장하지는 않겠지만, 이상적으로는 다음에 플레이어가 조인할 때 구매/특전을 받아야 하므로 저장할 필요가 있다.)

1. 간단한 UI를 사용해서 제품의 Developer Product 아이콘이 표시된 ImageLabel, Developer Product이 플레이어에게 보상을 준다는 TextLabel, 구매를 알리는 TextButton을 만든다.

2. TextButton에 플레이어에게 Developer Product를 구입하라는 메시지를 표시하는 LocalScript를 삽입한다. 웹사이트에서 얻은 Developer Product의 ID를 사용해야 한다.

3. ServerScriptService에 Marketplaceservice를 사용하는 스크립트를 생성한다. ProcessReceipt 이벤트를 통해 플레이어가 구매한 Developer Product를 확인하고 (ID 체크) 해당 플레이어가 아직 게임에 있는지 확인한다.

4. 플레이어가 아직 게임 중이고 ID가 일치하면 이동 속도를 증가시키고 Purchase Granted 결정을 반환한다.

5. 플레이어가 게임을 떠났으면 NotProcessedYet을 반환해야 한다. 플레이어가 아직 게임에 있지만 ID가 일치하지 않으면 해당 플레이어가 다른 Developer Product를 구입한 것이므로 이에 따라 적절하게 처리해야 한다.

6. 첫 번째 연습에서 사용한 했던 increaseWalkspeed 함수를 다시 사용해도 좋다. 하지만 이번에는 매번 일정량씩 이동 속도를 증가시켜야 한다. 예를 들면 Player. Character.Humanoid.Walkspeed = Player.Character.Humanoid.Walkspeed + 10 같이 말이다.

7. **보너스:** 데이터 저장소를 사용해 각 플레이어의 구매 내역 로그를 저장해 보자.

HOUR 24
플레이어 모으기

이번 시간에 배울 내용

▶ 게임 썸네일, 아이콘, 트레일러를 최대한 활용하는 방법

▶ 업데이트를 통해 게임의 신선함을 유지하는 방법

▶ 광고 및 알림을 사용하는 방법

▶ 분석을 통한 플레이어 활동 이해하기

로블록스는 플레이어를 게임에 끌어들이고 게임을 성공적으로 만들 수 있는 여러 가지 방법을 제공한다. 이번 시간에서는 게임 아이콘, 썸네일, 트레일러를 사용해 플레이어가 게임을 처음 접할 때 흥미를 가지게 하는 방법을 설명한다. 또한 업데이트를 통해 신규 플레이어와 복귀 플레이어들에게 게임을 흥미롭고 신선하게 유지하는 방법과, 잠재적인 신규 플레이어에게 게임을 홍보하는 방법에 대해서도 설명한다. 마지막 항목에서는 Roblox Analytics를 사용해 게임을 세밀하게 조정하고 마케팅하는 방법을 설명한다.

게임 아이콘, 썸네일, 트레일러

게임 아이콘과 썸네일은 게임의 표지 역할을 한다. 책이 종종 호소력 있고 흥미로운 표지를 가지고 있는 것처럼, 아이콘과 썸네일을 가능한 한 매력적으로 만들어야 한다. 아이콘은 플레이어들이 가장 먼저 보는 것이기 때문에 사람들이 당신의 게임을 하고 싶게 만들 정도가 돼야 한다. 플레이어가 게임 아이콘을 클릭하면 나오는 세부 정보 페이지에는 플레이어를 게임으로 더욱 끌어들일 수 있는 썸네일 이미지가 포함돼 있어야 한다. 그림 24.1은 로블록스 홈 페이지에 있는 게임 아이콘들을 보여주며, 그림 24.2는 게임의 세부 정보 페이지에 썸네일을 보여준다.

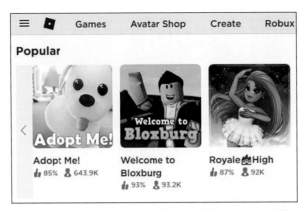

그림 24.1 로블록스 홈 페이지의 게임 아이콘들(표시된 게임: DreamCraft의 〈Adopt Me!〉, Coeptus의 〈Welcome to Bloxburg〉, callmehbob의 〈Royale High〉)

그림 24.2 callmehbob의 Royale High의 세부정보 페이지에 있는 게임 썸네일

게임 썸네일과 아이콘 외에도 게임의 트레일러 비디오를 추가해 게임의 기능들을 잠재적 플레이어들에게 보여줄 수 있다.

썸네일, 아이콘, 비디오 트레일러는 게임을 대변하는 것들이다. 한 게임에는 최대 10개의 썸네일, 1개의 아이콘, 1개의 비디오 트레일러가 있을 수 있다. 대부분의 트레일러는 움직이는 영상으로 구성돼 있어 플레이어가 게임의 장점들을 눈으로 볼 수 있다.

게임에 썸네일, 아이콘, 트레일러를 추가하려면 다음을 수행한다.

1. 게임 페이지를 열거나 Create 탭으로 이동한다.

2. Create 탭에서 게임 옆에 있는 기어 아이콘을 클릭한 다음 드롭다운 메뉴에서 Configure Start Place를 선택한다(그림 24.3).

그림 24.3 Create 탭에서 Configure Start Place 옵션 선택

3. 게임 페이지에 있는 경우 상단의 줄임표 버튼을 클릭한 다음 드롭다운 메뉴에서 Configure This Place를 선택한다(그림 24.4).

그림 24.4 게임 페이지에서 Configure This Place를 선택

어떤 방법으로 Configure This Place를 선택하든지 상관없이 Configure Place페이지가 나타난다(그림 24.5).

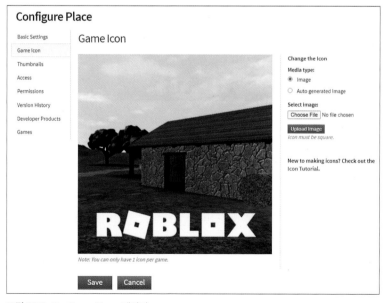

그림 24.5 Configure Place 페이지

페이지가 열리면 다음 단계를 진행하자.

1. 왼쪽의 Game Icon 탭을 클릭한다.

2. Choose File 버튼을 클릭한다. 그런 다음 이미지를 선택하고 Upload Image 버튼을 클릭한다.

3. Save 버튼을 클릭해 게임에 아이콘을 추가한다.

사용하고 싶은 특정 이미지가 없는 경우 Auto Generated Image 옵션을 선택하면 게임에서 이미지를 캡처하고 아이콘을 생성한다.

게임의 썸네일 이미지를 만들려면 다음 단계를 수행한다.

1. 왼쪽의 Thumbnails 탭을 클릭한다.

2. Choose File 버튼을 클릭하고 사용할 이미지를 찾은 다음 Upload Image 버튼을 클릭한다(그림 24.6).

3. 위 단계들을 반복해 최대 10개의 썸네일을 무료로 업로드할 수 있다.

그림 24.6 썸네일 업로드

게임에 비디오 트레일러를 추가하는 것은 썸네일을 추가하는 것과 같은 방식이다. Thumbnails 탭의 오른쪽에서 Media Type 아래의 Video 옵션을 선택한다. 트레일러를 업로드하려면 다음 요구 사항을 충족해야 한다.

▶ 비디오 트레일러를 업로드하려면 500 로벅스를 지불해야 하지만, 게임의 마케팅에 큰 도움이 될 수 있다.

> ▶ 트레일러는 30초 이해야 한다. 30초 이상이면 오류가 발생한다.

> ▶ 트레일러는 유튜브에 업로드해야 한다.

Thumbnails 탭에서 Media Type으로 Video를 선택한 후 해당 필드에 유튜브 링크[URL]를 복사하고 Add Video 버튼을 클릭한다. 모든 것이 완료되면 Save 버튼을 클릭한다. 로블록스 관리팀이 비디오를 검토한 후 게임 페이지에 게시된다.

업데이트

게임을 성공적이고 매력적이며 지속적으로 운영하려면 게임을 계속 업데이트해야 한다. 게임을 업데이트하지 않으면 플레이어들이 게임에 흥미를 잃을 수 있지만 매주, 매월, 시즌 등 정기적으로 업데이트하면 게임의 새로움을 유지할 수 있다. 카레이싱 요소가 있는 게임이라면 업데이트 예제로서는 UI 업데이트, 새 맵 추가, 현재 맵 업데이트, 오브젝트 교체, 게임 성능 향상 등이 있다.

노트

계절별 업데이트

다음은 각 시즌에 게임을 업데이트하기 위한 몇 가지 아이디어다. 겨울에는 게임에 내리는 눈과 눈 덮인 나무를 추가할 수 있다. 여름에는 게임 테마를 덥고 해가 내리쬐게 만들고, 스카이박스를 화창한 날씨로 바꿀 수 있다. 지형(terrain)이 있는 경우 Terrain으로 이동해 나뭇잎이나 눈을 선택한 후 땅에 그림을 그릴 수 있다. 하지만 계절 업데이트를 홍보할 예정이라면 전 세계적으로는 계절이 다를 수 있다는 것을 기억하자.

광고 및 알림

게임을 광고하는 것 또한 중요하다. 게임을 광고하지 않으면 게임이 성공하지 못할 가능성이 있다. 광고는 사람을 끌어 모으기 좋고, 그렇게 모인 사람들이 썸네일에 다시 한번 끌릴 것이다.

광고에는 스폰서[Sponsor]와 사용자 광고[User Ad]의 두 가지 종류가 있다. 둘 다 로벅스를 사용해서 입찰해야 하지만, 사용자 광고는 광고 이미지가 필요하다. 광고를 통해 카탈로그 아이템, 게임, 그룹, 모델을 홍보할 수 있다.

스폰서 광고

스폰서 광고는 광고 이미지 없이도 작동하지만, 입찰이 필요하다(입찰에 대한 자세한 내용은 이번 시간 후반에 다룬다). 로블록스의 첫 페이지인 게임 페이지에 게임을 게시하고 'Sponsored' 태그를 부착해 게임을 알리고 인기를 얻는 데 도움을 준다. 게임을 스폰서하는 방법은 다음과 같다.

1. Create 페이지로 이동한다.

2. 기어 아이콘을 클릭한 다음 Sponsor를 선택한다(그림 24.7).

그림 24.7 Sponsor 광고 설정

3. Sponsor Game 페이지가 열린다. 게임이 스폰서 될 기기를 선택한다(그림 24.8). 모든 기기를 선택할 수 있지만, 각 기기마다 별도로 입찰해야 한다는 것을 염두에 두자.

4. 작업을 마쳤으면 Create를 클릭한다.

그림 24.8 광고할 여러 다른 플랫폼을 선택하는 메뉴

5. Sponsored Games(그림 24.9)가 표시될 것이다. 로블록스의 Create 탭으로 이동한 다음 Create 페이지 왼쪽에 있는 Sponsored Games 탭을 클릭해 접근할 수도 있다.

그림 24.9　스폰서 되고 있는 게임 목록

6. 게임 옆의 기어 아이콘을 클릭하고 드롭다운 메뉴(그림 24.10)에서 Run을 선택해 입찰 필드를 연다.

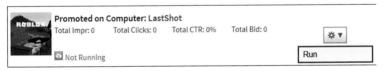

그림 24.10　Run 옵션 클릭

7. 로벅스 필드에 입찰 금액을 입력하고 Run 버튼을 클릭한다(그림 24.11).

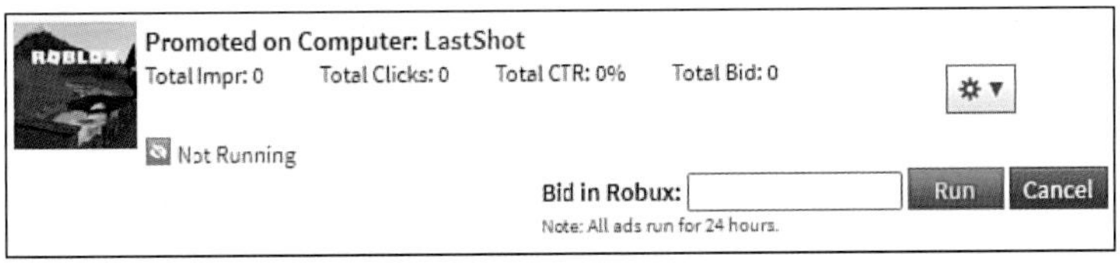

그림 24.11　게임 스폰서 입찰

노트

입찰 과정 설명

광고에 더 많은 로벅스를 사용할수록 더 큰 결과를 얻을 수 있다. 로블록스 웹사이트에 광고가 더 많이 표시되고, 더 많은 클릭을 받을 것이다. 다음은 입찰과 관련된 몇 가지 주요 용어다.

▶ 임프레션(impression)은 플레이어가 당신의 광고를 볼 때를 말한다. 한 번 보는 것을 하나의 임프레션으로 간주한다.

▶ 플레이어가 광고를 클릭할 때마다 클릭(click)이 발생한다.

▶ 클릭률(CTR – Click Through Rate)은 광고를 보고 클릭하는 플레이어 비율이다. 당신의 광고를 보는 사람들이 모두 클릭한다면 CTR이 100%가 된다.

한 광고에 100로벅스를, 다른 광고에 300로벅스를 쓴다면 300로벅스를 입찰한 광고가 100로벅스를 입찰한 광고보다 3배 더 많은 임프레션이 발생한다.

스폰서 광고와 사용자 광고는 모두 24시간 동안 진행된다. 24시간 후 광고를 계속 진행하기 원한다면 입찰을 더 한 후 Run을 클릭해야 한다.

사용자 광고

사용자 광고^{User Ad}에는 이미지가 필요하며 카탈로그 아이템, 게임, 그룹 및 모델을 광고하는 데 사용할 수 있다. 선택할 수 있는 세 가지 크기의 광고는 다음과 같다.

▶ Banner의 크기는 728×90이며 로블록스 웹사이트의 상단 또는 하단에 나타난다.

▶ Skyscraper의 크기는 160×600이며 로블록스 웹사이트의 왼쪽이나 오른쪽에 나타난다.

▶ Rectangle의 크기는 300×250이며 로블록스 웹사이트의 오른쪽이나 아래에 나타난다.

광고 스타일에 대한 템플릿은 Create 페이지에서 다운로드할 수 있다. 기어 아이콘을 클릭한 다음 드롭다운 메뉴에서 Advertise를 선택한다(그림 24.12).

그림 24.12 사용자 광고용 템플릿 접근

Create User Ad 페이지(그림 24.13)가 열리면 사용 가능한 모든 크기가 나열된다. 원하는
템플릿을 클릭해 다운로드한다.

Create User Ad

Download, edit and upload one of the following templates:

| 728 x 90 Banner | 160 x 600 Skyscraper | 300 x 250 Rectangle |

For tips and tricks, read the tutorial: **How to Design an Effective Ad**

Name your Ad ⓘ

Upload an Ad

Drag an image here

— Or —

Select an image from your computer

The ad needs to be approved by a Moderator before it can be launched from your Ad page.

Cancel   Upload

그림 24.13 Create User Ad 웹 페이지

원하는 크기 템플릿을 다운로드했으면 사용자 광고를 만들 차례다.

1. 광고하고 싶은 모델, 게임 또는 그룹으로 이동한다.

2. 게임인 경우 줄임표 또는 기어 아이콘을 클릭한다.

3. Advertise를 클릭해 Create User Ad 페이지를 연다(그림 24.14).

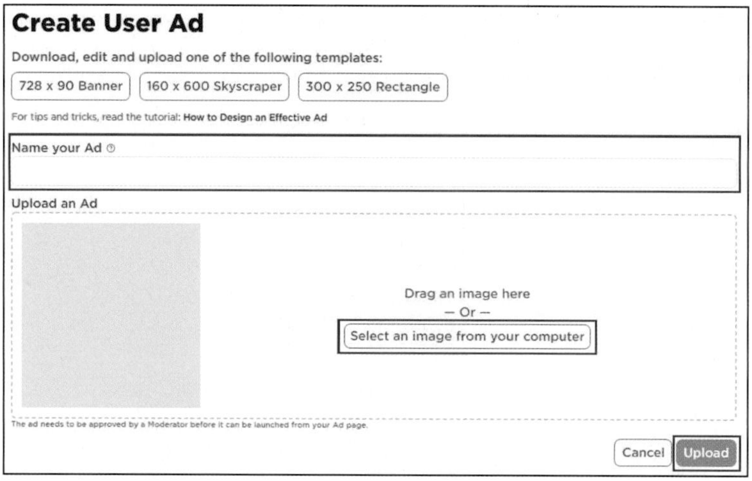

Create User Ad

Download, edit and upload one of the following templates:

[728 x 90 Banner] [160 x 600 Skyscraper] [300 x 250 Rectangle]

For tips and tricks, read the tutorial: **How to Design an Effective Ad**

Name your Ad ⓘ

Upload an Ad

Drag an image here
— Or —
[Select an image from your computer]

The ad needs to be approved by a Moderator before it can be launched from your Ad page.

[Cancel] [Upload]

그림 24.14 사용자 광고 만들기

4. 광고의 이름을 입력한다.

5. Select an Image from Your Computer을 클릭하고 사용할 이미지를 찾는다.

6. Upload 버튼을 클릭한다.

광고를 업로드하면 로블록스 관리자가 승인한 후에 광고 페이지에 광고가 나타난다. 본인의 광고가 광고 페이지에 올라오면, 다음 방법으로 광고를 진행할 수 있다:

1. Create 페이지를 열고 User Ads 탭을 클릭한다.

2. 오른쪽의 기어 아이콘을 클릭하고 Run Ad를 선택한다.

3. 로벅스 입찰 금액을 입력한다.

4. Run을 클릭해 사이클을 시작한다. 모든 광고는 24시간 동안만 보인다.

알림

알림^{notification}을 사용해 게임의 팔로워에게 게임 업데이트를 게시했음을 알릴 수 있다. 수동으로 알림을 보내 팔로워가 게임을 방문해 업데이트를 확인하도록 유도할 수 있다. 일주일에 하나의 알림만 보낼 수 있다.

다음 단계에 따라 알림을 보낸다.

1. Create 페이지로 이동해 기어 아이콘을 클릭한다.

2. 드롭다운 메뉴에서 Configure Game을 선택한다(그림 24.15).

그림 24.15 Configure Game 옵션 선택

3. 열리는 페이지 왼쪽에 있는 Game Updates를 클릭한다(그림 24.16).

그림 24.16 알림을 보내도록 게임 구성하기

4. 업데이트에 대한 설명을 입력한 다음 Send 버튼을 클릭한다.

5. 알림은 게임의 모든 팔로워에게 전송된다.

알림은 로블록스 홈 페이지 툴바의 Notifications 슬롯에 나타난다.

분석

분석^{analytics}은 게임을 방문하는 플레이어 수, 사용하는 기기, 로벅스 수익, 프리미엄 페이아웃^{Premium Payout} 및 게임에서 판매되는 제품들을 추적한다. 다음은 로블록스 Analytics가 제공할 수 있는 몇 가지 정보다.

▶ 게임을 방문한 사용자 수

▶ 게임을 플레이하는 시간

▶ 게임을 플레이하는 데 사용하는 플랫폼

▶ 로벅스 매출

▶ 프리미엄 페이아웃

▶ 게임에서 판매되는 제품 수

이 데이터는 게임을 업데이트하거나 마케팅하는 데 매우 유용하다. 예를 들어 Analytics를 사용하면 업데이트 후 게임이 끌어들인 사람의 수를 확인할 수 있다. Developer Stats를 열고 로블록스 Analytics에 접근하려면 다음을 수행한다.

1. 로블록스 웹 사이트에서 Create 탭으로 이동한다.

2. 게임에서 기어 아이콘을 클릭하고 Developer Stats를 선택한다(그림 24.1 7). 위에서 언급한 모든 데이터를 볼 수 있는 Developer Stats 페이지가 표시된다. 일별, 월별 및 연도별 데이터를 볼 수 있다.

그림 24.17 로블록스 Analytics에 접근

요약

이번 시간에는 게임 썸네일, 아이콘, 트레일러를 알아보고, 이를 이용해 플레이어를 게임에 끌어들이는 방법을 알아보았다. 업데이트가 게임을 흥미롭게 유지하고, 그로 인해 수익을 창출하는 방법에 대해 배웠다. 광고 및 알림을 사용해 게임을 홍보하고, 팔로워에게 게시한 업데이트에 대한 알림을 보내는 방법을 배웠다. 홍보화 알림을 통해 게임에 대한 트래픽을 향상시킬 수 있다. 마지막으로 플레이어의 게임 시간과 같은 여러 데이터 포인트를 추적해 마케팅 개선에 도움을 줄 수 있는 분석에 대해 배웠다.

Q&A

Q 게임에 썸네일 추가는 무료인가?

A 그렇다. 게임에 썸네일을 추가하는 것은 완전히 무료이지만, 광고를 진행할 때는 광고를 게재하기 위해 입찰해야 한다.

Q 비디오 트레일러를 게임에 추가하는 데 비용이 얼마나 드는가?

A 게임에 비디오 트레일러를 추가하는 데 500 로벅스가 든다.

Q 광고에 로벅스를 더 많이 입찰하면 클릭 수가 더 많아지는가?

A 그렇다. 로벅스를 더 많이 입찰하면 더 나은 결과를 얻을 수 있고 클릭 수도 더 많을 것이다.

Q 광고는 24시간 동안만 게재 되는가?

A 그렇다. 로벅스를 입찰하면 24시간 동안만 운행된다.

워크샵

이번 시간을 마쳤으니 배운 것을 복습해보자. 시간을 내 다음 질문에 답해보자.

퀴즈

1. 참/거짓: 사용자 광고는 사람들이 본인의 게임을 확인하게 만드는가?
2. 참/거짓: 게임에 아이콘을 추가하는 것은 무료다.

3. 참/거짓: 비디오 트레일러를 게임에 추가되기 위해서는 유튜브에 업로드돼야 한다.

4. 게임에 ___개의 썸네일을 추가할 수 있다.

5. 참/거짓: 사용자 광고는 무료로 진행할 수 있다.

답

1. 참. 사용자 광고는 사람들이 본인의 게임을 확인하도록 만든다.

2. 참. 게임에 아이콘을 추가하는 것은 무료다.

3. 참. 비디오 트레일러를 유튜브에 올려야 게임에 추가할 수 있다.

4. 게임에 10개의 썸네일을 추가할 수 있다.

5. 거짓. 사용자 광고는 무료로 진행할 수 없다.

연습

게임의 소유자로서 출시 일정을 계획하는 것은 가장 중요한 일이다. 이를 통해 일의 우선 순위를 매길 수 있게 해준다. 예를 들어 연휴 출시 계획은 보통 몇 개월에 걸친 계획 과정이 소요될 수 있으며, 미리 계획을 세우지 않으면 적절한 타이밍에 업데이트를 만들 시간이 충분하지 않은 상태에 빠져버릴 수 있다.

게임 업데이트를 위한 1년 일정을 계획한다. 업데이트할 빈도와 업데이트할 항목을 고려한다. 게임 플레이 개선, 추가 콘텐츠, 연휴 업데이트 등의 균형을 유지한다.

1. 각 업데이트마다 완료하는 데 걸리는 예상 시간을 적는다.

2. 플레이어에게 즐거움을 주고 다시 돌아오게 만들 중요하다고 생각하는 업데이트를 표시한다.

3. 각각의 중요한 업데이트마다 언제 업데이트 작업을 시작해야 하는지 알기 위해 개발을 완료하고 제시간에 릴리스하는 데 걸리는 시간을 생각해 보자.

4. 예상되는 각 업데이트에 대해 만들어야 할 목록을 만든다. 알림, 광고, 썸네일, 트레일러까지 작업에 포함시킨다.

5. 일년이 지나는 동안 계속 일정을 최신 상태로 유지한다. 아무리 잘 짜인 계획이라
도 예상치 못하는 일이 생기면 조정이 필요하다. 하지만 이렇게 계획하면 작은 업
데이트에 신경을 빼앗기지 않고 가장 중요한 업데이트에 집중할 수 있다.

이 두 번째 연습에서는 게임에 썸네일을 추가한다.

1. 게임의 줄임표 버튼을 클릭하고 Configure Place를 선택한다.

2. 왼쪽에서 Thumbnails를 클릭한다.

3. 파일로 이동한 후 Upload Image를 클릭한 다음 Save 버튼을 클릭한다.

플레이어들을 끌어들이기 위해서는 썸네일이 매우 좋아야 한다. 그림 24.18과 24.19는
썸네일의 좋은 예제를 보여준다.

그림 24.18 ROLVe Community의 Arsenal 썸네일들

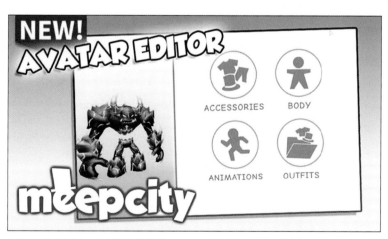

그림 24.19 업데이트 요소들을 보여주는 Alexnewtron의 MeepCity 썸네일

찾아보기

로블록스 개발 첫 발자국 떼기
로블록스 공식 가이드

발 행 | 2022년 5월 31일

지은이 | ROBLOX
옮긴이 | 이 진 오

펴낸이 | 권 성 준
편집장 | 황 영 주
편 집 | 이 지 은
　　　　　 김 진 아
디자인 | 윤 서 빈

에이콘출판주식회사
서울특별시 양천구 국회대로 287 (목동)
전화 02-2653-7600, 팩스 02-2653-0433
www.acornpub.co.kr / editor@acornpub.co.kr

한국어판 ⓒ 에이콘출판주식회사, 2022, Printed in Korea.
ISBN 979-11-6175-647-9
http://www.acornpub.co.kr/book/roblox-24hours

책값은 뒤표지에 있습니다.